教师教育系列教材

感觉统合教育
(微课版)

李　楠　主　编

李淑莲　田艳君　张东月　副主编

清华大学出版社

北京

内 容 简 介

本书坚持理论联系实际，在理论的基础上，每一章节都以丰富、鲜活的案例和深入浅出的分析作为教材编写的出发点，重新优化组合知识体系，力求体现时代性，集系统性、新颖性、应用性和启发性于一体，试图为感觉统合训练的理论和实践工作提供经验借鉴。

本书每章从"课程目标、课程重点与难点、引导案例、本章小结及思考题"五个方面展开内容。课程目标、重点与难点能帮助读者把握本章学习的要点和主要内容；引导案例能激发读者的好奇心，从而引起读者学习本章内容的兴趣。本章小结能让读者清晰地理解本章所阐述的内容；思考题能帮助读者运用所学理论进行深入分析和解答现实中的问题。

本书可以作为本科及高职高专院校学前教育专业师范生的教学用书，也可以供课外培训机构、家长及对学前特殊儿童教育感兴趣的读者学习和阅读。

图书在版编目(CIP)数据

感觉统合教育：微课版 / 李楠主编. -- 北京：清华大学出版社，2025.8. -- (教师教育系列教材).
ISBN 978-7-302-69791-6

Ⅰ. G768

中国国家版本馆 CIP 数据核字第 2025PA0077 号

责任编辑：陈冬梅
装帧设计：刘孝琼
责任校对：么丽娟
责任印制：宋　林
出版发行：清华大学出版社
　　　　　网　　　址：https://www.tup.com.cn, https://www.wqxuetang.com
　　　　　地　　　址：北京清华大学学研大厦 A 座　　　邮　　编：100084
　　　　　社 总 机：010-83470000　　　　　　　　　　邮　　购：010-62786544
　　　　　投稿与读者服务：010-62776969, c-service@tup.tsinghua.edu.cn
　　　　　质量反馈：010-62772015, zhiliang@tup.tsinghua.edu.cn
　　　　　课件下载：https://www.tup.com.cn, 010-62791865
印 装 者：三河市天利华印刷装订有限公司
经　　销：全国新华书店
开　　本：185mm×260mm　　　印　张：11.75　　　字　数：286 千字
版　　次：2025 年 8 月第 1 版　　　印　次：2025 年 8 月第 1 次印刷
定　　价：49.80 元

产品编号：103114-01

前　言

教育部为深入实施《国家中长期教育改革和发展规划纲要(2010—2020 年)》以及国务院《关于当前发展学前教育的若干意见》，指导幼儿园和家庭科学开展保育和教育工作，促进幼儿身心全面和谐发展，特制定并颁布了《3—6 岁儿童学习与发展指南》。该指南旨在引导幼儿园教师和家长树立正确的教育观念，深入了解 3—6 岁幼儿学习与发展的基本规律和特点，建立对幼儿发展的合理期望。感觉统合教育活动是实现学前儿童学习与发展目标的重要途径。

近二三十年来，随着社会的进步和生活水平的提高，我国的卫生医疗条件和儿童教育状况显著改善。如今的孩子物质生活比以前丰富得多，但现代生活方式和生活环境存在不利因素，加上家长的过度溺爱与保护，以及教育者过分关注认知发展而忽视或轻视感觉运动能力的培养，导致一些原本健康可爱的孩子出现新问题：有的孩子表现出多动、偏食、过度依赖、情绪不稳定、注意力不集中等现象；有的孩子不愿与人交流，语言表达能力较弱，甚至有些孩子会出现攻击性行为。一些家长带孩子去医院检查未发现异常，有些家长则从社会环境、心理等方面寻找原因，误以为孩子不听话或有逆反心理。许多家长对孩子出现的问题困惑不解，实际上这些问题可能与孩子感觉统合失调有关。

感觉统合失调并非疾病，药物治疗并不适用。其发生不仅与社会环境、心理因素有关，生理因素也起着重要作用。因此，单纯的教育和训斥无法帮助孩子解决问题。只有通过专门的感觉统合训练，才能有效改善和矫正孩子的失调状况。

孩子是家庭和国家的希望与未来，所有父母都希望自己的孩子拥有健康美好的童年，成长为社会的栋梁之才。当今社会变化迅速、竞争激烈，孩子的教育比以往任何时代都更复杂、更重要。父母除照顾孩子日常生活外，更要致力于发展孩子的多元智能。不仅要让孩子拥有健康的体魄，还要培养他们良好的人格气质、心理品质和出色的学习能力。感觉统合训练过程充满乐趣，既可以作为幼儿园的教学游戏活动，也能融入孩子的日常生活，让孩子获得全面的训练体验。这不仅能确保孩子拥有健康、快乐、幸福的童年，还能为他们未来更好地适应社会奠定坚实基础。

本书由李楠策划并担任主编，李淑莲、田艳君、张东月担任副主编。李楠负责拟定编写大纲，并撰写了第六章、第七章和第八章，总计约 10 万字。李淑莲负责编写第二章、第四章和第五章。田艳君负责编写第一章，张东月负责编写第三章。全书统稿工作由李楠和李淑莲负责，他们对文稿进行了加工整理和修改。

在编写本书的过程中，我们广泛参阅了许多学者的专著和研究成果，在此向相关作者表示衷心感谢。同时，要感谢清华大学出版社提供的出版机会，也感谢尹飒爽编辑的耐心指导。由于编写时间仓促，加之我们能力有限，书中难免存在疏漏与不妥之处，恳请各位读者提出宝贵意见和建议。

编　者

目　　录

第一章　感觉统合相关概述

课程目标

知识目标： 了解大脑的工作原理、促进儿童感觉统合能力发展的要素、感觉统合失调的成因。理解感觉统合发展的基本原则、感觉统合失调儿童常见的学习问题。掌握感觉统合理论、感觉统合的功能、前庭感觉失调的表现、触觉系统失调的表现、本体感觉失调的表现。

能力目标： 掌握预防感觉统合失调的方法和技能。

素质目标： 激发学生的民族自豪感，践行社会主义核心价值观，树立投身基础教育的职业理想，坚定立德树人的教育情怀。

重点与难点

➤ 感觉统合失调的成因。

➤ 前庭感觉失调的表现。

➤ 触觉系统失调的表现。

➤ 本体感觉失调的表现。

引导案例

妮妮怎么了?

2018 年，妮妮 6 岁。小时候，家人就发现她做事缺乏自信，运动能力不强，语言发育迟缓。在对外面世界充满探索欲的年纪，妮妮表现得十分胆小，不适应陌生环境，见到陌生人就躲在父母怀里。最明显的是，妮妮语言发育迟缓，到 5 岁时还不会说完整的句子，只能通过只言片语表达意思，且语意表达不太清晰。

感觉统合是正常大脑具备的能力，正常的感觉统合能力可使儿童通过各种感觉刺激认识自己的身体和周围环境，并适应不同环境的需求，扮演合适的角色。但当儿童感觉统合失调时，就会出现各种学习障碍、书写障碍和人际关系障碍等问题。从以上种种现象可以得知，妮妮的感觉统合可能出现了问题。面对孩子各种"不可思议"的想法和做法，我们应如何相信孩子，肯定她的做法，从而促进其发展。

(资料来源：本书作者整理编写.)

第一节　感觉统合的主要内容

一、感觉统合的定义

感觉统合(sensory integration)的理论是由美国加利福尼亚大学临床心理学家爱尔丝(Jean Ayres)根据神经生理学理论，于1972年系统提出的。

环境中存在着各种各样的刺激，人的大脑通过感觉系统(包括视觉、听觉、嗅觉、味觉、触觉等)收集周围环境中的这些信息，将它们整合起来，形成知觉，以便大脑能够及时有效地对刺激做出适当的反应。这一过程我们称之为感觉统合。

爱尔丝认为儿童表现出感觉统合失调的症状，与其说是大脑皮质(上位脑)的障碍，不如说是脑干(间脑、中脑、脑桥、延髓)和脊髓(下位脑)基本功能的统合障碍。

中国学者杨霞、叶茗在《儿童感觉统合训练实用手册》中对感觉统合的定义是：感觉统合是指人脑通过视觉、听觉、嗅觉、触觉等感觉系统收集环境中的各种刺激信息，将这些信息整合，形成知觉，以便大脑能够及时有效地对刺激做出适当反应的过程。

中国学者王和平在《特殊儿童的感觉统合训练》中指出，感觉统合是指大脑对个体从视觉、听觉、触觉、前庭觉等不同感觉通路输入的感觉信息进行选择、解释、联系和统一的神经心理过程，是个体进行日常生活、学习和工作的基础。

作为生物的基本功能系统(脑干和脊髓)，只有正确且充分地发挥其功能，生命才能得以维持，个体才能有目的地完成各种行为，从而形成人类的行为和能力。如果个体的发育在胎儿期、新生儿期或婴幼儿阶段停滞，脑神经组织和功能状态就会受到影响，导致行为能力方面的障碍。大脑神经基本水平的统合(整合)若存在障碍，将会导致身体运动、感觉运动、认知语言和社会性等方面的不成熟。心理学上，我们将这种现象称为"心理发育迟缓"，意指个体的行为能力未达到其实际年龄所应有的水平。

所以，我们平时看到的感觉统合失调的孩子，在行为表现上或多或少显得幼稚。他们往往比同龄孩子需要更多的照顾，自控力较差，依赖性较强，或者行为冲动，也可能缺乏自我保护意识，给父母和老师带来了许多麻烦。

作为人类行为的基础，动作发育的基础感觉系统(如触觉系统、前庭感觉系统和本体感觉系统)对人类的认知发展起着重要作用。这些系统的发育过程遵循以下顺序：感觉—知觉—认知功能。

在日常生活中，人类所有动作和行为都与大脑神经系统的感觉统合功能相关。例如，爬行、站立、行走、跑步、吃饭、穿衣等生活行为和娱乐活动。视觉、听觉、触觉的认知，以及嗅觉、味觉、身体肌肉感觉、平衡感觉等，都是大脑神经系统感觉统合的结果。语言理解与表达能力的获得，以及绘画、写字、写作、阅读、发言等能力，都是在大脑神经系统的协调下完成。对于一些简单的动作和行为，人类通常是无意识地进行的，如走路。人们不需要每次都经过大脑的深思熟虑才能行走，只需产生行走的意图，大脑就会自动完成这一动作。因为走路的行为模式已经储存在大脑中，一旦被启动，就只需消耗较少的脑力资源。因此，大多数人在走路的同时还能进行其他活动，比如边走边聊天等。然而，当需要完成复杂或高难度的动作和行为时，就必须有意识地调节和控制。这意味着，对于来自外界环境和内部的各种感觉刺激和信息，必须经过选择和整理，才能有序地进行处理，这一切都是通过大脑神经系统来实现的。如果感觉统合出现问题，就会导致各种障碍，如动作不协调、无法完成复杂动作和行为等，以及无法正常进行日常生活、学习和游戏。因此，纠正儿童感觉统合失调对他们的心智成长和心理健康极为重要。

在多项研究中，我们发现儿童的运动经验对早期认知发展有着显著影响。例如，婴儿学会爬行后，其与物理环境和社会环境的互动模式发生了变化，婴儿对外界环境变化的敏感性增加，促进了其活动手段的目的性分化与协调，增强了其对无效行为的抑制能力和认知操作的序列化能力，从而促进了儿童在深度知觉、延迟搜索、客体永久性概念、迂回行为、空间定向和共同注意等方面的发展。

(一)大脑的工作原理

大脑犹如一台中央处理器。然而，来自环境中的各种刺激复杂纷乱，各种危险时常存在。那么，大脑是如何工作使人的行为能够适应周围的环境，并且能在一定程度上改造环境的呢？尽管人类大脑极其复杂，科学家对人类自身大脑的研究还处于初级阶段，但是一些最新的研究成果还是向人们揭示了其中的秘密。新的实验结果表明：大脑的工作不是被动地反映从感觉器官中传入的信息，而是要经过过滤、提取、整合的主动加工过程，即人脑主动抑制或忽略无关的或次要的信息，而将重要信息经过整合后，指挥身体各部分器官协调运动，完成对环境的适宜反应。大脑复杂的工作过程如下。

1. 感觉输入

感觉输入是指从环境和个体接收的信息形式，并将所接收的信息在中枢神经系统加以处理和统合。视觉、听觉、运动觉、平衡觉和触觉等在人们日后的行为能力表现上扮演着非常重要的角色，这些感觉系统具有获取信息的功能，并通过感觉神经将信息传递至中枢神经系统。

输入是指信息激发感官而产生的神经冲动，该冲动传入神经中枢，这一现象类似于电脑收集信息。若个体的感官存在缺陷，那么这一系统的第一道障碍则会阻碍此作用的形成。比如，失明、失聪或某种形式的感觉缺失都会妨碍感觉统合的正常发展。

2. 感觉统合

感觉统合是指将所接收的感觉刺激在中枢神经系统加以组织、比较和存储；即将目前的和过去的感觉信息加以统合，使个体能有效地选择并组织适当的动作。

统合是个体接收各种各样的信息，如耳闻、目睹、鼻嗅、体触等获得的信息，都输入中枢神经系统，加以组织整理而形成一个完整的认知，这就是接受和处理刺激的心理过程。在这个过程中，除了要组合各类现有的信息，使之成为有意义的整体外，往往还要以过去所保存的经验为基础，把过去的记忆和眼前的刺激结合起来，以便对现有的刺激有更明确的认知。

3. 动作输出

动作输出是受中枢神经系统支配的动作。当动作输出发生时，信息会持续地反馈给大脑，反馈本身具有使感觉信息得以持续处理的功能。在感觉输入时，在动作上的反馈通常包括运动觉、触觉、视觉或听觉。在反馈过程中，会评估反应的频率和反应的性质，如果评估有误，必须进行调整；如果评估正确，则无须调整。

动作输出也是一种神经冲动，是个体认知过程中由刺激—感受—整合后，作用于运动器官的动作反应。如果个体的运动功能出现困难，也将造成语言障碍、动作缺陷等。

4. 回馈

回馈是个体的输出，必然表现在各种粗大动作或精细动作上，但回馈也具有核对功能，可以成为另一个输入的来源，使感觉统合构成一个连续的过程，促使感知觉能力越来越精细、准确。

大脑工作的这一过程说明了中枢神经系统的功能在感觉统合能力问题中具有重要作用。然而它必须依赖感官与动作的配合才能实现，所以在认知过程中，动作与感觉是不可或缺的学习因素。

综上所述，我们从外界环境中所感觉到的各种感觉信息，传入大脑，经由感觉的统合作用，神经系统的不同部分才能形成工作整体，以供充分运用。运用的范围包括身体内外知觉、适应性反应、学习过程，以及神经机能的发展。经由感觉的统合，神经系统不同部分才能整体协同工作，使个体与环境的接触顺利，并感受到满足。

一些聪明的孩子，虽有父母适当的关心和良好的成长环境，但功课总是落后，行为让人操心，这些现象多数是大脑中对各种感觉的统合不良引起。这类问题虽不易被发现，但在儿童中普遍存在。不论是小儿科医师、家庭医生还是精神科医生，他们对感觉统合的问题往往一无所知。学校老师和父母即使发现孩子有问题，但由于缺乏分析神经系统的知识，无法了解孩子为什么会这样。没有受过专门训练的人员，不容易注意到孩子的感觉统合是否正常。

当个体想要运动、学习、游戏、表达时，大脑必须把这些感觉全部组织好。大脑要寻找出感觉的位置和种类并下命令。当众多感觉流通顺畅或整体性统合得当，大脑可以用这些感觉来形成认知、活动及学习。如果感觉统合不良，行动将如上下班时拥挤的交通一样，又慢又乱。

人类的遗传基因中就有感觉统合的基本能力。每个人生下来就是有这种能力，但他需要在幼儿早期与周围世界的许多事物接触互动，并让身体和大脑顺应外界物理环境的挑战，在顺应的反应中，达到感觉统合最大限度的发展。

7 岁以前，人脑主要是一个感觉处理的机器，对事物的感受主要来自感觉印象。孩子对事物的属性和特征还没有较高层次的概念，他所依赖的是感觉，通过与周围环境的接触，亲身体验各种感觉信息，通过移动身体来增加触觉。适应性的反应多是肌肉及运动型的，而不是心智型的，因此称为感觉运动发展阶段。随着年龄的增长，并由于感觉运动的良好组合，心智和社会反应才取代了经由活动、谈话和游玩中发生的感觉统合，奠定了读书、写字及良好行为所需的更复杂的感觉统合基础。因此，7 岁以前感觉运动发展良好的孩子，长大之后才比较容易学习获得心智和社会方面的技巧。

大脑感觉统合良好，孩子会反映出胜任感和满足感。从某种角度说，"开心""开窍"正是感觉统合良好的孩子常有的表现。感觉统合良好时，会有很大的满足感；高度成熟或更复杂的适应反应，会带来更大的满足，这些都是成长的体现。

人类生来就要应对各种外界刺激。"享受"外界刺激会促进大脑的发育，因此人们自然会寻求有助于大脑统合各种感觉的方式。儿童喜欢被高高举起，在摇篮中被摇动和紧紧拥抱，喜欢跑跑跳跳，并在海边沙滩或球场上玩耍，这些都是对感觉的追求；他们热爱跳动，跳动的感觉会让大脑更加成熟和充实。

由此可见，儿童大脑的健康发育是儿童行为能力发展的基础，家长要注意让孩子养成科学用脑、劳逸结合的习惯，注意提供丰富且适宜的环境刺激，以满足儿童大脑正常发育的需要。有的家长认为孩子的行为能力是天生的，长大后自然就会改善，这种想法是缺乏科学依据的。

(二)婴幼儿的感觉系统发育尚未成熟

在母亲的子宫内，随着胎位的变动，触觉、前庭平衡和本体平衡等能力已逐渐开始发展。出生后，尤其是在婴幼儿期及儿童早期，大脑的神经系统还远未成熟，神经元与外界的联系仍在建立中，许多人类特有的高级神经系统功能(如语言)需要在与适宜环境的接触中逐步形成。因此，如果儿童在早期生活中缺乏足够的感觉刺激，将直接影响感觉系统的功能。正如前文所述，人类行为能力的发展是一个漫长而复杂的过程，从新生儿仅有的几种条件反射，发展为具有完善行为能力的社会人，其能力水平经历了质的变化，这种变化是基于最初简单行为的发展。这一发展过程是大脑神经元之间突触接连不断强化的结果，即大脑神经系统通过感受器不断地接收外界环境的信息，进行登记(记忆)、整合(统合)，形成知觉，并为更高级的思维如抽象、想象、创造性思维等奠定基础。

(三)周围环境的刺激在关键期内对人发展的作用

人的中枢神经系统由大约 1 000 亿个神经细胞和大约 9 000 亿个神经胶质细胞组成。胎儿的神经细胞从第三个月开始迅速增长，每分钟增长超过 25 万个。人类新生儿在脑发育未成熟的状态下出生，也就是说，新生儿的大脑还不能正常地发挥其功能。因此，出生后还要继续生长发育，继续完善大脑的功能。到 1 岁时，脑的重量已达到成人的一半。0～3 岁是人的一生中大脑发育最快的时期。神经系统的发育既有连续性又有阶段性，既有可变性又有代偿性。连续性是指神经系统的发育是连续不断的，阶段性是指神经系统在某一阶段有其敏感期(或称关键期)，在这个阶段应该完成的功能，错过了以后将难以弥补。可变性和代偿性是指脑组织在受损后，其他的脑细胞可以在关键期内代替其功能。近来的科学研究结果还显示，婴幼儿脑组织的发育还离不开丰富多彩的环境和给予婴幼儿各种刺激及教育的机会。

大脑若缺乏早期生活经验的熏陶和教育，将受到永久性的损害，无法恢复。所以，在关键期内越早对孩子进行教育，孩子的大脑就越聪明、越灵活。孩子 4～6 个月是吞咽和咀嚼的关键期。8～9 个月是分辨大小、多少的关键期。7～10 个月是爬行的关键期。10～12 个月是站立和行走的关键期。2～3 岁是口头语言发育的关键期，也是计数发展的关键期。另外，2.5～3 岁还是建立规矩的关键期。3 岁是培养性格的关键期。4 岁以前是形象视觉发展的关键期。4～5 岁是开始学习书面语言的关键期。5 岁是掌握数学概念的关键期，也是儿童口头语言发展的第二个关键期。5～6 岁是掌握语言词汇能力的关键期。对于这个关键期，不同的人，存在个体差异，在大脑的发展过程中存在着不平衡性。

因此，我们应该在早期教育中抓住关键期，为孩子提供一个丰富多彩的环境，给予孩子符合大脑发育特点的各种刺激及教育机会，让孩子的各种能力，包括视觉、听觉、触觉、味觉、嗅觉等的感觉、知觉、语言都在相应的阶段得到及时的发展。另外，我们还要让孩子去听音乐会，去欣赏画展，欣赏歌舞，观看体育技能比赛，观察动植物，到大自然中去观察千姿百态的各种现象。通过他们的感知觉器官，将听到的、见到的、感知到的大量信息优先注入大脑里，让大脑成为储存信息的大仓库、汇聚知识的大海洋。学龄前的孩子应该有一个欢乐的童年，让孩子在"玩"的过程中去观察世界，体验生活，促进想象力和思维力的发展，启发和诱导孩子的创新思维。

作为孩子的父母，必须采取科学的措施，实施生动活泼的引导方法，因势利导，循序渐进，激发孩子学习的兴趣，在积极良好的情绪下，通过玩中学，玩中教，让孩子在玩中不知不觉地学到知识。

二、感觉统合理论

感觉学习与运动学习的持续互动，共同构成了感觉统合。学习能力是身体感官、神经组织与大脑之间相互作用的结果。身体的视觉、听觉、嗅觉、味觉、触觉以及平衡感，借助中枢神经的分支和末端神经组织，将信息传递至大脑的各个功能区，这一过程被称作感觉学习。人类感觉学习的发展主要涵盖建立感觉通路、发展感觉动作、认识身体形象、形成知觉运动以及发展认知学习这五个阶段。这些过程的顺利推进，依赖于大肌肉的健康成长，所以平衡感的优劣起着决定性作用。人类学习的关键在于如何吸收、消化和运用知识，而非仅仅聚焦于知识本身。知识只是工具，而吸收、消化和运用知识的能力才是适应生活的关键所在。大脑整合这些信息后做出反应，并通过神经组织指挥身体感官的动作，这一过程被称为运动学习。感觉统合是一种状态，在 13 岁之前基本形成，之后若要改变则极为困难。

20 世纪 80 年代初，感觉统合的理论与实践被引入亚洲国家，在日本、韩国等国得到了系统的传承。随后在 20 世纪 90 年代，感觉统合的理论与实践传入我国香港和台湾地区，我国由此开启了对感觉统合理论的继承与创新研究之路。1992 年，在北京医科大学任桂英、王玉凤两位学者的协助下，台湾作家陈文德教授，在中国大陆地区对感觉统合的理论与实践进行了试点推广。此后，感觉统合的理论与实践逐渐呈现出全面发展的态势。在继承与发展感觉统合理论的过程中，国内学者对感觉统合的定义主要围绕两个方面进行了阐述。

首先，感觉统合是一种自动发生的神经过程。神经系统会对来自身体和环境中的感觉信息进行恰当的组织和解读，并做出适宜的反应，从而使个体能够与环境进行有效的互动。感觉统合是将各种感觉信息输入进行组合，为内外知觉、适应性反应、学习过程以及神经机能发展提供支持。通过感觉的统合，神经系统的不同部分才能协同运作，使个体与环境的接触顺畅且令人满意。

其次，感觉统合是大脑对感觉信息进行整合的信息加工过程，并非仅仅是感觉器官感受刺激的过程。通过感觉统合的信息加工过程，个体能够有效地与环境互动，大脑从而产生认知，反映身体的姿势、动作和计划，并协调情绪、思想、记忆，发展各种学习能力。

三、感觉统合的层次

爱尔丝博士认为，只有大脑实现全面发展，基础的信息传递良好，高层次的功能才能得以发挥。感觉统合的发展遵循一定的顺序，各种知觉功能的好坏会相互影响。触觉、本体觉和前庭觉是个体发展中最为基础的三个感觉系统。如果这些感觉系统发生障碍，将会影响未来更高层次的大脑皮层功能。人的感觉系统通常在出生后就开始发展，并在七八岁时达到发展高峰。感觉统合各层次的发展情况如下。

(一)第一层次的感觉统合

1. 皮肤触觉统合

皮肤触觉统合促进了早期的吸吮、进食、亲子互动以及触觉舒适感的形成。

2. 前庭感觉与本体感觉的统合

(1) 前庭感觉：感知地心引力和身体移动的感觉。
(2) 本体感觉：感知肌肉和关节的位置，以及动作的感觉。这有助于形成眼球运动、身体姿势、肌肉张力和平衡感。

(二)第二层次的感觉统合

第二层次的感觉统合将触觉、前庭感觉和本体感觉这三种基本感觉进行统合，形成身体形象的知觉，以及身体两侧的协调、动作计划、活动量、注意力和情绪稳定。

(三)第三层次的感觉统合

第三层次的感觉统合将听觉和视觉纳入感觉统合的过程中。
首先，听觉、前庭感觉和身体形象知觉进行整合。
其次，视觉与触觉、前庭感觉和本体感觉的整合，形成了手眼协调、视觉知觉、目标导向的行动能力，以及使用工具(如汤匙、笔和日用品等)的能力。

(四)第四层次的感觉统合

各种感觉的整合形成了大脑的整体功能。感觉统合的最终成果包括以下内容。
首先，组织能力和集中注意力的提升，这是学习能力的重要组成部分。
其次，自尊、自律以及自信，这些能力源于个体的感觉和动作协调，以及良好的神经系统整合。
再次，提升抽象思维和推理的能力。
最后，身体两侧及大脑半球的功能特化。
如果上述四个方面的任何一个环节出现问题，可能导致感觉统合失调。这样的失调可能引发前庭功能障碍、大脑两半球分化异常、对身体重力的不安全感、动作协调障碍、触觉防御问题，以及视觉、听觉和语言等方面的障碍。

四、感觉统合的功能

(一)组织功能

人们身体的不同感觉器官将内外世界的多种感觉刺激传递到大脑中，每种感觉刺激都有其特定的传入和传出通道。在这种情况下，大脑必须有效地整合这些感觉信息，并根据这些信息指挥和协调身体的各种活动。感觉统合就像是指挥交通，大脑一方面对各种感觉刺激做出反应并下达指令，另一方面又要对各种感觉信息进行综合处理。当各种感觉信息的传入和传出通道畅通无阻，整体协调得当，个体的神经系统就能利用这些多样的感觉刺激来形成认知、动作等各种适应性活动。然而，如果感觉信息的流畅性受阻，生命活动就会像上下班高峰时的交通一样，变得缓慢且混乱。

(二)检索功能

输入到大脑的感觉刺激数量庞大，而在意识层面，大脑不可能对所有刺激都做出反应。通过感觉统合，人们从众多信息中筛选出最重要、最有用的部分供大脑使用。这样，大脑对检索出的关键信息进行响应，会变得更加准确和及时。

(三)综合功能

感觉是局部和分散的，而外部世界通常以整体的形式呈现给我们。感觉统合的功能就是将这些分散的感觉综合起来，形成一个整体的认知。以剥橘子为例，对橘子的全面认知涉及眼睛、鼻子、嘴巴、手指上的皮肤，以及手臂和口腔肌肉或关节等各个感觉器官对橘子的不同感知。这些感觉被集中到大脑中的特定区域。当感觉统合运作良好时，大脑可以对橘子形成一个整体的概念，并协调双手的十个手指共同配合剥去橘子皮。

(四)保健功能

如果一个人的感觉统合发展良好，他就能更好地适应内外环境，产生胜任感和满足感等有益于身心健康的情绪，从而更有效地发挥机体的生理功能。当儿童的大脑感觉统合功能发展得足够良好以适应环境时，他们会感到胜任、受到启发和满足，在面对外界的各种挑战时会充满自信，并进一步激发他们去迎接挑战、战胜困难的决心。这种良性循环将促进感觉统合能力和学习能力的不断提升。

第二节　感觉统合的发展

感觉统合功能是按照自然且有序的进程进行发展的。虽然每个孩子遵循相同的基本发展进程，但发展速度却因人而异，有的孩子发展较快，有的孩子则较慢。然而，他们所经历的发展阶段是相同的。如果孩子的感觉统合发展严重偏离正常的进程，那么他们可能会在未来的其他方面遇到困扰。

一、感觉统合发展的基本原则

我们从每个孩子的发展过程中总结出了一些基本原则，其中最基本的是组织能力。在生命的最初几年里，大多数活动都是一个更大过程的组成部分，而这个过程就是神经系统内部对感觉信息的整合。

新生儿可以看、听并拥有其他感觉，但他们还没有能力很好地将这些感觉整合起来，因此大部分感觉对他们来说没有明确的意义。随着孩子经历各种感觉之后，他们会逐步学会如何在大脑中整合这些感觉，并且学习集中注意力于某些特定感觉上，同时忽略其他不相关的感觉。婴儿期的动作可能显得笨拙，但随着他们的成长，其动作会变得越发灵活和准确，能更精细地组织自身的感觉，逐渐学会控制自己的情绪，并能够保持更长时间的有组织状态。儿童的感觉统合应遵循特定的发展原则进行。

(一)顺应性原则

人可以通过顺应性反应来组织感觉信息。最重要的感觉—动作组织能力，是在对感觉信息采取顺应性反应的过程中发展起来的。这种反应是以创造性或实用的方式适应自己的身体与环境。例如，听到声音后回头看；碰撞到障碍物时，我们会调整姿势以保持平衡，这些都需要众多的顺应性反应。

在身体做出顺应性反应之前，必须先将从身体和环境中获得的感觉信息整合起来。只有当大脑理解了当前的情况时，我们才能做出适应环境刺激的反应。

每一种顺应性反应，都会进一步促进感觉统合；组织能力良好的顺应性反应，可以使大脑保持在一个更有序的状态中。为了统合感觉信息，孩子会尝试对这些感觉信息做出顺应性反应。他人无法代替孩子进行这种反应，必须由孩子自己完成。因此，过度为孩子代办一切，实际上剥夺了他们发展顺应性反应能力的机会。

(二)内驱力原则

每个孩子都有强大的内驱力来发展感觉统合能力。我们无须指导孩子如何爬行或站立，这些是孩子天性中自然引导的行为，但家长应该提供机会让孩子尝试。通过观察孩子在环境中寻找发展机会、不断努力和尝试直到成功的过程，我们可以认识到，如果没有这种朝向感觉统合的内在动力，孩子就无法发展这些能力。

在母亲子宫内，胎儿在变换体位的过程中，触觉、前庭平衡和本体平衡等能力就已经开始逐步发展了。出生后，这些能力和视觉、听觉、嗅觉、味觉和触觉等感官不断相互作用。大脑中的感觉中枢紧密相连，这些感觉神经的复杂相互作用远超过任何其他网络。新生儿之所以能够对外界有所了解和认识，主要依靠的是五官的感知：视觉、听觉、嗅觉、味觉、触觉。这五种感觉的学习过程非常自然，以至于我们通常不会特别注意到它们。这种无意识的思考就能影响大脑处理信息的学习通常是最基本且最有效的。特别是触觉，对人类大脑学习能力的影响比其他哺乳动物更显著。人类的皮肤毛发稀少，表皮较薄，这让大脑从出生起就能接收到不同层次的细腻感觉，并进行精细的分辨和记忆，这是人类和其他动物之间明显的区别之一。

此外，人类语言能力中的复杂发音技巧和词汇识别也与感觉统合有着密切的联系。这将在后续章节进行更详细的探讨，在此不做过多说明。

二、感觉统合的过程与学习能力的发展

感觉统合的过程与学习能力的发展

人类的感觉系统并不是单独作用的，而是由多种感觉综合起来共同作用，使人类的大脑和身体能够真正地协调运作。正是这种整合使人类的学习和反应能力得以充分发挥。

视觉、听觉、嗅觉、味觉以及皮肤和肢体活动产生的触觉都会将外界刺激的信息传递给大脑。这些感官就像天线，用于收集周围环境的信息。疼痛感、冷热感、压力感等也是通过皮肤传递到大脑的感觉信息。如果大脑与身体的协调性良好，大脑就会立即指示身体采取行动以响应这些感觉。在运动中，头部位置的改变会由内耳中的半规管协助感应，帮助大脑感知肌肉、关节、肌腱等的位置，从而保持身体活动的协调一致性。在日常生活中，虽然视觉和听觉似乎与触摸或身体操作没有直接联系，但如果它们不能相互协调，就会给我们带来极大的困扰。试着闭上双眼，堵住耳朵，在房间里慢慢移动，你就能深刻体会到这种感觉的重要性。

实际上，即使没有视听感觉，人们仍能感知周围环境。即使在黑暗中，人们也可以通过周围的物体来定位自己，并确认自己的地点，避开潜在的危险。这是因为在大脑中，所有的感觉都建立了共同的记忆印象。因此，即便某个感官不工作，其他的感官仍然可以利用共有的学习经验来做出反应。下面将探讨大脑中的两个特别重要的感觉系统。

(一)前庭感觉

前庭感觉，是指综合判断头部位置和身体动态的综合性感觉系统。它使人的头、眼、四肢与身体相互协作，完成一系列动作。人体需要不断适应在地心引力作用下的运动，前庭感觉的协调功能通常称为前庭平衡。如果前庭平衡出现问题，则可能导致身体操作控制能力下降、平衡失调及不协调。例如，孩子可能无法模仿老师在黑板上写的字并将其准确书写在纸上；踢足球时，他们可能无法正确使用单脚发力；或者当头部不能对准重心点时，可能会导致颈部承受过多压力，进而引起头部频繁晃动，这会分散注意力。此外，身体肌肉容易过度紧张，且身体两侧的力量难以协调。这些症状都可能是由前庭平衡不佳引起的。

(二)本体感觉

除了前庭感觉，人的身体和地心引力的关系还有一种感觉，称为本体感觉。人类直立行走，尽管双手不长且没有尾巴，这显示出人类身体上的平衡机制并不完善。然而，人类的行动仍相当灵活，这种能力难以用科学解释，我们或许只能将其视为千万年进化的一种结果，因此通常称之为本体感觉。本体感觉帮助实现身体与地心引力的自然协调，我们称之为本体平衡。

本体平衡确保我们与地心引力保持协调关系，进行各种活动时，无须特别关注身体或四肢的位置，它们会顺畅地进行相互关联的活动，如翻身、站立、走路、跳跃、翻滚等，

以及扣纽扣、写字、拿筷子吃饭、用梳子整理头发等。身体各部分的协调自如，归功于本体平衡。

在母亲的子宫内，随着胎位变动，触觉、前庭平衡、本体平衡等能力就已经逐渐发展。出生后，这些能力与视觉、听觉、嗅觉、味觉等感官相互影响。大脑中的感觉中枢相互连接，这些感觉神经的交错程度超过任何网络。

进入大脑的感觉刺激信息，在中枢神经中有效组合，称为"感觉统合"。正因为有这种能力，大脑才能协调身体对外界做出适当反应。爱尔丝博士将其比喻为交通指挥者或红绿灯管制者，没有它们，交通将陷入混乱。感觉统合能确保我们的感觉神经"交通"不中断，使所有学习和动作顺利进行。完成各种协调动作时，感觉统合的能力至关重要。

感觉统合的训练源于大脑中的"运动企划"。为执行某种动作，我们需要全面考虑身体与环境的关系，并制订计划逐步实施。这便是运动企划。

运动企划基于过去的经验，运用当前动作的感觉，并在下次动作中加以利用。运动企划让潜意识了解身体如何动作，下次也能利用这次经验来制订计划。

在运动企划中，视觉、听觉、嗅觉、味觉、触觉等感官能够单独输入刺激信息，但它们的重要性不及本体感觉和前庭感觉。这些感官能有效地组合动作，形成新的运动企划，因此在感觉统合过程中至关重要。例如，孩子看到新玩具时，即使没人教他怎么玩，大部分孩子仍能根据过去的经验找到游戏方法。这种感觉统合过程在幼儿的日常活动和游戏中逐渐形成。

通常，感觉的统合是在幼儿期的日常活动和游戏中发展起来的。孩子可以通过自我学习对相似动作做出反应，这是运动企划的功能。然而，由于小家庭制度带来的不利因素，越来越多的孩子在感觉统合学习上遇到挫折，导致发育和行动上的困难，进而产生学习障碍问题。

三、促进儿童感觉统合能力发展的要素

(一)健全的中枢神经系统

神经系统的结构包括两个大脑半球、一个相对较小的小脑、脑干、脊髓，以及分布在全身的众多神经。脊髓、脑干、小脑和大脑半球通过感觉接收器收集输入的感觉刺激，产生认知，并负责身体姿势、动作及规划，协调动作、情绪、思维、记忆和学习。在神经系统中，超过 80%的部分参与处理或组织感觉刺激的输入，因此中枢神经系统可以看作一种感觉处理装置。"感觉统合"首先对感觉刺激进行分类，然后安排，并最终将各种感觉刺激整合，形成一项整体的大脑功能。如果大脑功能是整体性的且平衡的，身体的反应会很敏捷，学习也会更容易，进而行为表现良好。然而，对于有脑损伤或轻微脑功能障碍的孩子来说，其大脑的感觉统合能力可能不佳，无法整合在自然环境下输入的感觉刺激，因而不能做出适当并有效的反应，表现出平衡能力差、动作协调性低和注意力不集中等多种问题。

(二)丰富的环境刺激

丰富的环境刺激对儿童感觉统合能力的发展产生重要影响。只有当人处于充满感官刺

激的环境中，各感官系统的功能才能正常发展。儿童需要在环境中获得更多探索和实践的机会，以提高对刺激感受的敏锐性和准确性。由于生理和活动范围的限制，儿童能接触的环境刺激总是有限的。因此，家长需要为他们提供适宜且丰富的环境刺激，并营造一个安全温馨的家庭氛围。这样，孩子就可以在愉快的环境中不断接受刺激，积极地探索周围环境，从而促进中枢神经系统的发育，并最大限度地发挥其统合功能。

(三)适宜的反馈

感觉统合是一个循环过程，它包括感觉刺激的接收和识别、感觉信息的调节和整合，以及中枢神经系统的适应性反应等阶段。儿童在与环境接触的过程中，会在感觉统合的基础上产生感觉、运动和情感上的行为反应。之后，中枢神经系统对这些行为反应进行反馈，作为下一次反应的参考。反馈来自内在和外在两个方面：内在反馈主要是自身对动作的感觉体验；外在反馈则主要源于他人的回应。正确或恰当的反馈可以增强儿童的成功感，提升其对各种感觉刺激的调节和整合能力，帮助他们在下一次做出更有效的反应，进而促进儿童感觉统合能力的进一步发展。

四、儿童感觉统合发展阶段

(一)皮亚杰的认知发展观

儿童感觉统合
发展主要阶段

瑞士著名的儿童心理学家和教育学家让·皮亚杰(Jean Piaget)认为，智慧的根源来自幼儿期的感觉及运动发展。美国行为学派也认为性格的形成与个体环境和学习经验有密切关系。近代的解剖学家和神经学家也证实，个体在环境中接受大量的感觉刺激，其脑部功能可以获得更好的发展。

皮亚杰指出，"感觉运动的成熟是日后认知学习或学前期(3～6岁)孩子成功与否的基础。缺乏这方面能力的孩子，即使能够用大脑进行记忆性的学习，但在观察、组织、想象以及推理方面的大脑功能似乎会有应用上的困难"。在6岁以前，孩子还无法以抽象的概念认识外界事物，而必须依靠实际的感觉和动作来增加感官和运动的经验，这种身体及四肢动作的有效运作则是以大脑的调控和整合为基础的。由此可见，感觉统合是幼儿现在和将来认知学习的基础。皮亚杰将认知能力的发展分为以下四个阶段。

1. 感知运动阶段(0～2岁)

感知运动阶段是基础阶段，会直接影响儿童日后认知能力的正常发展。在这个阶段，婴儿主要通过感觉、知觉和运动来认识世界。婴儿出生后不久就开始协调感觉、知觉和动作之间的活动，与外界环境相互作用，从而认识世界。在这个阶段，婴儿的智力主要体现在动作上，而没有形成表象和运算的能力。他们依赖感知运动手段来适应外部环境。婴儿出生后的第一个月主要依赖遗传性反射，随着习惯的形成，一些单一的反射动作得到整合和联结，如寻找声源、用眼睛跟随移动的物体等。在9个月到1岁时，婴儿开始出现初步的感知运动能力。

2. 前运算阶段(2～7岁)

前运算阶段，儿童的思维以自我为中心，难以从他人的角度看待事物。例如，他们可能正确指出自己的左右，但受到自我中心的影响，常常混淆对方的左右。此外，他们的思维还具有直觉性和集中性，判断仍受直觉的调节。

3. 具体运算阶段(7～11岁)

具体运算阶段，儿童的思维开始进行逻辑运算，能够依靠动作的格式在头脑中对事物关系系统进行可逆、互反及传递等运算。虽然他们的推理、问题解决和逻辑能力已经超越前运算阶段，但思维仍然依赖于具体事物的支持。

4. 形式运算阶段(11岁及以上)

形式运算阶段的儿童思维已经达到成人水平，是认知发展的最高阶段。他们能够在头脑中将形式和内容分离，根据假设进行逻辑推理。

(二)儿童感觉统合发展的主要阶段

正如皮亚杰所说，个体感觉统合能力的发展虽然具有连续性，但也可能呈现阶段性，并与中枢神经系统发展的阶段性相一致。从感觉统合的角度来看，儿童感觉统合的发展主要包括以下几个阶段。

1. 初级感觉统合阶段(3岁前)

从胚胎到3岁前，个体完成了自身解剖结构的构建、生理机能的完善以及多个领域基本能力的初步发展。在这个阶段，大脑重量约为925～1 064克。脑细胞长出许多突起，发出侧支，形成专用的神经通道。与此相应，多种感觉经过整合形成知觉，初步具备了与外界进行互动的动作、感觉、认知、言语及社交等基本能力。例如，婴儿能认出父母的声音和面容，6个月会翻身，7个月会坐，8个月会爬，1岁会走路，一岁半时能听懂常用词的含义等。

2. 中级感觉统合阶段(3～7岁)

中级感觉统合阶段是儿童各种基本能力发展的关键时期，也是儿童感觉统合能力发展的关键时期。在此期间，个体的解剖结构进一步完善，内外器官的生理机能持续发展，物质及能量代谢水平迅速提高。同时，各种专门信息传递通道间的联系与交流更加丰富，神经中枢具备了对不同类型信息的整合能力。大脑重量为1 100～1 150克，侧支的分支增多，专用神经通道随着感觉整合能力的提升而增多，使大脑五个语言区都发育成熟并建立联系。与此相应，3岁以上的儿童本体感觉、前庭感觉、触压觉、视觉、听觉及躯体运动各系统能够很好地协同工作。例如，幼儿能说出上千个词汇，通过整合学习训练达到身体协调和手眼协调，保持良好的平衡。各种感觉信息刺激大脑，经过整合后产生注意力，并开始发展记忆力。儿童能够通过意志控制自己的行为，进行有目的的运动，并具备了语言能力等。

3. 高级感觉统合前阶段(7岁至青春期)

在高级感觉统合前阶段，个体的解剖结构继续发展，但主要表现为量的积累。运动器官的生理机能进一步提高，肌力、耐力以及肌肉组织的物质能量代谢水平得到进一步提升。感觉器官及中枢神经系统的结构基本成熟，接近成人水平。大脑重量为1 150～1 250克。经过感觉统合，心理行为反应已变得较为复杂，表现为注意力、学习能力、记忆力、言语和语言能力以及自我监控能力等多种高级心理功能的增强。逻辑思维开始形成，大脑各功能区信息加工的自动化水平以及区域间信息整合的整体化水平也得到了很好的发展。这一阶段，个体可以有效地控制低位中枢以及外周器官的活动，完成复杂的动作以及认知、言语等活动。

4. 高级感觉统合后阶段(15 岁左右)

在高级感觉统合后阶段，感觉统合功能基本发育成熟，但心理能力仍需进一步发展，大约到 20 岁才完全成熟。此时，大脑重量约为 1 350 克。经过感觉统合，左、右大脑半球的功能出现专门化。例如，左脑具有听说读写方面的语言能力及计算和逻辑思维能力优势，而右脑则具有音乐、绘画等形象思维能力以及空间定向能力和情绪控制能力等优势。在这一阶段，青少年的大脑感觉统合功能发展良好，表现为能够长时间集中注意力，组织实施自己计划的意志力增强，自我控制情绪与行为的能力增强，阅读、书写、计算、音乐、绘画以及语言表达等学习能力增强，记忆力增强，逻辑思维能力形成。在感觉运动良好组合的基础上，心智和社会反应取代了由跳动、谈话和游玩所产生的感觉统合，为读书、写字以及良好行为所需要的复杂的感觉统合奠定了基础。

感觉运动发展良好的孩子，在面对外界各种挑战时会充满信心，并获得很大的满足感，这又进一步激发了儿童去面对挑战和战胜困难的信心。这种良性循环有助于促进感觉统合能力和学习能力的不断发展。

基于此，爱尔丝博士等 12 位世界级儿童心理生理专家首次开发了感觉统合智力训练系统。该系统最大的特点是能让 1～15 岁的孩子在玩乐中通过数十种训练器材达到刺激孩子的前庭觉、本体觉、视觉、触觉及听觉综合发展的目的，从而促进孩子的全面感觉统合。

五、感觉统合能力对儿童发展的影响

感觉统合能力在很大程度上影响着儿童的生活与学习。若儿童出现感觉统合失调，会在学习和交往方面产生障碍。有些儿童，尽管他们的智力正常或超常，但因感觉统合能力不足，导致无法充分发挥其智力水平，进而影响其注意力、记忆力、语言表达能力，以及人际交往能力。这种状况会使孩子心理上持续处于紊乱状态，导致学习成绩和生活质量不断下滑。

感觉统合能力
对儿童发展的
影响

(一)感觉统合能力会影响儿童的生活质量

在人们的生活中，各种感觉系统并非独立运作，而是相互协同参与每一项活动的结果。在这个过程中，内外感知系统、运动系统互相配合、组织和协调，确保日常生活有序、有效地进行，从而维持生活质量的稳定。然而，动作能力差的孩子常常缺乏空间感和时间感，难以分辨前后左右，这在日常生活中的具体表现为他们做事条理性和计划性差，难以按部就班地将各类事情安排妥当。

(二)感觉统合能力会影响儿童的学习活动

学习过程是个体内外多系统参与的复杂活动，它要求具备较高的高级统合能力，否则学习活动会频繁出错，效率低下。任何一个系统出现问题，都可能导致某一活动无法有效进行。特别是在学龄期，儿童在学习能力方面可能会遇到各种障碍，这些障碍可能导致孩子心理发育迟缓，并进一步引发厌学、逃学、撒谎、打架及逆反行为等问题。因此，他们难以理解老师的指令、不遵守课堂纪律以及学习效率低下也就不足为奇了。

(三)感觉统合能力会影响儿童的心理健康

感觉统合训练涉及心理、大脑和躯体三者之间的相互作用，而良好的感觉统合能力可以确保儿童有效地获取和处理信息，从而有利于各项活动的顺利完成。具备较强感觉统合能力的儿童，动作更加协调，情绪更为稳定，较少出现暴怒行为，注意力更为集中，并且拥有良好的自信心和自我控制能力，能够持续获得心理上的愉悦体验。相反，如果个体存在感觉统合失调的问题，他们参与和组织的活动可能会遇到多种困难，活动失败的可能性也会显著增加。长此以往，这可能会影响个体应对挑战的信心，甚至导致其形成消极的自我认知，进而对其生活和学习活动产生不良影响。

(四)感觉统合能力会影响儿童的人际交往

人际交往的实现是涉及个体内外多系统参与的复杂活动，这需要儿童具有良好的感觉统合能力。在交往过程中，如果儿童具备良好的感觉统合能力并表现得举止得体，那么他们的交往行为就可以流畅、高效地进行，使问题得到成功的解决。同时，他们的心情也会更加愉悦，有助于后续交往的延续。然而，如果存在不同程度的感觉统合失调问题，就可能导致交往行为不流畅或失败，为儿童与同伴建立关系带来困难。临床研究表明，存在感觉统合失调的儿童在交往行为上可能出现问题，无法遵循交往规则，从而使他们在同伴中不受欢迎，难以融入群体。

(五)感觉统合能力会影响他人的正常生活

儿童的感觉统合能力还会影响他们的父母、亲属、同伴以及老师等人的日常生活。儿童的每一个认知、语言及运动过程，都离不开良好的感觉统合能力。具备良好感觉统合能力的儿童能够顺利完成各种活动，为家人和老师减轻负担，与同伴关系和谐，讨人喜欢并受到尊重。相反，感觉统合失调的儿童在与他人交往中往往会成为"麻烦"的制造者，给他人带来不同程度的压力和负担，甚至可能引发他们与外界之间的矛盾和冲突。调查研究显示，感觉统合失调儿童在家庭内、学校里或邻里间存在矛盾的事例并不少见。

第三节　感觉统合失调的表现与原因

一、感觉统合失调的主要表现

在实践中，一些专业人员将感觉统合失调的特征归结为前庭感觉失调、触觉系统失调(触觉功能异常)和本体感觉失调这三个主要方面，并视其为感觉统合失调的核心特征或核心问题。另外，还包括视觉系统失调和听觉系统失调。特别是特殊儿童，他们在这些方面出现问题的可能性更高。

(一)前庭感觉失调

前庭感觉是指利用内耳的三对半规管(semicircular canals)(半规管是与维持姿势和平衡有关的内耳感受装置，属于内耳的组成部分。它们由上、后和外三个相互垂直的环状管组成，即前半规管、后半规管和外侧半规管，连接内耳与前庭。每一半规管的一端都有一个膨大部分，称为壶腹，其内部有隆起的隔膜，包含感觉细胞，并与前庭中的椭圆囊相通。半规管分为外周的骨半规管和中央的膜半规管两部分)及耳石(碳酸钙结晶)来探测地心引力并控制头部在活动中的方位，以及维持身体的平衡。前庭感觉的信息主要在前庭核(位于脑干前面)和小脑中处理，之后这些信息通过脊髓上传到脑干，并在其中扮演重要的统合角色；部分信息还会从脑干传至大脑半球。人的前庭系统极为敏感，人体位置和动作的任何改变都会对大脑产生显著影响。

1. 前庭感觉失调的表现

(1) 喜欢自转，并且转很久不觉得头晕。

(2) 喜欢看或玩转动的东西。

(3) 喜欢边走边跳。

(4) 经常喜欢爬高。

(5) 平衡能力差，走路东倒西歪，经常碰撞东西。

(6) 不喜欢把头倒立。

(7) 注视、追视能力弱，数数时常需要手指指着数才能完成。

(8) 颈部挺直时间较同龄儿童短，常垂头。

2. 前庭感觉失调的类型

前庭感觉失调有以下两种类型。

(1) 前庭平衡失调。前庭平衡失调常表现为多动不安、走路易跌倒、原地打圈易眩晕、注意力不集中、上课不专心、爱做小动作、调皮任性、兴奋好动、容易违反课堂纪律、容易与人发生冲突、爱挑剔、难以与他人同乐、难以分享玩具和食物、不能考虑别人的需要。此外，还可能表现出思考或做事情缺乏灵活性、不会举一反三，以及语言发展迟缓、说话词不达意、语言表达困难等问题。

(2) 前庭眼动失调。前庭眼动失调表现为视觉不平顺，喜欢斜眼看东西。注视、追视能力弱，数数时常需要手指指着数才能完成。虽然能长时间看动画片和玩电动玩具，但无法流利地阅读，容易出现跳读、漏读或多字少字以及串行等问题。

(二)触觉系统失调

触觉是指分布于全身皮肤上的神经细胞接受来自外界的温度、湿度、疼痛压力及震动的感觉，是先天形成的。触觉系统是最早的感觉系统，在胚胎期就已经开始形成。触觉系统的主要作用是保证人体对冷、热、痛、痒的正确反应，辨别触摸到的物体的软硬，以及感受压力的大小。

1. 触觉系统失调的表现

(1) 不喜欢被人抱，有时甚至拒绝他人的触摸、牵手，不喜欢人多的地方。

(2) 拒绝理发、洗发和洗脸。

(3) 不喜欢穿鞋，喜欢打赤脚。

(4) 不喜欢或特别喜欢特定材质的衣服。

(5) 喜欢吸吮手指和触摸生殖器。

(6) 偏食，逃避咀嚼。

(7) 对某种感觉特别喜欢，如喜欢玩沙、刮东西；拒绝使用某种质地的材料，如胶泥、糨糊等。

(8) 痛觉迟钝，以致意外碰伤流血还不能察觉；反应慢，动作不灵活，发音或小肌肉运动都显得笨拙。

2. 触觉系统失调的类型

触觉系统失调又具体分为以下两种。

(1) 触觉过分敏感。

触觉过分敏感的孩子不仅有上述(1)～(4)中描述行为。同时触觉敏感的孩子情绪易激动，爱发脾气，不爱参加群体活动。

(2) 触觉过分迟钝。触觉过分迟钝多表现为痛觉迟钝，以致意外碰伤流血还不能察觉；反应慢，动作不灵活，常有冒险行为或自伤自残，使人误以为不懂得总结经验教训；少动、孤僻、不合群，做事缩手缩脚，缺乏好奇心，缺少探索性行为。

(三)本体感觉失调

本体感觉，又称深部感觉，是指肌、腱、关节等运动器官在不同状态下(运动或静止)所产生的感觉(例如，人在闭眼时能感知身体各部位的位置)。

本体感觉是对肢体位置与运动的感知。此外，在本体感觉的传导通路中，还会传递皮肤的精细触觉(如辨别两点距离和物体纹理粗细等)，主要涉及躯干和四肢的本体感觉传导路径(属于顶叶的功能)。

大部分本体感觉在大脑的感觉区域输入并处理。

1. 本体感觉失调的表现

(1) 喜欢被他人用力推、挤、压。

(2) 手脚喜欢用力挥动或在某些动作上过于用力。

(3) 动作模仿不到位，常看着自己的手脚不知所措。

(4) 俯卧在地时全身较软，尤其难以抬起头部和颈部。

(5) 坐姿不稳定，坐时常常东倒西歪。

(6) 力度控制不佳，常因用力过大而损坏玩具，或因力度太小而无法抓住东西。

(7) 速度控制差，跑起来后难以根据指示停下。

(8) 对跳跃有较高要求，喜欢摔打自己的身体，习惯踮脚走路，甚至自伤或啃咬玩具。

2. 本体感觉失调的类型

本体感觉失调具体可分为以下两种类型。

(1) 左右脑平衡失调。左右脑平衡失调可能导致儿童在体育活动中动作不协调(如不会跳绳和拍球等),音乐活动中发音不准(如走调或音准不稳等),甚至在与人交谈或上课发言时可能出现口吃等问题。方向感差,容易迷路,不会玩捉迷藏游戏,闭眼时易摔倒,站立和坐姿不规范,容易出现驼背、近视等问题,以及过分怕黑等情况。

(2) 动作协调不良。动作协调不良表现为动作协调能力差,走路时容易摔倒,不能像其他孩子那样灵活地滚动、骑车、跳绳和拍球。在学习和生活中经常出现判断距离不准确、协调能力差等问题。判断距离不准确会让孩子无法正确掌握方向;协调能力差则会使孩子显得手脚不灵活,常常撞到东西或跌倒。

(四)视觉系统失调

视觉系统赋予个体视知觉能力。它利用可见光信息来构建机体对周围世界的感知。眼睛的视网膜是光波的接收器,光刺激视网膜后,将视觉输入传递到脑干中的视觉处理中心。视觉处理中心处理这些信息,并将它们与其他感觉信息进行整合。然后,脑干核将信息传递到脑干的其他部分和小脑,以便与运动信息相协调,再将运动信息传送到肌肉。视觉系统失调的常见表现如下。

(1) 即使是经常看到的东西也会让他感到害怕。

(2) 喜欢看手并发呆。

(3) 对特定的颜色、形状或文字特别感兴趣,甚至达到固执的程度(如对广告纸和报纸)。

(4) 喜欢将物品排列整齐。

(5) 喜欢斜视看东西。

(6) 喜欢躲在较阴暗的角落。

(7) 喜欢看色彩鲜艳、画面变换较快的广告。

(8) 喜欢看风扇或其他转动的东西。

(9) 喜欢坐车,对窗外的景色变化非常着迷。

(五)听觉系统失调

人体听觉系统的感受器官是耳。空气中的声波刺激内耳的听觉感受器,将信息传送到脑干的听觉中心。听觉中心处理听觉信息,同时也处理来自前庭系统、肌肉及皮肤的信息。听觉中心与脑干中的视觉处理中心相邻,两者可以交换信息。与视觉输入类似,某些听觉信息也会被传送到脑干的其他部分以及小脑,以便与其他感觉和运动信息相协调。听觉系统失调的常见表现如下。

(1) 常会掩耳朵或按压耳朵。

(2) 对尖锐或过高的声音一点儿也不讨厌,甚至喜欢。

(3) 有时对很小的声音感兴趣。

(4) 在教室里对外界的声音很敏感。

(5)　常会因听到某种声音而发呆。

(6)　对某些特定的音乐固执地喜爱。

(7)　特别害怕听到某些声音。

(8)　对巨响反应较差，甚至无反应；对别人说的话听而不闻，经常忘记老师说的话和留的作业等；喜欢无端尖叫或自言自语。

二、感觉统合失调的障碍所在

身体运动协调源于身体的本体感受器所产生的冲动。身体运动感觉统合作为所有动作的基础，与视觉和听觉紧密相关。

运动感觉统合是指通过感觉输入向中枢神经系统传递，并由中枢神经系统处理与运动感觉统合相关的信息。运动感觉统合异常的个体可能因缺乏参与动作经验的机会而表现出动作迟缓及笨拙的情况。基本上，运动感觉统合包括身体感觉统合、双侧协调、方向感及触觉感觉统合。

(一)身体感觉统合

身体感觉统合是一个综合性概念，涵盖身体基模、身体形象、身体概念(包括身体理解)等。首先，身体基模是最基本的因素，它是一种感觉动作的要素，通过身体本身的活动来提供信息。因此，身体基模是指对身体的能力和限制的知觉，包括在体育活动中产生的适当的肌肉伸展感，以及对自己身体在空间中位置的知觉。最初，身体基模帮助个体了解身体的各部位和外部空间，随着发展，它逐渐提升到更高水平的动作发展与控制。

身体形象是指个体对身体的感觉和认知，它受到生物、智力、心理和社会经验等多方面的影响。身体形象包括对外在身体部位及其运作方式的感知。例如，个体了解自己有两只手、两只脚和身体两侧，并意识到手脚可以协同工作或各自独立运作。此外，智力、社会和心理等因素也会影响个体将快、慢、美、丑、强、弱等知觉纳入其个人的感觉统合中。

个人的身体空间感基于身体形象形成，它依赖于触觉、本体感和视觉等基本感觉空间机制的共同作用。前庭信息引导身体形象与环境空间相互关联，而大脑顶叶的统合作用，使人能够感知空间的属性和身体的左右两侧。换句话说，前庭感觉帮助人们判断自己与周围环境的关系和位置。

身体概念或身体理解是指个体对自己身体的认知和理解，主要包括能够描述身体的各部位、感知身体在空间中的位置，并控制移动身体的某一部位。身体概念建立在身体基模和身体形象的基础上。人之所以能够在空间中保持适当的姿势，主要依赖于视觉刺激和本体感的共同作用。本体感源自肌肉和关节的作用，内耳石对地心引力或重力导向产生反应，通过内耳的，半规管产生运动感觉。从关节到颈部肌肉的本体感主要影响头部姿势，而从下肢到身体躯干的本体感则主要影响与坐姿、站立、走路等相关的身体姿势。因此，身体动作的准确程度和熟练程度取决于人的本体感发展水平。

(二)触觉感觉统合

触觉感觉统合是指来自身体皮肤表面的感觉能力。它通过触摸、感觉和操作来反映外在信息。个体通过触觉系统，体验各种不同的感觉，从而更加了解周围环境。例如，触觉感觉统合使个体能够区分潮湿和干燥、热和冷、软和硬、平滑和粗糙等特质和属性。

触觉感觉统合可以通过多种运动来促进，如爬行、走平衡木、在跳床上跳跃、爬楼梯、摔跤、翻筋斗或打滚等。此外，让学生在地板上、草地或细沙、沙滩、平衡木、球池中赤脚行走，或进行爬绳、爬绳网等活动，均可有效促进学生的触觉感觉统合。

研究发现，大脑对前庭输入的信息可能会有过低反应或过度反应现象。过低反应的儿童可能对前庭信息反应迟钝，导致视觉追踪移动物体困难，粗大动作迟缓，无法迅速有效地将外界指令传入大脑。这些儿童容易摔跟头，难以保持平衡。而过度反应的儿童可能对周围空间过于敏感，担心跌倒，害怕瞬间移动或运动，甚至可能出现头晕、恶心的症状。

当前庭系统发展不足导致空间感觉统合混淆或扭曲时，可能会表现为颈部一侧反应僵直。这种反应会驱使身体进行强直型旋转运动，并产生一种向心力的感觉，使个体过于偏重身体周围，最终导致身体感觉混淆的症状。此外，还可能产生身体外围向外伸长的感觉，或对身体部位离开身体其他部位的担忧。同时，身体形象的混淆也会导致身体缺乏稳定性。

研究发现，有50%的学习障碍学生曾有耳朵感染疾病的经历，40%的学生会产生头晕、恶心的症状，35%的学生有眩晕的症状。眼睛运动不良、身体协调不良、平衡能力异常和空间导向混淆等现象通常是前庭系统功能失调的症状。除了小脑、网状构造和顶叶皮质等器官组织的控制影响外，这些症状还可能反映出本体感和视觉功能的问题。其中，眼球震颤和眼睛不自主震动是前庭系统功能失调最常见的症状。

如果脑部的感觉统合不良，会影响生活中的许多方面，使人常常事倍功半，并减少获得满足感的机会。在所有儿童中，有5%～10%在感觉统合能力上存在一定的缺陷，这些缺陷可能导致学习障碍或其他行为问题。尽管这些儿童起初看起来似乎很正常，智力测验也可能显示正常或有很高的智商，但他们可能会遇到学习障碍和情绪适应不良等问题。

感觉统合的表现并非完全正常或不正常，而是存在一个广泛的范围。一个人如果经常感到愉快、有成就感且易于相处，那么可以认为他们的感觉统合是良好的。当然，也有人的感觉统合表现较好或中等，而少数人的感觉统合可能不理想。

感觉统合问题不像内科或外科的感染、发炎那样容易确定病因。我们只能通过观察孩子的日常行为表现和使用感觉统合量表来诊断大脑的功能状况。只有受过训练的专业人员才能敏锐地观察出感觉统合失调的迹象以及行为上的微妙区别，并正确地回答父母的疑问。

在早期症状上，感觉统合失调的婴儿与同龄儿童相比，可能在滚、爬等动作发展上显得迟缓，而更倾向于直接坐或站起来。但随着年龄稍大一些时，他们可能难以学会系鞋带或骑脚踏车等技能。虽然少数儿童的发育水平可能与正常标准相当，但稍大一些后可能会出现走动费力或不协调的情况，跑步时常常显得笨拙、磨蹭或被绊倒。然而，需要注意的是，并非所有笨拙都是感觉统合失常引起的，其中一部分可能是运动神经或局部肌肉无力造成的。感觉统合不良是儿童脑内的问题，主要是由于运动神经和肌肉无法协调得当，而四肢上的神经和肌肉在发育上通常是正常的。

感觉统合失调的儿童在学龄前玩耍时，由于他们通过眼睛、耳朵、四肢和身体躯干等感觉器官获得的信息没有得到有效整合，因此在技巧上可能不如其他孩子熟练。这些孩子虽然能看、能听，也有各种躯体上的感觉，但他们对外界环境的反应可能不够有效和恰当。

他们的大脑可能无法排除无关信息的干扰，难以从周围环境中筛选出重要信息并做出适当的反应。例如，他们可能不愿意与其他孩子争夺受欢迎的玩具，或者只喜欢玩操作简单的玩具，因为复杂的操作对他们来说太困难。此外，他们还可能经常弄坏东西，因为他们可能无法及时察觉到环境中的危险因素并采取相应的避让措施。这些不良表现主要是由大脑功能问题引起的。

在语言能力发展方面，感觉统合失调的孩子可能会出现语言发育迟缓的现象。尽管他们的听力检查可能没有问题，但他们可能无法集中注意力听别人说话。即使别人跟他们说话，他们也好像听不进去，不会对这些话做出应有的行为反应，给人一种好像什么也没听见的感觉。而当他们想要表达自己的想法时，可能不知道如何用语言表达清楚。

由于缺乏明确的视觉和手部等方面的感觉信息，感觉统合失调的孩子在进行一些需要精确操作的任务时可能会遇到困难。例如，他们可能很难在线条内准确着色，或者在进行拼图、使用剪刀等手工活动时表现不如其他孩子。这些困难可能会让他们感到受挫和不安，导致他们对手工劳动和益智游戏产生不愉快的情绪，甚至可能产生退缩、不想做的态度。

有些感觉统合失调的孩子可能无法有效整合皮肤的感觉信息。例如，当有人触摸他们的皮肤或靠得太近时，可能会让他们感到不安和烦闷。此外，许多感觉统合失调的孩子可能表现出过多的活动或持续的烦躁不安。有时，甚至连声音和光线都可能成为分散他们注意力的干扰因素。

三、感觉统合失调的孩子常出现的学习问题

传统教育着重教授儿童阅读、写作和算术等基础知识，然而这些能力实则颇为复杂，需要大脑有序运行一系列有效程序。这意味着只有当孩子具备良好的感觉统合能力时，才有可能在这些领域表现出色。在幼儿期，感觉统合失调看似是小问题，但一旦孩子上学，若其影响到学习和情绪，问题就变得严重了。

父母和老师对学龄儿童的期望通常高于对学前儿童的期望。学龄儿童不仅要学会读书、学习许多新知识，还要学会与老师和同学相处。感觉统合失调的孩子在交友及维持友谊方面可能会遇到困难。因此，这些儿童必须付出更多努力才能和其他同学表现得一样好，这给他们带来了很大的内心压力和冲突。他们常感到无助和焦躁，如果不及时解决，成年后可能更容易出现心理问题。

在学校生活中，诸如系鞋带、握笔、保持笔迹不断、定期地做清洁工作或边走路边看标志等小事，对感觉统合失调的孩子来说都是挑战。在运动场上，他们无法与身体协调性好的孩子竞争；单独接受老师的指导时或许能集中注意力，但在集体教学中，要专心听老师讲解和注视黑板确实很难。他们经常还没弄明白一项指令，就得同时执行如"把书本收起来，拿出铅笔"这样连续且不同的任务，结果往往是手足无措。

在教室里，这些孩子很容易被外界的声音、光线以及旁边同学的小动作所分散注意力。他们的大脑全面接受各类刺激，容易产生不必要的反应。那些患多动症的孩子并非自己愿意不停地在班上蹦跳，而是因为他们的大脑难以控制自己的行为。这类过度的活动实际上是由众多感觉引发的强迫性反应，孩子既无法忽略这些感觉，也无法将其整合。大脑中的分心和困惑也使他们难以集中注意力，从而难以理解老师所教的内容。排队时，如果有人

碰到他们，他们可能会愤怒或者动手反击。这种反应并非针对个人，而是由于对触觉过于敏感的直接反应。

因为这些问题源自大脑并在潜意识中发生，所以孩子自己无法控制。要求他们自我约束或更加专注是没有效果的；奖赏或惩罚同样无法改善大脑的感觉统合。迫使这些孩子完成他们的大脑无法处理好的任务，往往会使情况恶化。

经过多年这样的经历，孩子可能会发现自己与众不同，在某些方面始终不如别人。如果父母不提供适当的情感支持，那些经常被他人称为"笨蛋"的孩子很容易丧失自信心。仅仅告诉他们并不笨拙或不坏，是无法让他们的大脑功能得到提升的。唯有通过促进感觉统合能力和进行适当的反应训练，才能改善这种情况并建立自信。

每个感觉统合失调的儿童都有不同的症状表现，即便是正常儿童，偶尔也会表现出一些轻微的问题。当一个孩子频繁出现此类问题，或这些问题长期干扰其学习时，父母就需要密切关注，并让孩子接受评估和必要的治疗。只有在父母的理解和支持下，并结合专门的感觉统合治疗，这些孩子才可能拥有较为正常的生活，享受社会交往，并为社会做出贡献。

四、感觉统合失调的成因分析

艾尔丝博士的研究发现，在3～13岁的儿童中，有10%～30%的儿童可能会经历感觉统合失调。在我国台湾地区，儿童的感觉统合失调发生率为14.1%～17.9%，而在大陆地区，这一比例更高。1994年，北京大学精神卫生研究所旗下的儿童感觉统合研究中心对北京市城区的学龄儿童及3～6岁的儿童进行了感觉统合能力的广泛调查。研究结果显示，北京市城区正常学龄儿童中感觉统合轻度和重度失调的比例分别为35.9%和10.3%；在3～6岁的儿童中，这两个比例分别为28.5%和8.9%。2002年，上海市儿童医院副主任医师马士薇等人的研究指出，上海市儿童的感觉统合轻度与重度失调率虽然相对较低，但也分别高达21.35%和4.50%。学龄儿童及3～6岁儿童出现感觉统合失调的原因是多方面的。现有研究表明，主要的原因包括剖宫产的增加、城市化进程导致的活动空间缩小、运动和爬行机会减少，以及我国独生子女政策实施带来的独生子女生活方式单一(独自吃饭、睡觉、玩耍，缺乏模仿对象和朋友互动)、家长过度保护等，这些因素导致儿童接受的感觉刺激大幅减少，从而使近半数儿童存在不同程度的感觉统合问题。

造成感觉统合失调的因素复杂，包括生物学因素、家庭因素、教育因素，以及社会环境因素等。了解并控制这些因素，及早采取预防措施，运用系统的科学方法，积极实施有效干预措施，对于确保儿童健康成长至关重要。

(一)生物学因素

1. 遗传因素方面

如果家族中有人曾患有某种神经症或精神疾病(如精神分裂症等)、学习障碍(尤其是阅读障碍)、各种残疾或过敏等症状，那么其他家庭成员发生此类疾病的风险较高。除了遗传因素外，心理因素也不能忽视，这些因素可能增加患病的可能性或影响身心健康的稳定性。

感觉统合失调
的生物学因素

2. 脑损伤或脑功能失调

脑损伤的原因通常包括：分娩过程中的并发症(如产程过长、过于仓促、胎盘早剥、难产、使用吸盘、产钳等)。母亲在怀孕期间若有酗酒、吸烟、接受 X 射线辐射、服用不当药物、患糖尿病、甲状腺功能减退等问题，以及年龄较大的母亲或年轻的"娃娃妈妈"，都可能导致胎盘生长不良、胎儿缺氧、胎儿感染等。儿童出生后，高烧、严重脱水、脑炎、脑膜炎等都可能引起脑损伤。婴幼儿期的头部摔伤是家长常忽视但极为关键的脑损伤因素。脑损伤或脑功能失调会影响大脑机能，可能改变人的行为敏感度、反应模式或抑制能力，从而导致被动、退缩、活动过度、情绪暴躁等现象。

3. 生化失调

(1) 神经化学物质传递异常。研究通过分析尿液、血液或脑脊液中的神经介质代谢物数量变化，发现了神经化学物质传递异常的问题，进而探讨药物对大脑认知的影响，以及对个体注意力、学习和行为的影响。儿童若出现神经化学物质传递异常，可能会导致多动症、注意力缺陷、学习成绩下降等。

(2) 维生素缺乏。维生素是人体无法自行合成的小分子有机化合物，不参与组织构成也不提供能量，但具有特殊的生理功能，对维持机体正常生理功能至关重要。维生素供应不足或需求增加时，会导致新陈代谢障碍、心血管系统和神经系统功能障碍等，影响人体的正常生理机能和大脑的正常功能。饮食结构对儿童的大脑工作能力有显著影响：均衡的饮食有助于保持大脑清醒，避免过度兴奋或萎靡不振；而高蛋白或高碳水化合物的饮食结构，如果摄入不合理可能导致儿童过分兴奋或容易疲劳，均会影响学习效果。

(3) 内分泌腺功能失调。激素失调可能会引起儿童早期大脑损伤或身体状态改变，影响学习。例如，甲状腺功能失调可能导致儿童精神低落、缺乏动力，影响学习动机和激励。儿童出生时若母亲甲状腺素缺乏，可能造成严重的损害，影响其智力发展、语言理解和表达能力以及身体运动技能的发展。甲状腺功能亢进可能会导致儿童情绪不稳定、注意力不集中，进而影响身体发育和智力发展。

(4) 低血糖。大脑的代谢依赖于一定量的葡萄糖供应。如果饮食过少导致血糖远低于正常水平，大脑将无法保持正常的活跃状态，可能引发学业成绩不佳、多动症等问题。低血糖会危害儿童大脑发展，特别是在出生后的头两年内。低血糖发生得越早越频繁，大脑受损的可能性越大。如果不及时治疗，可能会导致智力落后、动作发展迟缓和大脑重量减轻等问题。易受低血糖影响的群体包括双胞胎、低体重新生儿、母亲患有肾功能损害、孕期糖尿病以及营养不良的儿童。

(5) 其他因素。研究发现，超过一半的多动症儿童血中含铅量较高。工业社会的环境污染，如汽车尾气中的含铅排放，易被儿童吸入。使用含铅塑料玩具、餐具和带油漆的家具等也会导致儿童体内铅含量过高。此外，食品添加剂如调味剂、人工色素、防腐剂、膨松剂、香精、咖啡因等可能对儿童中枢神经系统造成负面影响。随着生活水平提高，儿童更频繁地食用饮料、糖果、冰激凌、香肠、罐头食品和休闲食品，这些食品的过量摄入也会影响中枢神经系统的正常发育。

不利的生物化学环境对儿童成长也有不良影响，如使用涂改液、暴露于荧光灯和新型高层建筑中的电磁波辐射等。先天或后天的生理残疾，如妊娠中毒、过敏、出生缺陷、剖宫产儿综合征、难产缺氧、各种身体损伤、代谢障碍、疾病感染、中毒等，不仅可能限制个体的正常活动和社交机会，还可能因这里经历较多导致挫折，进而引发心理和行为偏差。

(二)家庭因素

1. 不和睦的家庭因素

强调个性化的生活方式，可能导致许多家庭的夫妻关系陷入困境，孩子成为直接的受害者之一。他们整日目睹父母的谩骂和争吵，感受到父母缺乏责任感、义务感和家庭荣誉感。在这样的环境中，孩子可能被视为出气筒，遭受辱骂或殴打，导致亲子关系紧张，情感上被忽视或对立。这种情境使孩子情绪波动大，常感到焦虑和恐惧，容易产生敌意，缺乏同情心，并可能发展出嫉妒心、残忍等不健康的心理状态。他们可能不接受伦理道德的约束，表现出攻击性行为。

由于从小缺乏温暖和爱，或得到的是不正常的爱，孩子可能长期处于紧张、焦虑和恐惧的状态。这种状态不仅可能引发与饮食、睡眠、呼吸、排泄等相关的疾病，还可能导致孩子失去自我调节的能力，进而患上精神疾病或人格障碍。

感觉统合失调的父母及家庭因素

2. 过度保护

过度保护导致孩子过度依赖父母，所有事情都由父母包办代替，造成孩子心理上的依赖期延长。这样的孩子一旦离开父母，容易产生分离焦虑，拒绝入园或上学，形成退缩行为。此外，过度保护可能导致孩子变得自私自利、以自我为中心，难以适应集体生活，容易受挫，产生对立、自卑、仇视、嫉恨等情绪，甚至可能采取攻击性报复行为，导致人际关系紧张，引发情绪问题。

3. 家庭结构简单化

随着社会的发展，家庭结构越来越小型化。父母因工作繁忙，很少有时间陪伴孩子，加上家中没有兄弟姐妹的陪伴，孩子可能感到孤独，影响其社会性发展。

4. 家庭生活电视化

随着社会竞争的加剧，父母越来越忙碌，导致陪伴孩子的时间减少。电视已成为孩子的主要伴侣。然而，长时间看电视可能导致孩子的语言和社交能力发展受阻。此外，由于电视内容的不可控性，孩子可能通过模仿电视内容而出现行为问题。

5. 父母教育导向问题

普遍存在的"望子成龙"心态给孩子带来了巨大的压力。父母期望过高、过早教育、过度教育和过度管教等做法可能违背儿童的身心发展规律，导致儿童出现焦虑症、多动症、反抗行为与冷漠态度、早熟等问题。

6. 父母角色问题

亲子间的正常接触和交流对孩子的心理健康和性格形成至关重要。然而，父母角色不当、性格内向、缺乏权威意识和责任感、社交能力差以及亲子间交流感情不足等问题可能导致儿童的行为偏差。例如，母亲对男孩的管教过于宽松或严格，或者父母对孩子缺乏关爱，放任自流，而不加指导等。

7. 抚养与家庭教育不当

父母对子女的溺爱和宽容可能导致孩子养成放纵、骄横、自私自利的品德和嫉妒的心理。这种教育方式可能使孩子对自己的社会责任模糊不清，无法学会在欲望不能满足时的自我控制。相反，父母对孩子过分严格、虐待或粗暴等都可能导致孩子形成冷漠、消极的情绪，产生敌意或残忍的心理，容易发生攻击性和冲动行为。此外，家庭成员的道德水平对孩子的成长有重大影响。调查显示，某些工读学校的女生中，有 30%的家庭成员曾被判刑，25%有不良行为；60%的少年犯来自破裂家庭。

(三)教育因素

人才竞争的低龄化趋势导致一些教学内容的重心不断下移。许多幼儿园为了迎合部分急功近利的家长的需求，教学上片面强调认知发展，采取不适合幼儿身心发展的教育方式和评估手段，忽视了幼儿的个体差异，过分强调统一要求和服从，以及教育内容趋向成人化，导致孩子缺乏足够的户外活动。在经济利益的驱动下，一些幼儿园还开设了寄宿班，这让某些家长以工作忙或幼儿园条件好为由，忽视了亲子情感和孩子的情感发展。这导致部分幼儿承受过重的思想负担和压力，有的幼儿人格发展出现扭曲，有的则过于疲累、情绪紧张；还有的幼儿因严重缺乏活动导致感觉统合失调、多动症、恐惧症等问题，严重的甚至发展成为情绪障碍或自闭症。

学校是人才选拔和教育资源分配竞争的焦点。当教育选拔功能被过度强调时，学校就会片面追求升学率。为此，很多学校采取了并不适宜学生身心发展的教育方法与评估手段，忽略了学生在身体发育水平、认知能力及风格、智力因素与非智力因素、对学习环境的要求与社会能力、依存性与独立性、生物节律与性别等方面的个体差异，一味地重视升学和考试。结果是，表现良好的学生感到心理压力大，人格扭曲；中等生感到筋疲力尽，情绪紧张；成绩较差的学生更厌倦学习。这样的教育不仅造成师生关系紧张，还培养了不满、怨恨、嫉妒、反抗、报复等负面情绪，严重的甚至导致学生出现情绪障碍。

(四)社会环境因素

个体在社会环境中发展，其最终目标是融入社会。整个社会的风气、价值取向都在不同程度地影响着理性思考能力尚未成熟的儿童、少年。当今中国社会正处于变革时期，各种社会思潮、经济状况、道德标准、社会结构和文化的变化都可能让年轻一代感到困惑和无所适从。

社会学习理论指出，品行问题和犯罪行为是后天习得的。正如"近朱者赤，近墨者黑"所说，青少年不仅受到同龄伙伴的影响，还受到报纸、杂志、广播、电视、电影、网络等多样化媒体的影响。这些媒体对孩子的成长过程有着显著的塑造作用，使他们在不知不觉中模仿，从而可能出现暴力行为和犯罪问题。

需要强调的是，应警惕不良信息的传播，特别是对年轻人的负面影响。我们要积极引导年轻人走上积极、健康的生活道路，远离犯罪和不良行为，共同维护社会的和谐与稳定。

(五)城市化因素

现代化生活以城镇化作为重要特征。随着城镇化进程的加快，人类文明固然得以提升，但也给孩子的成长带来了一些不利影响。

城市里人口高度密集，流动人口众多，社会关系复杂多变，这些因素对儿童的情绪和健康发展影响颇大。城市环境多为单元式楼房，其"封闭式"特点致使居住空间狭小，社交互动有限，这极大地限制了儿童与社会接触的机会，容易使儿童知识面受限，形成孤独、依赖、忧郁和社交能力差等性格弱点。同时，住房拥挤和视野狭窄也可能影响儿童心胸的开阔。

城市环境的快速变化让儿童难以自我调节；高楼林立，交通繁忙，噪声嘈杂；绿化减少，空气污染严重，这些都给儿童造成了较大的心理压力。高大的建筑群和宽阔的街道可能让儿童感到自身渺小，产生悲观和自卑情绪；城市的噪声、色彩、眩光、人流和车流令人紧张和焦躁不安；钢铁和混凝土的环境可能让儿童感觉无力和压抑。

现代城市生活拥有便捷的交通、丰富的物质条件和多姿多彩的精神文化生活，这些可能让儿童产生较强的优越感。相对而言，这可能导致城市儿童的自信和自尊感过于强烈，而意志薄弱，对挫折的容忍度较低。一旦遭遇挫折或受到打击，他们可能出现情绪异常或过激反应，难以自我平复。

(六)爬行不足及有关研究

爬行对儿童的发育具有极其重要的影响。据调查，约60%的儿童存在爬行不足的问题。我们常常可以观察到，许多有学习障碍和严重情绪困扰的儿童，在接受爬行活动治疗时，如在滑板上进行模拟爬行，刚开始通常会显得困难重重，他们要么姿势不正确，要么会从滑板上掉落，严重者甚至难以在滑板上保持趴卧。与此相对，那些问题较轻或本身学习能力较强的儿童，通常能在几天内自行调整好姿势，享受爬行活动的乐趣。

通过研究儿童的成长历程，我们发现许多有学习障碍和情绪困扰的儿童都未能经历正常的爬行阶段。例如，他们在满一岁前很少充分爬行，有些家长因洁癖限制孩子在地上爬行；有些家长为了省事，长时间将孩子置于学步车中，这无形中剥夺了婴儿学习爬行的机会；又或者祖父母长期抱着孩子，减少了他们的爬行机会。

同时，我们也注意到一些急于求成的家长，在婴儿刚开始学爬不久，便急切地让他们开始学习走路。这些孩子上学后，很多表现出脾气暴躁、过度活跃及注意力不集中等问题，进而导致过度敏感和学习无法专注的情况。

爬行是动物演化过程中的一个环节，也是人类成长必经的阶段。在低等动物依赖四肢进行移动的同时，人类的颈部肌肉也在收缩以支持头部的自由活动和眼睛的稳定搜索。这种低层次的感觉统合整理是在脑干部完成的，它为更复杂的寻找和防御性反应提供了基础。

灵长类动物则拥有更精细的平衡能力，双手能进行精密操作，视觉也更为敏锐。高层次大脑功能的发挥，依赖于低层次感觉统合整理的基础，只有如此，才能确保大量的感觉信息被正确处理。否则，即使有再优秀的大脑结构，也无法展现其真正的智能。这一现象在有学习困难和情绪问题的儿童和成人身上反复得到证实。

在七八岁之后，人类才开始大量使用成熟的大脑进行精细判断和深度思考。在此之前，儿童主要呈现的是感官—动作的特性。一岁之前的爬行活动有助于打好低层次感觉统合整理的基础，而后续的攀爬、跑步和跳跃等活动则是对这种感觉统合整理与高层次判断及思考之间连接的进一步锻炼。有学习困难的儿童往往在游戏中表现不佳，或直接避免游戏，这表明他们缺乏低层次感觉统合整理的基础，从而影响了高层次大脑功能的发挥。

在治疗时，应强化儿童重新经历爬行动作，特别是复杂的动作，目的是促进脑干部低层次感觉统合的发展，并实现与高层次感觉处理的精细衔接。治疗后，家长和老师对这些孩子的教育将会事半功倍，进而激发其潜在的智力。

(1) 脑干部低层次感觉系统的不良症状，表现为重力(姿势)不安全感，比如恐高症和对高速行驶的恐惧等，这是前庭平衡系统对地心引力、方向以及加速度过于敏感造成的。严重时可能表现为晕车、害怕荡秋千、人际关系差、不愿承担责任等。

(2) 前庭和双侧大脑分化失调。这主要是前庭反应的不足或过度引起的。前庭系统负责控制身体躯干和四肢以及动眼肌肉的张力。如果动眼肌肉运作不灵活或眼球转动不顺畅，则阅读时可能出现文字跳动的现象，轻微时可能出现读书跳字的情况，而严重时则无法完成阅读。

此外，身体各部分肌肉张力的不均匀也可能导致动作笨拙和协调能力差。儿童可能表现为过度活跃且不顾危险，不听劝阻或指导，这些都是前庭反应低下的表现。前庭系统还影响听觉和视觉的秩序感和灵敏度，改善前庭功能也可以提高听觉和视觉效能。

(3) 触觉防御与神经生理抑制困难。触觉防御是指幼儿对无害的触觉刺激表现出厌恶或回避的行为，主要症状包括对温度变化极度敏感、不喜欢赤脚行走在草地或沙滩上、排斥毛料或较粗糙的衣物、怕痒、不愿意被非亲属触摸等。这些问题通常是由防御性触觉和其他感觉的过度敏感引起的。触觉防御可能引起儿童脾气暴躁、易分心，经常发生打斗争吵，喜欢到处触碰物体并持续把玩小物品，特别是在寒冷的环境中不愿穿长袖衣物或者极度厌恶穿衣。此外，这些孩子可能还存在严重的偏食、恐惧黑暗、害怕独处、畏惧恐怖事物等问题。在极端情况下，他们可能会"害怕人多的地方"或"拒绝上学"。

例如，小乐是一个剖宫产出生的儿童，家长原本以为这样不会伤害到孩子的大脑，结果发现他虽然聪明但很顽皮。但他却烦躁不安，上课时容易分散注意力，动作迟缓，除非在玩耍时才有所反应。他对外界刺激非常敏感，爱哭，害怕黑暗，吸手指，挑食，胆小退缩，不善于和小朋友合作；在学习方面粗心大意，不能记住老师说的所有内容，经常看错符号或偏旁，所以很少得满分。另外，他还爱挑剔，易不满，缺乏耐心和毅力，容易气馁。总之，与其他同学相比，小乐有这些问题让家长和老师感到非常头疼。那么，这些问题究竟是教育问题还是心理问题呢？

对于人类来说，学习最重要的并不是知识本身，因为知识只是工具。真正重要的是如何吸收、消化和运用知识，即学习能力。学习能力涉及身体感官、神经组织及大脑之间的互动，通过身体的视觉、听觉、嗅觉、味觉、触觉以及平衡感官(内耳)，经由中枢神经系统、分支及末梢神经系统将信息传入大脑各功能区，这个过程称为感觉学习。大脑将这些新信息整合后做出反应，再通过神经组织指挥身体的动作，这就是运动学习。感觉学习和运动学习不断地相互作用就形成了感觉统合。如果感觉统合失调，就会在知识学习过程中出现困难和障碍。

随着生活水平的提升，儿童的行为问题也有所增多。近年来，因感觉统合发展不足导致的学习困难越来越多，主要原因是核心家庭的影响、都市化生活的影响、成人对幼儿的过度保护和过高要求、养育方式不符合儿童心理发展规律、激烈的教育竞争、亲子关系的僵化与紧张等。城市生活中幼儿的活动空间不足，导致触觉学习缺失，孩子的感觉—运动系统无法得到充分发展，从而引发神经系统发展的不完善，使大脑功能出现发育不全的现象：有些部分没有机会及时发展，而有些部分无法与其他部分协同工作，这些都指向了感觉统合不足的问题。

目前，依照感觉刺激的类型，我们可以将感觉统合失调的治疗方法分为触觉刺激治疗、前庭刺激治疗、本体感觉刺激治疗和顺应性训练等。

五、感觉统合失调的预防

感觉统合失调主要出现在学龄前儿童和学龄儿童。它会导致儿童出现一系列的行为问题、学习困难、情绪障碍以及人际关系问题等，这些问题对儿童的心理健康发展产生不良影响。然而，时至今日，许多父母和老师还没有充分认识到感觉统合失调给儿童带来的不良影响。他们只是从表面现象出发，认为这些问题是儿童的天性或是儿童故意制造麻烦，因此常常采取批评和惩罚的方式应对。这样的处理结果只能是降低儿童的自尊与自信，或者导致儿童产生逆反心理，进而加重儿童的心理障碍与行为问题。

感觉统合能力发展的关键期是3～7岁，这几年也是儿童的语言能力发展、智力发育以及个性形成和发展的关键期。脑神经科学的研究证实，儿童感知运动能力发展的关键年龄段是3～7岁，而0～3岁则是感统失调的预防期。虽然我们不能完全避免儿童出现感统失调，但是可以采取一些预防措施。如果父母和保育人员能够了解儿童的感觉统合发展需求，并将其应用到儿童的养育过程中，就能有效地降低儿童感统失调的风险。

(一)生理方面的护理

为预防感觉统合失调的发生，首先在孕期需要采取良好的保健措施。准妈妈要保持规律的生活方式，避免食用刺激性食物。如果准妈妈在孕期的工作节奏较快，长期处于紧张状态，那么可能对胎儿产生不利影响。同样，饮酒、吸烟和过度的娱乐活动等也可能对胎儿的神经系统发育造成一定的影响。

其次，围产期的保健也非常重要。剖宫产出生的儿童比顺产儿童更易出现感觉统合失调，因为剖宫产出生的婴儿没有经历产道的挤压过程，可能会影响其对触觉的辨别能力。此外，出生时如果出现脐带绕颈、窒息等现象，往往也可能成为诱发因素。

最后，儿童出生后应多参与各种活动。一些住在高楼且很少外出活动的儿童，其感觉统合失调的发生率较高；有的儿童习惯于玩电动玩具，与传统玩具相比，电动玩具可能使手指等部位的精细动作锻炼不足，从而容易发生感觉统合失调；还有的儿童未经过爬行阶段就直接进入走、跑的阶段，导致躯干、四肢及左右脑协调能力没有得到充分锻炼，也容易出现感觉统合失调。

总之，我们应该鼓励儿童参加各种体育活动，勤于动手和动脑，强化精细动作的训练，以促进其感觉统合能力的健康发展。

(二)心理方面的护理

感觉统合失调的儿童在接收外界信息方面存在一定障碍，他们的内心通常非常敏感。为提高这些儿童的感觉统合能力，父母需要给予适当帮助，并进行一定量的感觉统合训练。在心理护理方面，对这类儿童应做到以下几点。

首先，家长要了解儿童的真实情况，对其异常行为保持警觉，避免对儿童恶语相向或显露不悦。要确定儿童是否真的存在感觉统合问题，需要专业人员进行评估。家长可以寻求专家的帮助并参与训练过程，这样就不会错误地将儿童的学习障碍归咎于态度问题。

其次，要明白感觉统合失调是可以通过感觉统合训练得到改善的。因此，家长不必过度焦虑，要有耐心地辅助儿童进行规律的感觉统合训练。在家中，可以进行一些基本的练习。例如，教儿童拍皮球、跳绳或者沿着地板缝隙直线行走，以及进行平衡动作等。这些活动能够帮助儿童巩固专业训练的效果。

最后，对于常常注意力不集中、一点轻微声响就容易分心的儿童，家长应当加强对儿童心理发展和感觉统合相关知识的了解，并耐心地帮助他们进行专注力训练。当孩子因轻微声响而分心时家长应及时提醒他们回到任务上来。

值得注意的是，有些儿童的动作技巧显得不够成熟和协调，这些状况可能只是因为儿童发展较慢、尚未达到成熟年龄，或者是正在学习某项新技能还不够熟练。因此，我们不能简单地将所有异常表现都视为感觉统合失调，而应由专业人员评估确定是否真的是发展步调缓慢或存在生理、心理问题。另外，并不是所有儿童的问题都能通过感觉统合训练来解决。

(三)感觉统合失调预防的具体措施

预防感觉统合失调，可以从以下几个方面入手。

感觉统合失调
预防的具体
措施

1. 触觉方面

(1) 多爱抚幼儿：情绪稳定和人际关系的建立依赖于稳定的触觉系统，而爱抚能促进触觉系统的稳定。

(2) 提供干净且自由的游戏空间：让幼儿可以自由地在地面上爬行和接触物品，避免长时间将婴儿限制在学步车或婴儿车内，使其失去爬行和手部探索的机会。

(3) 对于触觉过分敏感的幼儿：父母可以在他们洗脸、洗澡或者睡觉前，用手或柔软毛巾轻触、轻压或按摩幼儿的手、脚和背部。

(4) 对于触觉过分迟钝的幼儿：父母可以使用软毛刷轻刷幼儿的手心、手臂和腿部以唤醒触觉，同时提供毛绒玩具让他们玩耍，提升幼儿触觉识别能力。

(5) 对于过分依赖触觉的幼儿：如果其有吸吮奶嘴、手指或手帕的习惯，父母不应使用高压或恐吓的方式来纠正，而应先适当满足他们对触觉的需求，增强亲子关系，给予幼儿足够的安全感，然后逐步引导其改变这些习惯。

2. 前庭平衡方面

正确使用摇篮有助于提高幼儿的前庭平衡能力。同时，可以通过俯卧位、仰卧位、侧卧位等体位来荡秋千。另外，家长还可以为孩子提供骑木马、坐电动游乐设施、玩滑梯、跳弹簧垫等活动机会，以进一步锻炼孩子的前庭平衡能力。然而，如果幼儿出现前庭抑制功能差、易头晕等问题，家长仍需引导孩子参与这些活动，但要适度并加强保护，并给予孩子心理上的支持和鼓励。

3. 肌肉关节动觉方面

要重视幼儿的运动需求，玩耍、攀爬等活动都是有益的。尽管这些活动可能会导致清理困难和孩子受伤的风险，但父母应以积极的态度确保孩子获得适当的运动机会。

4. 精细动作方面

在婴幼儿时期，多样的触觉刺激对孩子的成长和发展至关重要。因此，在孩子进入小学之前，应为他们提供涂鸦、剪贴、捏泥巴、玩黏土、扣纽扣、握笔以及做一些简单的家务活等机会，以便他们充分体验不同的触觉刺激。

5. 视知觉方面

在婴儿期，应该注重增加视觉刺激，这对孩子的视知觉发展至关重要。为促进视知觉的发展可以为孩子提供有益的玩具，比如积木分类、卡片配对、迷宫游戏、拼图等。这些玩具能够帮助孩子锻炼视知觉能力提高他们的视觉敏锐度和注意力。

6. 听知觉方面

对于听知觉辨别能力较差的幼儿，可以训练他们闭目倾听环境声音或戴耳机听故事，以提高他们对声音的敏感度。而对于听知觉过滤能力差的幼儿，消极的做法是减少学习环境中不必要的噪声，积极的做法则是让他们在有背景音乐的环境中训练注意力，学会聆听并辨识主旋律。对于听觉记忆能力较弱的幼儿，可以通过"听命令做动作""听指示画图""复述数列"或"朗诵文章"等游戏，帮助他们学习有组织地储存听到的信息，并有序地运用于日常生活中。

需要注意的是，感觉统合失调的表现通常不会随着年龄增长而自然消失。在12岁以下的孩子中，通过专业的感觉统合训练比较容易得到改善。但如果超过这个年龄仍未进行干预，改变会变得更加困难，并可能影响孩子一生的发展。因此，及早预防发现感统失调问题，并及时进行干预是非常重要的。

本章小结

感觉统合理论由爱尔丝博士提出，对儿童身心发展具有重要作用。该理论关注大脑如何处理来自身体各部位的感觉信息，并将这些信息整合成有意义的行为和反应。儿童感觉统合能力的发展需要多方面的支持，包括家庭、学校和社交环境。提供丰富的感觉刺激、鼓励探索与实践、培养自信心和独立性等都有助于促进儿童感觉统合能力的发展。感觉统合失调可能由多种因素引起，包括遗传、出生时的并发症及早期生活经历等。了解这些成因有助于预防和干预感觉统合失调。感觉统合发展遵循一定的原则，例如从简单到复杂、从局部到整体、从自我中心到他人导向等。

感觉统合失调的儿童在学习过程中可能会遇到困难，如注意力不集中、记忆力差、动作协调能力弱等。针对这些问题，教师和家长需要采取相应的教育策略和支持措施。了解感觉统合理论的基本概念、原理和方法，有助于更好地理解和支持儿童感觉统合能力的发展。感觉统合作用于儿童的认知、情感、社交以及动作发展，对儿童的整体成长具有重要意义。

前庭感觉失调可能导致孩子出现平衡感差、空间定向困难和眼球运动不协调等问题。触觉系统失调可能导致孩子对触觉刺激过分敏感或过分迟钝，影响其日常生活和学习能力。本体感觉失调可能导致孩子对身体位置和运动的感知能力减弱，影响其动作协调和平衡能力。

总之，了解感觉统合理论及其相关概念，有助于我们更好地支持儿童感觉统合能力的发展，预防和干预感觉统合失调问题，促进儿童身心健康成长。

思考题

1. 什么是感觉统合？
2. 感觉统合失调的主要表现有哪些？感觉统合失调的原因有哪些？
3. 感觉统合发展的基本原则有哪些？

第二章　感觉统合与大脑

课程目标

知识目标： 了解美国心理生物学家罗杰·W.斯佩里(Roger Wolcott Sperry)的"割裂脑实验"、神经元间信息传递的方式、大脑皮层的主要区域及其机能，以及与感觉统合相关的感觉系统。理解感觉统合的过程。掌握交感神经系统和副交感神经系统的拮抗作用，以及中枢神经系统各个组成部分的功能。

能力目标： 能够熟练运用神经系统与个体身心发展的关系。

素质目标： 培养学生面对感觉统合失调儿童时的积极工作态度，并增强学生理解这些儿童所面临困境的能力。

重点与难点

➢ 大脑皮层的主要区域及其机能。
➢ 交感神经系统和副交感神经系统的拮抗作用。

引导案例

"我们家孩子不敢滑滑梯，不敢荡秋千，不敢走平衡木……""我们家的孩子总乱跑，一刻也静不下来""我们家孩子经常发脾气""我们家孩子一到新的环境就哭""我们家孩子不和别的孩子玩，只自己玩""我又被幼儿园老师留下来了，说我们家孩子打人""我们家孩子注意力不集中""我们家孩子运动能力总上不来"很多孩子临近入园，才发现各种各样的问题，明显与其他小朋友存在差距，这让不少教师和父母操碎了心。调查显示，城市儿童"感觉统合失调"的发生率不断攀升，几乎成了"城市儿童"的常见问题。可怕的是，这种症状的最佳矫正期在 6 岁以前，如果不及时对"感觉统合失调"进行矫正，不仅会影响到孩子当前的学习和生活，等到孩子过了 12 岁，这些问题很可能会伴随孩子一生。最令人担忧的是，很多家长甚至没有听说过"感觉统合失调"，对相关症状缺乏认知。最终，由于家长缺乏了解，可能会耽误孩子的未来。那么，究竟什么是"感觉统合失调"？

孩子的学习、生活能力发展，主要依赖于大脑和身体运动神经系统之间的协调，也就是我们常说的感觉统合。当感觉统合运作良好时，孩子在学习、运动、移动时，其大脑、眼、耳、手、足等高度协调，在学习活动中表现出适应性强、语言表达、沟通能力强，不存在发展迟缓的问题。当感觉统合运作不良时，孩子的大脑和神经系统活动就像拥堵的交通一样，众多感知到的信息流通不畅，混乱而缓慢，使孩子的认知、行为、学习、情绪等方面的发展出现异常。因此，要提高孩子的学习成绩和效率，必须首先从了解孩子的生理发展入手。

感觉学习几乎伴随我们一生，它不仅是知觉的基础，也是思考能力的基础。大脑功能分化及神经系统也在感觉学习中逐渐发展。本章将要介绍神经系统与感觉统合失调的关系。

(资料来源：本书作者整理编写.)

第一节 认 识 大 脑

一、神奇的"裂脑人"

认识大脑

美国心理生物学家罗杰·W.斯佩里通过外科手术切断了一只猫大脑两半球的联系，并调整了其视觉神经，使其左眼只接收大脑左半球的信息，右眼只接收大脑右半球的信息。手术后，这只猫几乎没有显示出任何不良反应。但当蒙住其右眼，让它穿过迷宫找食物，等它熟练通过迷宫后，再蒙住其左眼将其放入迷宫时，这只猫似乎对迷宫内的情况没有任何记忆，只能重新开始熟悉迷宫。

我们人类的大脑中，连接大脑两半球相应部分的大束神经纤维称为胼胝体，其主要作用是使左右两半球获得的信息能够相互共享。如果胼胝体被切断，大脑两半球的功能就彼此独立，相互之间没有了联系，左脑学到的东西无法传递给右脑，同样，右脑获得的信息也不能传递给左脑。显然，基于伦理道德，我们不允许将人的大脑两半球分开。然而在一些严重癫痫患者群体中，他们一侧脑的神经细胞过度活动并由胼胝体传递到大脑的另一侧，导致大脑两侧都进行着强烈的活动并相互刺激，引发泛化的癫痫发作。这种癫痫发作每天可能发生多次，使患者无法正常生活，而切断胼胝体则可以极大地减少癫痫发作的频率。在大脑正中矢状面上，胼胝体呈弓状，前端接终板处称为胼胝体嘴，弯曲部称为胼胝体膝，中部称为胼胝体干，后部称为胼胝体压部。

斯佩里和美国脑科学家米歇尔·加扎尼加(Michael S. Gazzaniga)对这些患者进行了详细的研究。在做了切断胼胝体的裂脑手术后，这些患者的智力水平、性格特征和情绪反应并没有发生变化，但出现了许多不同寻常的现象。

大脑的两个半球分别负责接收来自身体对侧的感觉信息，控制对侧的运动。简单来说，左脑主要接收和处理来自右侧身体的信息，并控制右侧的运动；右脑则相反，主要接收和处理来自左侧身体的信息，并控制左侧的运动。大脑中的胼胝体能让左右两个半球相互分享信息，以便彼此知晓对方的状况。然而，在进行裂脑手术之后，左右两个半球相互独立，它们的感觉、记忆、运动系统不再相互交换信息。

正常人控制语言的区域位于大脑左半球，因此与裂脑人交流时，实际上是在与其大脑左半球进行对话。有些患者在术后发现，他们的左手似乎具有自主意识(因为大脑右半球接收来自左手的信息并控制其运动)。例如，当患者正在阅读一本书时，左手却可能放下了这本书。这是因为大脑右半球缺乏阅读理解能力，无法正确处理书中的内容。

类似的，当他们两侧视野同时出现光线时，患者只能描述出右边的光线。但如果只在他们左边视野里出现光线，患者却表示什么都看不见。但是，如果再次出现两边视野都有光线的情况，并要求患者指出光线闪烁的位置时，他却能够指出整个视野中出现的光线。这一发现表明，裂脑手术病人的大脑两个半球实际上都具备视知觉的能力，并未受到损伤。至于他们为何说看不见左视野中的光线，其实并非真的看不见，而是因为他们的语言中心位于大脑的左半球。所以，只有当左半球也能看到这个物体时患者才能说出他看到了什么。

嗅觉系统是个例外，它不遵循感觉信息交叉表征的规律。当一个人用左鼻孔闻到花香时，大脑左半球会接收到相应的嗅觉信息。如果气味仅从"裂脑人"的左鼻孔进入，他能够报告所闻到的气味。但当气味仅从"裂脑人"的右鼻孔进入时，他却声称什么也没闻到，这是因为大脑左半球控制着语言区域，但这并不意味着患者真的没有知觉并识别出气味。研究者要求患者用右鼻孔闻一种气味，然后用手从挡板后选择与气味相应的物体。例如，如果闻到花香，就选择塑料花。当要求患者用左手选择物体时，他能够顺利完成任务；而当要求患者用右手选择物体时，患者则无法完成任务。这是因为气味信息通过右鼻孔进入大脑右半球，而右半球将信息传递给左手并控制其运动；当胼胝体被切除后，大脑右半球中的气味信息无法传递到大脑左半球，导致受左半球控制的右手无法找到与气味相对应的物体。

"裂脑人"的研究为我们理解大脑提供了新的视角。一方面，我们发现大脑两个半球具有不同的功能；另一方面，尽管它们功能各异，但我们需要整合这些功能，才能维持日常的学习、工作和生活。如果我们的大脑无法正常整合接收到的信息，我们也就无法做出适当的反应，无法根据外界刺激调整行为或预知危险以保护自己。

二、传递感觉信息的基本载体

神经系统是人体内起主导作用的系统，分为中枢神经系统和周围神经系统两部分。中枢神经系统通过周围神经与人体的其他器官和系统建立极其广泛且复杂的联系。神经系统在维持内环境稳态、保持机体的完整性和统一性以及实现与外部环境的协调平衡中发挥着关键作用。

大脑需要接收个体体内和周围环境的刺激并对刺激进行正确解释，才能做出有效的反应。要进行这一系列活动，就需要细胞来检测身体内外的刺激。我们借助神经系统中的细胞来完成不同的心理活动，如感觉、知觉、记忆和思维等。

(一)神经元

在细胞生物学中，细胞质是指除去细胞壁、细胞核和质膜的细胞内部，它包括细胞骨架、细胞器等。有时用于描述细胞核已被去除的细胞。

神经元介绍

树突形状似分叉众多的树枝，上面散布着许多枝状突起，因此能够接受来自许多其他细胞的输入。细胞质内有细胞核，而且绝大多数维持细胞生命的细胞器都位于其中。

轴突是细胞的输出端，从细胞体延伸出来，一般很长。许多轴突由髓鞘包裹，其作用是与其他细胞的信息流进行绝缘。沿鞘壁有许多缺口，称为郎飞氏结。

(二)信息在神经元间的传递方式

神经元之间必须相互连接才能传递信息。两个神经元相互接触的部位称为突触，信息通过这些突触从一个神经元传递到另一个神经元。与成人相比，婴儿拥有更多的神经元和神经连接。神经细胞遵循"用进废退"的原则。在婴儿期，一些神经元成功地与其他神经元建立连接，而那些未能建立连接的神经元则会被淘汰。幸存的神经元能够形成数百个神经突触。然而，如果这些神经元没有得到适当的刺激，它们也可能死亡。这一现象也表明婴儿的大脑具有极高的可塑性。发育中的大脑会生成大量的神经元和突触，以接受婴儿可能遇到的各种感觉和动作刺激。由此可以推测，经常被刺激的神经元和突触将被保留并继续发挥功能，而不常被刺激的神经元则可能失去突触，失去与其他神经元建立连接的机会。研究已经显示，学习能够引起突触的长期改变，从而增强突触和神经元之间的连接。

在生命早期，大脑的发育并非单一地朝向成熟，而是各个部位以不同的速度生长，其发育程度和速度受到生物因素和早期经验的影响。新生儿刚出生时，大脑中负责觉醒、新生儿反射以及其他生命维持功能的基础中枢最为发达。这些基础中枢周围的区域，包括大脑皮层，涉及自主运动、感觉、学习、思维和语言等更高级的认知功能。大脑中最先成熟的区域是初级运动区(如控制四肢运动的区域)和初级感觉区(如负责视觉、听觉和嗅觉的区域)。只有大脑皮层中的感觉和运动区域得到良好发展，婴儿才能对外界刺激做出反应，并具备感知和运动的能力。

因此，对婴儿和幼儿提供适当的刺激，有助于大脑的发育。

(三)神经元的营养来源

神经元自身无法储存必要的营养，为了维持生命活动，它们必须依赖其他细胞提供的营养。胶质细胞是主要负责向神经元提供营养的细胞类型。

胶质细胞包裹着神经元，将神经元固定在合适的位置，并为神经元提供必要的营养和传递信息所需的化学物质。胶质细胞将神经元彼此隔开，这样，不同的神经元之间就不会相互干扰。

随着大脑细胞的分裂和生长，有一些胶质细胞会产生一种被称作髓磷脂的物质，在单个神经元周围形成一层髓鞘。髓鞘的作用就像一层绝缘体，能够加快神经冲动的传导速度，提高大脑与身体其他部位之间的信息交流效率。

新生儿在出生时或出生后不久，感觉器官和大脑之间的通路已经开始髓鞘化，这有助于婴儿的感官系统保持有效的工作状态。随着大脑与身体其他部位通路的髓鞘化，儿童逐渐学会越来越复杂的动作技能，如抬头、坐立、行走和奔跑。

髓鞘化是神经元发展过程中一个较晚且缓慢的阶段。在这一阶段，神经胶质细胞制造出脂质髓鞘，加速了许多脊椎动物的神经传导速度，髓鞘化这一过程从脊髓开始，逐步发展到后脑、中脑和前脑。髓鞘化过程缓慢，可能持续数十年。尽管髓鞘化在出生后的第一年就迅速发展，但大脑中的某些区域可能直到青少年时期才完成髓鞘化过程。

三、神经系统

根据部位和功能，神经系统可以分为周围神经系统和中枢神经系统。

神经系统

(一)周围神经系统

周围神经系统分为躯体神经系统和自主神经系统，它们遍布全身。一方面，周围神经系统将感觉信息传递给中枢神经系统；另一方面，它又把中枢神经系统的指令信息传递至肌肉和腺体。

躯体神经系统由脊神经和脑神经(12 对)组成，它们将来自眼、耳、口、鼻、皮肤、肌肉和关节等部位的外部刺激信息传递至中枢神经系统，以便我们能够感知周围环境的变化，并将中枢神经系统分析综合后的神经冲动传递到运动器官和效应器，进而使我们的感官、腺体和肢体产生运动反应。

自主神经系统主要控制平滑肌、心肌和腺体的功能，不受我们主观意志控制，即使在睡眠状态下也在活动。

自主神经系统包括交感神经系统和副交感神经系统。交感神经系统的低级中枢位于脊髓胸 1 至腰 2 或腰 3 节段的灰质侧柱的外侧核。交感神经节前纤维源于此核的细胞，因此交感神经系统也称为胸腰神经系统。副交感神经系统是自主神经系统的主要部分，起源于中脑、桥脑、延脑及脊髓的骶部。它的节前纤维在副交感神经节中交换神经元，再由此发出节后纤维至平滑肌、心肌和腺体。副交感神经节通常位于脏器附近或脏器壁内。

几乎所有的器官都受这两个神经系统的支配，但它们在功能上既相互对抗，又相互协调和依存。例如，在课间休息时，孩子们处于一个相对轻松和兴奋的活动状态，但是一旦上课铃响起，良好的副交感神经系统可以帮助他们平复情绪，从兴奋的活动状态转为安静的上课状态。

交感神经系统和副交感神经系统的拮抗作用(见表 2-1)有助于维持我们正常的生理节律和生理平衡状态，两者共同决定了身体的唤醒水平。

表 2-1　交感神经系统和副交感神经系统的拮抗作用

交感神经系统	副交感神经系统
激活器官的活动	降低机体的兴奋状态
提高有机体唤醒水平	恢复或维持安静状态
为应对突发事件做准备	心跳放缓，血压降低
适应周围环境的变化	瞳孔缩小

(二)中枢神经系统

中枢神经系统由脊髓和脑组成，主要功能是分析与整合周围神经系统传入的内外信息。中枢神经系统的发育始于胚胎早期，呈管状结构，并持续至发育成熟。在发育过程中，神经管不断延长、凹陷和折叠，周围组织逐渐增厚，最终形成脑。

脊髓位于脊椎管内，连接脑和躯体。脊髓主要负责控制反射动作，如膝跳反射。其基本功能是将运动刺激传递至肌肉和腺体，将感觉信息上传至大脑，并控制简单反射。反射对我们的躯体具有自动保护作用，是脊髓的基本活动方式。

脑是中枢神经系统中最重要的部分。人脑中的神经细胞占人体总神经细胞的 90%，占人体重量的约 2%，消耗约 1/5 的供氧量。与早期的脊椎动物相比，人脑更为复杂，具有更多的结构和功能。人脑随着人类进化经历了三次重大发展阶段：从爬行类到哺乳类、灵长类的出现，以及人类的形成。人脑不仅体积增大，更重要的是复杂性增加，尤其是前脑的发展为我们进行复杂活动提供了条件，促进了智能的发展。

人脑结构包括前脑、中脑和后脑。从进化角度看，后脑是最古老的部分，中脑次之，前脑是最晚发展的。脑各部分的发育和成熟速度不一致，中枢神经系统的不同部分以不同速度发育。一般而言，脊髓和中脑最早发育；延髓、脑桥和下丘脑次之；大脑两半球最后发育。我们通常用脑容积和重量来评估脑发育，但这些指标只能大致反映脑的发育状况。

脊髓的成熟早于脑，因此新生儿的活动主要受脊髓(及脑干)控制。在大脑皮层内，中央前回首先发育，但成熟速度不一。上肢和肩部的运动区先于感觉区发育。视皮层在出生前已成熟，视觉联络皮质稍晚。这意味着婴儿出生后能看见，但不理解所见的意义。听觉与视觉同步或稍后发育。到 8 岁时，大脑各部分的成熟程度才大致相当，而髓鞘化过程则持续到青春期，那时大部分运动和感觉系统才完全发育。

前脑包括两个主要部分：端脑和间脑。端脑主要由对称的大脑左右半球组成，位于中枢神经系统的最高部位，并被大脑皮层覆盖。大脑皮层高度卷曲，包括沟(小的凹陷)、裂(大的凹陷)和回(相邻组织间的凸起)。大脑皮层主要由胶质细胞以及神经元的胞体、树突和轴突组成。大脑皮层的主要成分是细胞，因其灰色外观被称为灰质。大脑皮层下方是数百万个轴突，这些轴突与脑内其他神经元相互连接；轴突周围高浓度的髓鞘使其外观呈白色，因此被称为白质。大脑皮层可划分为四个主要区域，每个区域执行不同的功能，分别是额叶、顶叶、枕叶和颞叶。其中，初级视觉皮层位于枕叶，初级听觉皮层位于颞叶，初级躯体感觉皮层位于顶叶。各区域及其功能将在后文中详细描述。

间脑是前脑的第二个主要部分，位于中脑和端脑之间，包含两个主要结构：丘脑和下丘脑。丘脑的主要功能是传递感觉信息。除嗅觉信息外，所有感觉输入都通过丘脑传至大脑皮层。同时，丘脑也接收来自大脑皮层的信息。大脑皮层的不同区域接收来自丘脑不同部位的神经信息。丘脑由几个核团组成，这些核团接收来自感觉系统的信息，并将这些信息传递给大脑皮层的特定感觉投射区。如果丘脑受损，感觉信息则无法正常传入大脑进行分析和整合，可能导致失明、失聪或其他感觉丧失。然而，嗅觉信息不通过丘脑，而是直接传递至大脑皮层，因此不受影响。位于丘脑下方的下丘脑，虽然体积小，但功能重要。下丘脑主要控制自主神经系统和内分泌系统，以及与生存相关的行为，如斗争、逃跑和性行为。下丘脑是情绪、基本动机、摄食、饮水、体温调节、睡眠、觉醒、愤怒和性行为的关键中枢。下丘脑、海马和杏仁核构成边缘系统，该系统主要参与动机、情绪和记忆的处理过程。

中脑包括脑干和网状结构。脑干是视觉反射的皮层下中枢，直接控制眼睛，使其综合视觉刺激信息形成完整的图像。网状结构也是中脑的一部分，大脑的输入信息和输出信息都需经过网状结构，因此网状结构具有调控机体觉醒状态和维持意识状态的作用，以唤醒大脑注意新刺激的到来，甚至在睡眠中，网状结构通常也保持着警觉状态。网状结构同样接收感觉信息并将信息传送到脊髓、丘脑和大脑皮层。

中脑是连接前脑和后脑的桥梁，运动神经由前脑经中脑延伸至身体各部分，同时将从脊髓传来的感觉信息传至前脑。

后脑包括小脑和延髓，主要功能是调节身体的各种生理功能，如食欲、消化、口渴、身体平衡、睡眠、体温、呼吸、腺体分泌、血管收缩及心跳等。小脑既接收视觉、听觉、前庭和躯体感觉的信息，也接收有关个体骨骼肌运动的信息。小脑整合这些信息，协助大脑维持身体运动，控制姿势，维持身体平衡，如走路、游泳等。此外，小脑还控制部分反射性动作和基本情绪反应。已有研究表明，小脑在技能动作掌握、习惯性行为模式记忆、运动性技能学习等方面发挥重要作用。如果小脑受损或出现发育障碍，我们将无法完成走路、跑步或接住移动物体等动作。后脑的另一个主要组成部分是延髓，它是维持个体生命机能至关重要的部分，如果延髓受损，就会导致心跳停止，血压下降，呼吸停滞，可能危及生命。因此，延髓又被称为"生命中枢"。

四、大脑皮层的主要区域及其机能

婴儿刚出生时，大脑重量约为成人脑重的 25%；到两岁时，大脑重量达到成人脑重的 75%。怀孕的最后三个月和婴儿出生后的两年被称为"大脑发育加速期"，大脑一半以上的重量是在这段时间增长的。

大脑皮层的主要
区域及其机能

下面主要介绍大脑皮层的主要区域及其机能。

(一)大脑皮层的感觉区及其机能

大脑皮层可以分为四个区域，其中三个区域接收感觉器官传来的信息，并对这些信息进行整合与加工。位于枕叶的初级视觉皮层接收视觉信息，位于颞叶的初级听觉皮层接收听觉信息，位于顶叶的初级躯体感觉皮层接收躯体感觉信息。此外，感觉皮层的底部接收与味觉有关的信息，嗅觉感受区位于边缘系统。

除嗅觉和味觉外，来自外部环境和躯体内部的感觉信息会被输入到对侧大脑半球的初级感觉皮层。例如，当右手触摸一个物体时，信息会传递到大脑左半球的感觉区；左侧视野中的信息会传递到大脑右半球的视觉皮层。

躯体感觉区位于顶叶部位，我们的触觉、温度觉、痛觉等躯体感觉都在此处进行加工。身体各部位感觉的精细程度和复杂程度，决定了其在感觉区域上的投射面积。例如，舌头、嘴唇和手对刺激信息较为敏感，因此它们在相应感觉区中的投射面积较大；而背部和躯干部分的敏感度较低，投射面积也相对较小。

视觉区位于大脑后侧的枕叶，专门处理视网膜传递的视觉信息。双眼传递的信息经过视交叉后，左侧视野的信息传递到大脑皮层的右半部，右侧视野的信息传递到大脑皮层的左半部，最终到达大脑两半球的枕叶。枕叶对交叉后的信息进行整合并产生视觉。如果视觉皮层受损，即使眼睛其他功能正常，也会失去正常的视觉。

听觉区位于大脑两侧的颞叶，专门处理经过耳朵传递的声音信息。颞叶区接收双侧听觉信息，主要以对侧为主。因此，单侧听觉区的损伤不会导致全聋。当听觉器官正常，但听觉区受损时，也可能导致听觉丧失。

(二)大脑皮层的躯体运动区及其机能

大脑皮层的躯体运动区位于躯体感觉区前方，同样位于顶叶部位。躯体运动区是躯干和四肢肌肉运动单位在皮层上的投射区，主要功能是支配和调节身体姿势、位置及躯体各部位的运动。在躯体运动区中，一定区域支配一定部位的肌肉。与躯体感觉区一样，身体不同部位在大脑皮层上的投射大小与动作的精细和复杂程度有关。

(三)大脑皮层的联合区及其机能

联合区既不接收任何信息的直接输入，也很少直接支配身体的运动，但它负责将来自不同感觉器官的信息加以连接、整合和加工，对信息进行综合处理。

联合区进一步细分为感觉联合区、运动联合区和前额联合区。感觉联合区邻近感觉区，它接收来自感觉区的信息并进行高级的信息组织。运动联合区位于躯体运动区的前方，主要负责协调复杂的运动活动。前额联合区位于躯体运动区和运动联合区的前方，与注意力、记忆、问题解决等认知功能相关。大脑皮层中联合区所占比例反映了人类在进化过程中的发展水平。

第二节 大脑对感觉的加工

我们对事物的认识，即一切复杂的高级心理活动都是建立在感觉的基础上的，你是否思考过如果你失去感觉能力将会怎样？

大脑对感觉   大脑对感觉   大脑对感觉
的加工 1   的加工 2   的加工 3

一、产生幻觉的"感觉剥夺"实验

"感觉剥夺"实验是一种通过限制有机体的感觉输入来进行研究的方法。对人来说，感觉剥夺是暂时让被试的某些(或全部)感觉能力处于无法正常运作的状态，把人置于一个缺乏外部刺激的环境中进行研究，从而探索其生理和心理变化的方法。

1954 年，心理学家贝克斯顿(Bexton)、赫伦(Heron)和斯科特(Scott)，在加拿大麦吉尔大学进行了一次"感觉剥夺"实验。实验中，研究者要求参与者尽可能长时间地停留在一个恒温、密闭、隔音的暗室内，并佩戴护目镜、耳机和手套，以避免任何外界刺激。尽管有丰厚的金钱奖励，但许多参与者很快就无法坚持下去，选择退出实验。在感觉剥夺的环境中，参与者在 2~3 天后会出现多种异常心理现象。例如，视觉和听觉错觉、幻觉、神经症状等；对外界刺激异常敏感；情绪波动，感到紧张和焦虑；注意力无法集中；思维迟缓；易受暗示影响。在动物的感觉剥夺实验中，这种状态甚至可能导致死亡。

由此可见，各种感觉输入对于我们正常生活是必不可少的，只有接受适当的感觉刺激并对其进行加工和综合，才能进行复杂的活动。

二、感觉的生理机制

乐乐和他的朋友们一起搭积木，这些积木形态各异，乐乐凭借自己对积木形状的理解，成功地将它们搭成房子。随着中午的到来，强烈的阳光刺痛了他的眼睛，于是乐乐起身拉上了窗帘，然后又回到自己的座位继续搭积木。

相比之下，童童觉得教室里的环境非常不适应，尤其是那些经常碰撞她的椅子以及手中积木带来的不适，窗户射进来的强烈阳光都令她感到十分困扰，她甚至想要躲到桌子底下。周围的声音、光和触感都让她感到坐立不安。

然而悠悠却与众不同，他喜欢制造响动。比如，将一块积木重重地放在另一块积木上，还喜欢面对着明亮的太阳，让阳光照得他睁不开眼睛。

人们对相同刺激(如亮度、响度、硬度)的感受程度因人而异，这是因为我们的感觉系统中有专门的感受器和感受器官来接收这些刺激。下面,我们将重点介绍神经冲动在这些感觉器官内部的传导过程。

(一)接收感觉信息的感受器

感受器分布于我们体表或深层组织中,具有特殊结构能够感知有机体内外环境的变化。它们能够将环境中接收到的刺激能量(如热能)转换为机体可以处理的生物电信号,并以神经冲动的形式传递到中枢神经系统。简而言之,感受器就像是一种转化器,能够接收多样化的刺激,并将其转化为身体和大脑能够识别的信号。

每一种感受器只能对特定类型的刺激做出反应,而对其他类型的刺激则无法做出反应。例如,眼睛只能感受到光波,但对于声波则无法感知。根据它们所响应的刺激类型,感受器可以分为光感受器、机械感受器、温度感受器和化学感受器等多种类型。

从解剖学的角度看,感受器可以分为外感受器和内感受器两种,其中外感受器还可以进一步细分为远端感受器和接触型感受器,而内感受器则包括本体感受器和内脏感受器。

(二)感觉器官

感觉器官包括感受器、神经通路和大脑皮层感觉中枢三个部分。感受器将内外刺激转换为神经冲动;神经通路负责传导神经冲动,并在传导过程的不同阶段对信息进行部分加工;最终,感觉经验在大脑皮层感觉中枢中形成。

由内外环境刺激产生的感觉信息通过感受器被传入神经传输至神经中枢,神经中枢对这些信息进行处理后,将处理后的感觉转化为指令性信号,通过传出神经传递给身体相应的效应器。

虽然不同感觉器官对刺激信息的处理方式各有差异,但基本包括三个步骤,即首先感知刺激,其次将感知到的刺激转换为神经冲动,最后通过传入神经将这些冲动传递至大脑皮层的感觉中枢,从而产生具体的感觉。只有这三个步骤协调运作,我们才能准确地感知外界刺激并做出适当的反应。

(三)感觉种类

根据刺激信息的来源和感觉的类型,可将感觉分为外部感觉和内部感觉。

1. 外部感觉

外部感觉由外部刺激引起,反映了外部事物的特性。外部感官系统负责接收外部信息,产生外部感觉。我们通常提到的五种主要感觉——肤觉、嗅觉、味觉、视觉和听觉都属于外部感觉。肤觉、嗅觉和味觉依赖接触性感受器,需要直接接触到刺激源才能产生感觉。而视觉和听觉则通过远距离感受器感知刺激。肤觉包括触觉、压力觉、振动觉、温度觉、冷觉、痛觉和痒觉。在人类的认知活动中,视觉最为重要,大约80%~90%的外部信息通过视觉获取,其次是听觉。

2. 内部感觉

与外部感觉不同,内部感觉由身体内部的刺激引起,反映了内脏器官的状况、身体的平衡以及自身的生理状态。虽然我们通常不会注意到内部感觉的存在,但它们对于维持身体的正常功能和生存至关重要。内部感受器位于内脏、腹膜、胸膜、关节囊和前庭器官等部位，它们通过传入神经将这些部位的活动和变化传递给中枢神经系统，以调节我们的饥饿感、口渴、消化、体温、睡眠、觉醒、情绪、心率和身体的平衡等各项功能。

人体主要的感觉及其对应的适宜刺激、感觉器官，以及相关的感受器和获取的信息如表 2-2 所示。

表 2-2　人体主要的感觉

感觉	适宜刺激	感觉器官	感受器	获取的信息
视觉	光波	眼	视网膜的视锥细胞和视杆细胞	颜色、模式、结构、运动、空间深度
听觉	声波	耳	耳蜗内基底膜上的毛细胞	噪声、音调
肤觉	外界接触	皮肤	皮肤神经末梢	触觉、痛觉、温度觉、冷觉
嗅觉	挥发性气体分子	鼻	嗅上皮毛细胞	气味
味觉	可溶性物质	舌	舌上的味蕾	味道
平衡觉	机械和重力	内耳	前庭器官中的毛细胞	空间运动、重力牵引
运动觉	身体运动	肌肉、肌腱和关节	肌肉、肌腱和关节的神经纤维	身体各部分的运动和位置

三、学习与大脑

感觉并不是天生的产物，大多数感觉是在后天的学习和经验积累过程中逐步形成的。正如前文所述，突触遵循"用进废退"原则，学习和经验对大脑发育具有促进作用。

(一)大脑发育及学习的关键期假说

大脑的发育从婴儿期开始，持续增长至儿童期，并在青年期逐渐趋于稳定。这一过程呈阶段性，而并非连续直线式发展。大脑皮层含有 100 亿～150 亿个神经细胞，每个神经细胞都有一条轴突和多条树突。这些树突和轴突从末端分出众多分支；树突的分支被称为树突棘，树突棘数量越多，与其他神经元的接触机会就越多，形成的突触也就越多，从而促进大脑发育。

学习能够增加神经细胞的树突棘数量和突触密度。因此，持续学习可以使大脑神经细胞间的连接网络变得更加复杂。儿童时期是突触形成和生长的高峰期，也是学习能力和智力发展最为显著的阶段。

大脑发育的关键期是指在生命的特定阶段，大脑对某些信息输入特别敏感，形成和巩固新的神经网络。如果错过了这些关键期，某些能力的发展可能会受到限制。大脑的不同功能存在各自的关键期，在这些关键期内，特定功能的学习和发展更为容易。例如，幼儿期是视觉发展的关键时期。另外，在这些关键期内，神经系统的可塑性较高，发展速度较快。因此，我们应该把握这些关键期，通过适当的活动和学习经验，促进大脑功能的适时发展。

(二)大脑两半球与学习

前文已经介绍过,大脑两半球通过胼胝体相连,一旦连接中断,大脑两半球就会独立工作,仅处理各自负责的那部分任务。不同脑区执行特定功能的现象被称为一侧化或单侧化。人类大脑两半球各自的主要功能如表 2-3 所示。

表 2-3 人类大脑两半球各自的主要功能

大脑左半球的主要功能	大脑右半球的主要功能
控制身体右侧 以序列和分析的方式对输入进行加工 时间知觉 口语 执行不变的和算数的操作 文字和数字(作为词)方面的识别 积极构造虚假的记忆 善于引发注意以应对外部刺激	控制身体左侧 以整体和抽象的方式对输入进行加工 空间知觉 通过姿势、面部表情、情绪和肢体语言表达执行推理的和数字的操作 面孔、地点、物体和音乐等方面的识别 根据真实情况进行回忆并善于处理内部加工

虽然已有许多研究表明,大脑两个半球具有独立的信息加工方式和思维模式,但它们之间并非独立运作,而是共同完成任务。几乎每一项任务都需要两个半球相互补充、共同运作,其中一个半球作为主导的优势半球,而另一个半球则为非优势半球。

(三)学习与大脑的可塑性

我们并非生来就拥有一个完全发育成熟的大脑,而是在遗传与环境的相互作用下不断塑造大脑的发展。遗传因素为大脑的生理结构奠定基础,而后天的学习和经验在更大程度上影响着大脑功能的发展水平。

通过脑成像研究结果,研究者发现,在学习过程中,随着经验的不断丰富,大脑皮层也在持续发生改变。学习与经验使特定脑区的神经网络更为高效,同时降低了该脑区的激活阈值。这表明大脑已对某些刺激产生适应,能够更经济地处理这些信息。此外,学习与经验还能促进特定脑区的扩展,并改变脑区间的相互连接与激活模式。这些发现再次证实了大脑的可塑性,即后天的练习和学习能够改善和促进我们大脑的基本结构发展。

(四)与感觉统合相关的感觉系统

人类很早就开始有意识或无意识地发展自身的视觉、听觉、味觉、嗅觉和触觉。但是,很少有人觉察到另外两种相当重要的感官功能——前庭觉与本体觉。

感觉统合理论涉及所有感觉系统,但主要着重于触觉、前庭觉及本体感觉系统。前文已经简单了解了视皮层和听皮层,接下来将简述触觉、前庭觉、本体觉、视觉和听觉系统及其相关脑机制。

1. 盲人摸象——触觉系统

晶晶和小伙伴们正在玩一个闭眼摸物的游戏。她通过双手触摸来猜测物品。她首先摸到一个圆形且坚硬的物体，猜测可能是某种水果；然后摸到一个柔软的物品，猜测可能是一条小毯子。

触觉系统让我们感受触摸的感觉，它是胎儿在子宫中最早开始运作的感觉系统。胎儿在母体内踢打，让母亲感受到胎动并做出回应；新生儿通过触觉系统感知外界的接触，并产生反射。触觉及其所形成的感觉对婴儿的生存、成长和发展至关重要。

触觉系统接收来自皮肤感受器的接触信息。触觉感受器遍布全身，能提供关于触觉、压力、振动、温度和疼痛的信息。触觉不仅与身体的持续运作密切相关，还影响其他感觉的感知。触觉系统的反馈有助于培养身体意识和动作规划能力。

皮肤表面分布着各种疏密不同的感觉点，它们能够感受触摸、冷、热、疼痛等刺激，是触觉、温度觉和痛觉的感受器。每种感受器都会对特定类型的触觉刺激做出反应。触觉信息大多能够被精确地定位，让我们知道身体的哪个部位受到了触摸。

触觉系统主要包括保护性系统和识别性系统。保护性系统，又称为防御系统，会在我们接触到潜在危险刺激时发出警报，促使我们避开危险，并产生身体反应。该系统的感受器主要位于毛发的皮肤区域，如头部。另一方面，识别性系统使我们能够辨别所触摸的物品，如柔软的毯子、粗糙的沙砾、木质铅笔等，都能被区分出来。这些感觉体验强化了我们的观察力和直觉，帮助我们理解外部世界。

最初，保护性系统占主导地位，随着神经系统的成熟，我们越来越依赖识别性系统。随着婴儿的成长，他们利用触觉探索环境的能力不断提升，这对学习和大脑发展至关重要。

当触觉系统出现障碍时，患者可能对触觉过于敏感或迟钝，或出现触觉辨识问题。中枢神经系统中处理皮肤感知的感觉系统能力不足是触觉障碍或失调的主要原因之一。

2. 保持平衡——前庭系统

玲玲的父母带她去游乐园，旋转木马速度适中，大多数孩子和家长都玩得很开心，纷纷摆出姿势拍照留念。然而，玲玲却感到头晕目眩，非常害怕。

与玲玲不同，强强特别喜欢转圈。其他孩子转几圈后就会晕眩，但强强却乐此不疲。

前庭系统负责提供动作、重力和头部位置变化的信息，将平衡和移动的感觉信息从身体各部位传递到中枢神经系统，并帮助肌肉保持张力，使我们的动作流畅有效。它在维持身体平衡方面发挥着关键作用。

前庭系统是所有动作的基础。正如爱尔丝在《儿童与感觉统合》一书中所述，前庭系统的输入功能对整个神经系统的运作效率至关重要。如果前庭系统无法正常工作，其他感觉功能也会受到影响，神经系统难以正常运作。

前庭系统位于内耳，是主要的平衡器官，包括前庭囊和半规管两部分。前庭囊对重力变化敏感，帮助大脑感知头部的方向；半规管则对头部旋转变化敏感，但对平稳旋转的反应较弱。

前庭神经与控制眼肌的脑神经核相连。在行走或奔跑时，前庭系统通过控制眼动来补偿头部的突然运动，这一过程称为前庭眼动反射，目的是保持视网膜图像的稳定。

当我们注视远处物体时，如果轻轻敲击头部一侧，视野中的景象可能会轻微跳跃。但对于前庭功能受损或缺乏前庭眼动反射的人来说，他们在运动中看东西会非常困难，因为一切都会变得模糊不清。

3. 脚踏实地——本体觉系统

5 岁的小柏很难控制自己的身体，动作协调性很差，总是东倒西歪。妈妈和小柏玩闭上眼睛摸五官的游戏时，他经常出错，难以准确地指出鼻子、耳朵、嘴巴等器官的位置。

本体觉是我们对自己身体位置和运动的感知系统。本体觉系统向大脑传递身体各部位的信息和当前的位置，帮助我们感知头部、手臂和腿部的位置。例如，在上下楼梯时，我们不必看着脚就能自如行走，这就是本体觉系统的作用。本体觉的感受器分布在肌肉、肌腱、韧带、关节囊和结缔组织中。

新生儿的本体觉系统尚未完全发育。本体觉的发展依赖于前庭系统和触觉系统的正常运作。触觉、前庭平衡觉和本体觉之间关系密切，因此有时将这些感觉的处理统称为触觉本体觉或前庭本体觉。触觉本体觉涉及同时感知接触对象和身体位置，如握笔写字；前庭本体觉则是在活动中同时感知身体和大脑的位置，如打球或爬楼梯。

躯干和四肢的本体觉传导路径分为两部分：一是传递到大脑皮层的意识性本体觉路径；二是传递到小脑的非意识性本体觉路径。

意识性本体觉路径主要处理身体的空间位置和运动，将位置感、运动感和振动感传递到大脑皮层。非意识性本体觉路径主要负责维持身体姿势和平衡，将本体觉信号传递到小脑，不产生意识感知，而是反射性地调节肌肉张力和协调运动。

此外，本体觉信号也可以直接传递到脊髓，形成躯体反射回路，或进入脊髓背角，参与对痛觉和其他感觉的调控。如果意识性本体觉路径受损，根据受损部位的不同，可能会引起对侧或同侧躯体的本体觉障碍。患有本体觉障碍的人在闭眼时难以确定肢体的位置、姿势和运动方向。

本体觉发展不良的儿童难以处理有关身体位置和运动的感觉，他们的中枢神经系统无法有效调节这些潜意识感觉。这导致他们难以控制大肌肉动作和精细动作，执行动作时也会遇到困难。

4. 眼观六路——视觉系统

家长可以通过观察婴儿的注意时间来辨别婴儿当下的关注点在哪里。当将一个婴儿从未接触过的新玩具和一个婴儿每天能看到的玩具放在一起时，婴儿往往会花更多时间注视那个新玩具。

视觉系统是一个精密复杂的感知系统，它使我们能够辨别和理解周围的环境。我们的视觉系统不仅能帮助我们确定自己的位置和周围正在发生的事情，还能够预测未来的变化。视觉能力不是生来就完全发展的，而是通过感觉统合的过程逐渐成熟。例如，当我们转动头部时，视觉方向的改变会受到前庭觉和本体觉的影响。婴儿最初可能需要触摸和观察脚趾来了解它们的位置，但随着时间的推移，他们即使不触摸或观察也能感知到脚趾的存在和位置。同样，当我们听到有人呼唤我们的名字时，我们会自然而然地朝声音来源的方向看去。

在视觉系统中，初级视皮层(纹状体)对来自视网膜的信息进行初步加工，并将这些信息传递到视觉联合皮层。初级视皮层以模块化的方式处理视觉信息，每个模块负责视野中的一小部分。为了形成对整个视野的完整感知，视觉联合皮层需要将这些分散的信息进行整合。

美国神经学家昂格德和米斯金(Ungerleider & Mishkin 1982)提出，视觉联合皮层包含两条主要的处理通路：背侧通路和腹侧通路。背侧通路起始于初级视皮层，终止于后顶叶，主要负责处理空间位置信息，帮助我们理解物体的方位；腹侧通路也起始于初级视皮层，终止于下颞叶，负责处理形状信息，帮助我们识别物体的类型。

颜色信息的处理主要在视觉联合皮层的腹侧通路中进行。研究表明，枕叶内侧纹状皮层的损伤可能导致色觉丧失，但不影响视觉敏锐度。如果大脑的损伤局限于单侧半球，患者可能会在该侧视野中失去对颜色的感知，甚至难以识别或想象颜色。

色觉对我们识别环境中的物体至关重要。为了完整地感知和理解眼前的物体，我们需要将颜色信息与形状信息结合起来。形状信息的处理始于初级视皮层，并沿着腹侧通路传递至颞叶。如果视觉联合皮层受损，可能会导致视觉失认症，即患者在智力正常的情况下无法识别熟悉的视觉刺激。

此外，视觉系统还参与运动知觉和空间位置知觉。运动知觉使我们能够感知物体的位置和移动方向，这对预测物体的未来位置至关重要。在球类运动中，这种能力尤为重要，因为运动员需要准确判断球的轨迹和速度才能做出正确的反应。内侧颞叶主要负责处理运动信息。

大脑皮层顶叶参与空间位置知觉的信息加工。顶叶受损将干扰位置知觉和位置记忆。研究表明，当需要记住视觉刺激的空间位置时，背侧通路的活动增强。

5. 耳听八方——听觉系统

婴儿出生后不久，其辨音能力就非常发达。由于在孕期，婴儿就能听到妈妈的声音，因此在出生后对妈妈的声音格外敏感。他们甚至能够区分妈妈的声音和别人的声音。

听觉是我们天生具备的基本能力之一，它允许我们接收和处理声音。胎儿在子宫内时，听觉神经系统就已经开始发展。听觉与前庭感觉相互作用，协调全身肌肉，有助于控制身体的移动、平衡和协调。

耳蜗神经，作为听觉神经(第八对脑神经)的一部分，负责将听觉信息传递到大脑。听觉系统具有复杂的解剖结构，每个半脑都接收来自双耳的信息，主要处理对侧耳的信号，并将信息传递到小脑和网状结构。

初级听觉皮层位于外侧裂，而听觉联合皮层位于颞叶的上部。听觉皮层包含两条主要的处理通路：背侧通路，负责声音的定位，终止于后顶叶皮层；腹侧通路，负责复杂声音的处理和分析，终止于前颞叶的旁带区。

听觉系统的主要功能包括探测声音、确定声音的来源和识别声源。即使在视觉被遮挡的情况下，我们仍能准确判断声源的位置，这是因为我们的双耳对不同时间到达的声波进行差异性处理。声源在左侧或右侧时，声波会先到达较近的耳朵；声源正前方时，两只耳朵会同时接收到声音。

听觉联合皮层的损伤可能导致听觉失认症，患者虽能听到声音，但无法理解其含义。若损伤发生在大脑左半球，患者可能遇到特殊的言语理解障碍；若损伤发生在大脑右半球，患者可能难以识别非言语声音的特性或位置。

(五)婴儿的感觉能力

既然感觉如此重要,那么新生儿对周围环境的感觉能力又如何呢?他们的感觉能力是与生俱来的,还是依赖于后天经验?下面,我们介绍婴儿的感觉能力的发展状况。

1. 听觉

新生儿对较弱的声音并不敏感,但他们确实具备了辨别声音的音量、持续时间、方向和频率的能力。婴儿在很早的时候就能将声音与特定的意义联系起来。

事实上,婴儿对声音是很感兴趣的,尤其对妈妈的声音特别敏感。有研究表明,在妊娠期最后 3 个月,当听到妈妈读故事时,胎儿的心跳频率会发生变化。出生后,婴儿再次听到妈妈读妊娠期读过的故事时,他们吮吸奶嘴的速度和强度都会增加。因此,妈妈多跟婴儿讲话,给予婴儿更多关注,可能为他们后期的发育打下良好的基础。

2. 触觉

触觉的敏感性增强了婴儿对外界环境的反应性。给早产儿提供有节律的拍打和按摩,可以促使他们更好地发展。温柔的拍打和按摩能够刺激不敏感的婴儿,安抚容易激动的婴儿,使养育者与婴儿建立良好的互动。1 岁之后,婴儿逐渐开始用触觉探索世界,最初用嘴巴,之后用双手。

触觉是婴儿获取外部环境信息的主要方式,对婴儿后期的认知发展也起着关键作用。

3. 视觉

在生命的最早期,视觉是各种感觉能力中发展水平最低的。大脑的视觉神经中枢和感觉通道快速发展,促使婴儿的颜色知觉能力迅速提高,在 2~3 个月时,他们就能分辨所有的基本颜色;在 4 个月左右,他们就能将有细微差别的颜色归类到同一基本色中。

尽管婴儿的视觉系统在出生后很快开始发挥作用,但其功能尚未完全成熟。因此,新生儿时期的视觉能力可以通过经验得到进一步发展,如辨别事物间的差异。经验依赖和经验独立的视觉发展机制共同作用,推动婴儿视觉系统的成熟。

4. 跨通道知觉

跨通道知觉是指根据一种感觉特征确认另一感觉通道所熟悉的刺激物或形式的能力。例如,在视觉被遮挡的情况下,我们可以通过触觉和嗅觉来猜测手中水果的种类。婴儿如果发展跨通道知觉的能力,需要他们已经能够处理和整合两种或更多不同的感觉信息。

我们把各种通道获得的感觉信息整合在一起,无疑加深了我们对事物的理解和认识。这种跨通道整合的能力是否在生命早期就已具备呢?大约在 4 个月的时候,视觉和听觉之间的跨通道知觉能力开始出现,此时婴儿开始自主地将头转向声音来源。当声音从某个方向传来时,婴儿会将头转向那个方向,以期望视野中出现与声音相对应的物体或人。

随着单一感觉能力的成熟,跨通道知觉能力的出现和发展可以帮助儿童学习和探索世界。

第三节　感觉统合过程

我们已经了解到，感觉统合是大脑对输入的各类感觉信息进行组织、分析并做出决策的过程。感觉信息输入大脑皮层后，大脑皮层会将其与以往经验进行对比、筛选、加工和决策，进而形成对事物的认知与反应，以此指挥身体完成相应动作。中枢神经系统整合来自不同感觉通道的信息，既对来自不同感觉通道的协调信息进行综合、检查和认知，也对那些不协调信息进行整合。

实际上，感觉统合就是对感觉信息进行加工的过程。在此过程中，大脑会以特定方式对输入的感觉信息进行编码、加工和整合，从而使各种感觉信息能够在中枢系统有效组合、协同工作。

感觉统合是认知、社会交往、情绪以及自我发展的重要前提之一，也是促进大脑发育的重要过程。感觉统合可分为两个层次：一是初级统合功能，涵盖身体协调、手眼协调、注意力集中、情绪稳定和记忆准确等方面，能够完成目的性活动；二是高级统合功能，包括注意能力、组织能力、自我控制能力、学习能力、概括和推理能力。

美国心理学博士爱尔丝的研究表明，"大脑宛如一部感觉加工、处理的机器，输入一次信号，大脑中将有超过 80%的神经投入到感觉加工或处理工作中"。有效处理内外环境的感觉信息，对于大脑自动产生适应性反应和适应环境至关重要。当我们感知到安全时，便能将注意力集中于日常活动；反之，如果大脑无法有效处理这些感觉信息，我们就需花费更多时间和精力去适应，以达到舒适状态。

我们对感觉信息的处理过程包括感觉信号的接收与检测、感觉统合、感觉调节、感觉辨别和感觉动作协调。这些是感觉信息处理过程中最基本、最简单的方面。

一、感觉信号的接收与检测

我们的周围神经系统每分钟都会接收数百万个感觉信号，这些感觉信号源自皮肤、肌肉、眼、耳、口、鼻等感觉器官。接收到的感觉信号通过周围神经系统传至中枢神经系统。

周围神经系统分为躯体神经系统和自主神经系统。躯体神经系统受意识控制，主要由脑神经和脊神经组成。自主神经系统包括交感神经和副交感神经，二者相互作用，帮助我们调节内脏器官的功能。

当感觉信息通过周围神经系统传至中枢神经系统时，中枢神经系统便会注意到这些感觉信息。

二、感觉统合的完整过程

一个完整且正确的感觉统合过程，主要包括感觉刺激输入、感觉刺激加工、感觉刺激统合和感觉刺激输出四个环节。任何一个环节出现问题，都可能导致整个感觉统合出现困难。

在这个过程中，大脑接收来自身体各部位如皮肤、肌肉、关节、内耳、眼睛、鼻子和嘴巴的感觉信号，并对这些信号进行加工和整合。然后，将整合后的信息传递给身体，以指导相应的动作。

感觉统合过程发生在中枢神经系统，这一过程会随着皮肤、肌肉、关节、内耳、眼睛、鼻子、嘴巴等身体部位的感觉刺激输入而自然进行。只有当感觉刺激传入神经系统，且神经系统同时输出动作信息时，我们才能顺利完成任务。

三、感觉调节

感觉调节是指大脑对输入的感觉刺激进行调控的过程。大脑会迅速调节进入中枢神经系统的感觉刺激，使感觉刺激保持平衡。不同的感觉系统要相互协作、相互调节，我们才能及时应对外来的感觉刺激。

大脑通常会关注有意义的信息。当我们遇到令人愉悦的感觉刺激时，我们倾向于持续接触以逐渐适应这些刺激；相反，当感觉刺激暗示潜在的危险或不适时，身体会自动采取防御姿态。此外，大脑还通过抑制机制筛选掉无关紧要的信息，从而确保将注意力资源集中在真正重要的信息上。只有当感觉刺激和抑制机制之间达到适当的平衡时，我们才能顺利转换到其他状态。例如，从注意力分散状态转变为集中注意力状态，或从昏睡状态转变为清醒状态。

感觉适应是一种与感觉调节相关的现象，它描述了当一个感觉刺激持续作用于同一感受器时，感受器的敏感度如何发生变化。例如，长时间处于某种气味环境中，无论是愉快的香味还是不愉快的臭味，我们的嗅觉系统最终都会逐渐适应，导致我们不再察觉这些气味。这种现象体现了感觉适应的工作原理。

对于那些有感觉调节障碍的人来说，他们可能无法像常人那样适应持续的感觉刺激，无论这些刺激是否重要、常见或无害。他们可能会一直觉得这些刺激是紧急的、危险的或有害的，且难以随着时间的推移而适应。

四、感觉辨别

感觉辨别是大脑辨别不同感觉刺激的能力。感觉辨别与感觉的时间特性和空间特性有关。例如，我们打篮球时，队友向我们传球，我们需要判断自己应该怎么移动，篮球将会如何移动，准确辨别篮球和我们的时间和空间位置，才能接住传球。感觉辨别能力可以帮助我们比较新、旧感觉刺激的异同，比较不同感觉刺激的差异以及感觉刺激的特征。

随着个体的成长，大脑神经系统不断成熟，感觉辨别能力也在不断发展。当幼儿能够辨别内外感觉刺激，知道正在发生什么时，就会利用这些感觉刺激来组织行为。例如，当幼儿看到妈妈出现时，就会朝着妈妈的方向跑去。这个反应需要把看到的人(视觉)和空间移动的状态(前庭觉和本体觉)统一起来才能产生。

五、感觉动作协调

感觉刺激经过感觉信号的接收与检测、感觉统合、感觉调节和感觉辨别，最终经由大脑将加工后的信息通过运动神经传出，发出指令，指挥我们的身体做出相应的动作。

感觉动作协调的基础是良好的身体反应。例如，平衡能力和双侧协调能力使我们能够有效地控制身体，持续地完成任务。

我们可以通过练习增强儿童的感觉动作协调能力。通过练习，儿童可以完成日常生活中的各项任务，获得那些并非先天具备的能力，如系鞋带、拿筷子；我们还可以培养儿童的感觉动作协调能力，例如，让儿童学习分类整理玩具，可使儿童逐渐发展出动作计划的能力。

儿童每掌握一项新技能，都会增强他们的自信心，他们会寻求更具挑战性的任务。相反，如果儿童在感觉处理和动作协调方面存在困难，他们可能难以学习新技能，从而经历失败和无助感。

本章小结

斯佩里的"割裂脑实验"揭示了大脑左半球和右半球各自承担着不同的功能，而且每个半球都能够独立地处理信息。神经元之间的信息传递主要通过突触来完成。当一个神经元兴奋时，它会释放化学物质(神经递质)到突触间隙，这些化学物质可以与另一个神经元上的受体结合，从而改变该神经元的电位。这种电位的改变可能引发新的神经冲动，并沿着神经网络传播，实现信息的传递。而大脑皮层是大脑的最外层，负责处理高级认知功能，如思考、决策、感知和运动控制等。大脑皮层可以分为四个主要区域：额叶、顶叶、颞叶和枕叶。每个区域都有其特定的功能和任务。例如，额叶负责执行规划、决策和问题解决；顶叶负责空间感知和注意力控制；颞叶负责语言理解和记忆；枕叶则主要负责视觉信息的处理。

思考题

1. 简述交感神经系统和副交感神经系统的颉颃作用。
2. 简述感觉统合过程。
3. 简述人体主要的感觉以及这些感觉的适宜刺激、感觉器官、感受器和获取的信息。
4. 简述大脑皮层的主要区域及其机能。

第三章　感觉统合的测评工具

课程目标

知识目标：了解主观心理测验工具的名称及其维度，了解感觉统合客观量表的名称及其维度；理解感觉统合现有测评工具存在的问题；掌握感觉统合与动作计划测验 SIPT 的 17 个测验内容，掌握感觉统合的基本原理，理解感觉统合失调的成因。

能力目标：掌握感觉统合评估工具研发的程序。

素质目标：激发学生在感觉统合测评过程中因看到感觉统合失调儿童的差异性而能因材施教。

重点与难点

> ➤ 感觉统合客观量表的名称及其维度。
> ➤ 主观心理测验工具的名称及其维度。
> ➤ 感觉统合评估工具开发中的试题编写。

引导案例

7 岁的贝贝最近来到六艺儿童学习力中心进行评估。在此之前，家长就已注意到贝贝在写作业时存在一些困难。比如，速度慢，频繁出错，包括写出格子、遗漏字词、出现错别字等问题。此外，贝贝对阅读也不感兴趣，上课时还经常做一些小动作。虽然他喜欢画画，但动作总是很迟缓。家长提到，在贝贝的成长过程中，几乎没有让他经历爬行阶段，他就早早地学会了走路。因此，贝贝不太擅长操练、跳绳、踢毽子等活动。

贝贝的脑神经发育存在一定障碍，这影响了他对自身感觉和运动的控制能力。在学习方面，这些问题表现为注意力难以集中，过度活跃，空间知觉能力较弱，动作缓慢，并且他往往难以控制自己的行为。测评结果还显示，贝贝在协调运动方面存在一定的困难，全身协调运动的缺乏导致大脑中相应的神经网络未能有效形成。这些因素共同导致了贝贝在学习和日常生活中遇到的种种问题和挑战。这些症状是前庭觉统合失调的典型表现，本章将进一步详细探讨感觉统合失调的评估方法和策略。

(资料来源：本书作者整理编写.)

第一节　感觉统合测评工具的现状

感觉统合测评工具的现状

感觉统合是儿童与生俱来的能力，与他们的天赋及后天环境紧密相连。这种能力直接影响着儿童的学习能力。单凭经验来评判儿童是否存在感觉统合障碍是不科学的。因此，自爱尔丝提出感觉统合理论后，她强调要采用实证的方法研究和评估这个问题的重要性。基于这一理念，她设计了南加州感觉统合测验(Southern California Sensory Integration Test，SCSIT)，用于检测 4~8 岁儿童的感觉统合能力。

20 世纪 80 年代开始，随着感觉统合失调现象在发达国家的日益增多，越来越多的国家和地区或重新编制或修订引入了感觉统合的测验与评估工具。这些工具经过标准化流程和实证研究，建立了适用于本土的常模标准，推动了感觉统合的普及和市场化进程。

感觉统合评估工具的开发和应用是感觉统合训练领域的重要组成部分。在实际应用中，确实存在一些机构使用基于经验的评估方法，这些方法虽然源于长期实践，但由于缺乏科学研究支持和标准化流程，其评估结果可能存在偏差，无法满足客观性、可重复性和准确性的要求。科学研究支持的准确有效的感觉统合评估工具通常可以分为以下三类。

一、主观心理测验

主观心理测验以爱尔丝编制的感觉统合测验 SCSIT(1972) 和旋转性眼球震颤测验 SCPNT(1975)、哈佛大学教授斯皮策(Spitzer)编制的感觉统合与动作计划测验 SIPT(1996)、米勒(Miller)编制的学前测验 MAP(1982)、德甘吉－伯克(DeGangi-Berk)编制的感觉统合测量工具(1983)为代表。

以 SIPT 为例，该测验由 17 个分测验组成，每个测试所需要时间为 5~10 分钟，整个测试施测时间为 2~3 小时。17 个分测验分别如下。

(1) 空间可视化(SV)：评估儿童视觉空间感知和通过想象进行空间物体操纵的能力。

(2) 图形—背景知觉(FG)：评估儿童从混乱无序的背景中选择出前景图形的能力。

(3) 站立行走平衡(SWB)：评估儿童在利用视觉和不借助视觉的情况下，单脚和双脚平衡的能力。

(4) 设计复制(DC)：评估儿童视觉转移和视觉构建的能力。

(5) 姿态练习(PPr)：评估儿童模仿施测人员姿势的能力。

(6) 双侧运动协调(BMC)：测试儿童双臂和双脚以平稳协调的方式移动的能力。

(7) 实践口头指令(PrVC)：评估儿童在没有视觉提示的情况下根据口头指令制订运动计划的能力。

(8) 装配实践(CPr)：测试儿童在 3D 空间中将物体相互关联的能力，包括视觉空间理解和运动、计划和模仿能力。

(9) 眼球旋转震颤(PRN)：测试眼球旋转后前庭反射，提供了儿童在重力作用下如何获取身体是否保持直立姿势的信息。

(10) 精细运动(MAc)：用于评估身体各部分与视觉的协调性。

(11) 排序练习(SPr)：测验对施测人员动作示范后的动作计划和执行能力。

(12) 口语练习(OPr)：测试儿童在施测人员口语指令后的动作计划和执行能力。

(13) 手摸形状感知(MFP)：测试儿童手部皮肤对形状的感知能力和完成形状匹配的能力。

(14) 运动觉(KIN)：评估儿童对关节位置的感知和运动能力。

(15) 手指识别(FI)：测试在不依赖视觉的情况下儿童辨别哪个手指正在被触碰的能力。

(16) 皮肤书写觉(GRA)：测试儿童将触觉信息转化成运动反应的能力。

国内外感觉统合主观心理测验结果分析及制订干预计划要点

实施干预计划应遵循的要点以及让孩子积极参与的策略

(17) 触觉刺激定位(LTS)：评估儿童对手或手臂触觉刺激的定位能力。

感觉统合的主观心理测验是一种评估方法，通过让儿童参与一系列设计好的任务，并根据他们完成任务的表现来评估其感觉统合的能力。这些测验旨在将主观的观察转化为客观的指标，以便分析儿童感觉统合的发展特点和结构成分。然而，这类测验也存在以下一些问题。

(1) 测验较为烦琐耗时。以 SIPT 为例，测试时间为 2～3 小时，无法排除疲劳、动机等干扰因素的影响。

(2) 测验的成本较高。主观心理测验需要较高的使用成本和操作成本。例如，主观测验只能以一对一的方式进行，对测验的标准化要求较高，要求测试人员经过专业的培训并获得相应的资质，而且对施测过程以及各种情况都要有标准的应对方式，测验结果的计算也往往需要借助计算机软件进行统计分析。

(3) 关于测验的生态效度存在质疑，即主观心理测验的结果受到情绪、环境等多重因素的影响，可能无法完全反映个体在现实生活中的实际表现。如果儿童在测试时存在情绪问题或处于不佳的临时状态，就可能会严重低估他们的真实能力。因此，尽管主观心理测验在设计和逻辑上较为严谨，但在实际使用中存在的种种问题，导致感觉统合的主观心理测验在科学研究和市场应用方面并未得到广泛的推广和普及。

国内外感觉统合测评工具整合——主观心理测验如表 3-1 所示。

表 3-1 国内外感觉统合测评工具整合——主观心理测验

名　称	编制者	年份	项目数	适用年龄	维　度
南加州感觉统合测验(SCSIT)	爱尔丝	1972	17 项	4～10 岁	①感知觉与辨别 ②视知觉 ③动作计划 ④前庭处理 ⑤两侧动作技巧
南加州旋转性眼球震颤测验(SCPNT)	爱尔丝	1975	1 项	不限	眼球震颤次数
感觉统合与实操测验(SIPT)	Spitzer	1996	17 项	4～8 岁	①动作协调能力 ②运动能力 ③双侧协调和顺序能力
米勒学前评估量表(MAP)	Miller	1982	30 题	4.5～14.5 岁	①身体基膜 ②感觉和运动能力 ③动作协调能力 ④认知技能 ⑤复杂任务指数
DeGangi-Berk 感觉统合测量工具(TSI)	Berk	1983	36 题	3～5 岁	①体位控制 ②双侧运动整合 ③反射整合

二、感觉统合客观量表

目前，感觉统合测验主要分为两类：一类是由爱尔丝(Ayres)编制的感觉统合测验；另一类是以《儿童感觉统合检核表》(1991 年)、《感觉统合评定量表》(1994 年)为代表的客观量表。在国际领域，常用的量表还包括《婴幼儿感觉功能测试量表》(The Test of Sensory Functions in Infants，TSFI)、邓恩(Dunn)编制的《感觉问卷》(Sensory Profile，SP)及其 2014 年的修订版 SP-2。此外，帕尔哈姆(Parham)等人编制的《感觉加工评估》(Evaluation of Sensory Processing，ESP)、《感觉加工测试》(Sensory Processing Measure，SPM)以及 2010 年新增的《感觉加工测试学前版》(Sensory Processing Measure-Preschool，SPM-P)也属于客观量表范畴。然而，这些研究工具在国内尚未被引进。因此，国内多数机构在进行感觉统合评估时，采用的是北京大学医学部精神卫生所于 1994 年引进的《儿童感觉统合检核表》。该量表在国内十几个地区进行了数据收集，并建立了常模样本。经过近 30 年的推广和应用，该量表已经具备了良好的信度和效度，其内容和标准至今仍在使用。

客观量表在评估学龄前和学龄儿童的感觉统合能力时具有重要作用。这一年龄段的儿童尚未掌握文字阅读能力，此类评估通常采用家长或教师的评价方式，即通过他人评定来完成。这种方法能够在一定程度上减少主观评估工具中因个体的动机、态度、身心状态等因素的影响。然而，这种评定方式也可能带来新的问题。评定者的主观意志可能会对结果产生影响，而且不同评定者对量表题目的理解和标准可能存在差异。随着时间的推移，研究发现，即便使用相同的量表，被诊断为感觉统合失调的儿童比例似乎在逐渐上升。这可能是因为确实有更多儿童存在感觉统合失调的问题，但也可能受到主观因素的影响。在现代社会，焦虑、浮躁和教育竞争加剧了育儿压力。社交媒体上频繁展示的"别人家孩子"的优异表现，可能导致家长无意中放大自己孩子的问题。原本轻微的问题在焦虑的家长眼中可能被放大，从而出现对儿童感觉统合问题的过度评估。因此，尽管客观量表在学术研究和市场应用中得到了广泛应用，但在实际操作过程中，如何确保评估的客观性和准确性仍然是一个挑战。这需要量表的操作指导语和标准化流程得到充分执行，以减少可能的误差。在现实生活和研究过程中，这些误差需要得到更多的关注和纠正。国内外感觉统合测评工具整合如表 3-2 所示。

表 3-2 国内外感觉统合测评工具整合

名　称	编　制　者	年　份	项 目 数	适用年龄	维　度
婴幼儿感觉功能评估量表 (TSFI)	乔治亚娜·德甘吉 (Georgiana Degangi)	2000	24 题	4~18 个月	①深触压反应 ②视触整合 ③适应性运动功能 ④眼球运动控制 ⑤前庭刺激反应
感觉问卷(SP)	温妮·邓恩 (Winnie Dunn)	2002	125 题	5~10 岁	①感觉处理 ②感觉调节 ③情绪反应

续表

名　称	编　制　者	年　份	项目数	适用年龄	维　度
感觉问卷(SP-2)	温妮·邓恩(Winnie Dunn)	2014	125题	0～15岁	①感觉处理 ②感觉调节 ③情绪反应
感觉加工测试(SPM)	帕尔哈姆、厄娜·布兰奇(Parham & Erna Blanche)	2002	222题	5～12岁	①社交参与 ②视觉 ③听觉 ④触觉 ⑤本体觉 ⑥平衡与运动 ⑦计划和组织
感觉加工测试学前版(SPM-P)	帕尔哈姆(Parham)	2010	150题	2～5岁	①社交参与 ②视觉 ③听觉 ④触觉 ⑤本体觉 ⑥平衡与运动 ⑦计划和组织
儿童感觉统合检核表	郑信雄	1991	58题	6～11岁	①肌肉及平衡 ②触觉防御与情绪不佳 ③本体感不佳 ④学习能力不足 ⑤大年龄特殊问题
感觉统合评定量表	陈文德	1994	30题	6～14岁	①视觉平顺 ②听觉识别 ③前庭平衡 ④本体感受 ⑤触觉
儿童感觉统合能力失调评估量表	安文军	2018	53题	3～12岁	①注意力异常 ②触觉反应失敏 ③前庭反应失敏 ④执行抑制异常 ⑤本体觉异常 ⑥前庭觉反应过敏 ⑦触觉反应过敏

续表

名　　称	编 制 者	年　份	项 目 数	适用年龄	维　　度
幼儿感觉统合评估量表	任少波	2020	48 题	3～6 岁	①视觉障碍 ②听觉障碍 ③本体障碍 ④前庭障碍 ⑤触觉障碍 ⑥发育期障碍

三、感觉统合间接评估工具

　　随着对预防筛查和早期干预重视程度的提升，能够在更早阶段对儿童感觉统合能力的发展做出相对准确的推断和预测变得尤为关键。下面将介绍一类以动作技能和神经心理成熟度为评估重点的感觉统合间接评估工具。这些工具包括：美国明尼苏达大学教授布鲁因宁克斯(Bruininks)编制的动作熟练度测试(Bruininks-Oseretsky test of motor proficiency-2nd edition，BOT-II)、美国心理学家格塞尔(Gesell)编制的发展量表(Gesell developmental schedules，GDS)，美国南加州大学临床心理学博士安娜(Anna)编制的儿童标准运动协调能力评估测试(儿童动作 ABC 评估量表)第二版(movement assessment battery for children-2，MABC-II)美国心理学家贝利(Bayley)编制的婴幼儿发展量表第三版(Bayley scales of Infant and Toddler Development 3rd Edition，BSID-III)、美国丹佛学者弗兰克恩伯格(Frankenburg)编制的丹佛发育筛查测验(Denver Developmental Screening Test，DDST)、美国心理学家贝里(Beery)编制的视觉运动整合发育测验(Visual Motor Integration，VMI-4R)、美国心理学家韦克斯勒(Wechsler)编制的韦氏学龄前儿童智力量表第三版(WPPSI-III)和韦氏儿童智力量表第四版(WISC-IV)等。这些间接评估工具主要评估儿童在动作、认知、语言、社会性、适应、生活自理等方面的发展水平，经常被用来作为感觉统合鉴定的辅助工具。

感觉统合间接评估工具

　　总体而言，众多的感觉统合测评工具虽然在操作、评分及适用性方面存在差异，但本质上仍可归纳为认知功能和行为活动两大类。研究者可以根据具体需求，进一步将这两大类别细分为多个维度，并通过各维度的量表分数来评估感觉统合状态。最终，通过汇总所有维度的得分，形成整体的量表分数，以反映个体的感觉统合综合状况。

第二节　现有感觉统合测评工具的问题

一、主流工具较为陈旧

现有感觉统合测评工具的问题以及研究最新进展

　　21 世纪以来，国内对感觉统合评估工具进行了大量新编或修订工作。例如，中国学者高颖尝试将台湾地区由林振凯在 2010 年编制的《儿童感觉统合功能评估量表》引进到中国大陆地区进行试用研究；中国学者安文军初步编制了《儿童感觉统合能力失调评估量表》；中国学者任少波在 2020 年编制了《幼儿感觉统合评估量表》等。然而，这些工具由于版权问题或其他原因，并未能得到有效的推广和普及。

截至 2022 年，学术界和市场应用中广泛使用的仍是 1994 年引进的《儿童感觉统合检核表》以及 1997 年引进的《感觉统合评定量表》。这两个量表在长期的使用过程中得到了充分的验证，显示出良好的信度和效度。然而，这两个量表的内容没有及时进行修订和更新，一些文字表述和评估项目已经不能满足现代社会的需求。此外，这两个评估工具均采用他评的方式，这使评估结果可能受到评分者主观因素的影响。同时，这两个量表主要侧重于感觉统合问题的鉴定和诊断，而不是用于推断正常发展儿童的感觉统合发展水平。因此，当前的研究和实践需要更加现代化、科学化的评估工具，以更好地适应时代的发展和儿童感觉统合需求的变化。

二、理论基础并不统一

虽然现阶段对感觉统合的评估主要围绕认知功能和活动情况两个方面展开，但不同量表在维度划分的依据和方式上存在差异。有的研究工具将影响感觉统合的因素纳入感觉统合能力的定义中。有的研究工具只关注感觉统合的三大系统，并未将视觉系统和听觉系统纳入评估范围。一些研究工具侧重于认知能力的评估，而另一些研究工具则更侧重于活动情况，包括运动能力、动作协调能力、自主性运动功能、眼球运动控制、重力不安全感，以及前庭觉障碍等。有的研究工具根据感觉统合系统失调的症状表现细分为敏感和迟钝两个维度。有的研究工具则将这些统称为××感觉系统障碍或异常。此外，一些研究工具将认知能力作为一个整体指标，如学习能力或认知技能。而其他研究工具则将其细分为注意力、视觉平顺、听觉识别、听觉过滤、低反应性等。这种现象的产生原因是不同的学者对感觉统合的内涵与外延理解不一致，这可能导致研究工具的不适配引起评估结果的"污染"，进而导致对感觉统合发育水平的低估或高估。

三、直接借鉴国外测评工具

考虑到现有评估工具在应用和推广过程中确实存在一些限制，那么我们是否可以直接借鉴国外的研究成果，或者对现有评估工具进行内容上的修订和常模的更新。然而，这种做法可能并不适宜。

首先，我国幅员辽阔，不同地区在社会、文化、经济和生活方式等方面存在显著差异，直接采用统一的常模标准可能会导致对某些地区的实际情况估计过高或过低。

其次，我们需要考虑研究工具的设计初衷。许多国外的研究工具主要是为临床应用而开发的，重点在于评估和诊断工具的准确性，而较少关注执行功能在普通儿童发展教育过程中的应用价值。一些量表的名称中直接包含了"失调"或"障碍"等字样，而且在题目设计上，多采用"难以""很少""无法""有困难"等带有否定意义的动词，着重于指出儿童的"不足之处"。在临床上这种设计有助于识别感觉统合障碍的儿童群体。然而，在教育领域，我们更倾向于采用生态学的视角。因此，直接将这些研究工具应用于教育环境可能并不适宜。相反，我们应该开发适合普通发展儿童的感觉统合评估工具。

四、工具类别分布不均

感觉统合评估工具源于临床实践，因此最初的工具主要是基于主观心理测验。随着感觉统合理念的广泛传播以及其在教育领域的应用，自 20 世纪 90 年代起，新开发的评估工具趋向于采用客观评估量表。在医疗和教育领域中，主观和客观评估工具各自独立发展，二者之间的联系并不紧密。尽管在客观评估量表的开发过程中进行了效度的检验，但这些检验主要是在客观量表内部建立效度关联，缺乏对主观评估工具与客观评估工具之间效度关联的研究。

第三节 感觉统合评估工具的新编计划

一、基本信息

(一)量表名称

量表名称为"感觉统合功能发展评估量表"。

(二)评估目的

通过观察儿童在日常生活中展现的认知功能和参与活动的情况，我们可以对儿童感觉统合功能的发展水平进行评估。

(三)概念界定

感觉统合这一概念源于 20 世纪 60～70 年代，最初在临床康复领域被提出，用于矫治儿童的学习障碍行为。随后，该概念逐渐被纳入脑神经科学的研究范畴。在爱尔丝的著作《感觉统合与学习障碍》中，她认为感觉统合是个体对来自不同感觉通路的信息进行解释的一系列神经生理过程。感觉器官负责接收来自身体外部和内部的各种信号，大脑则对这些信号进行编码、分析和处理，以确保个体能够对内外环境做出恰当反应。这一过程有助于个体在面对环境挑战时做出积极有效的应对，进而实现与环境的和谐共处。

(四)理论基础

量表的编制基于爱尔丝的感觉统合理论，该理论将感觉统合过程分为四个层次。本次测验的目标是评估第三层次，即感觉统合能力。为此，量表将集中于触觉系统、前庭系统、本体系统、视觉系统和听觉系统。尽管嗅觉和味觉在个体适应环境中有一定作用，但鉴于它们在现代生活环境中的影响相对较小，本次量表编制决定不包括这两种感觉。

爱尔丝感觉统合过程的层次如下。

第一层次：触觉系统。

第二层次：三类系统(前庭系统、触觉系统、本体系统)。

第三层次：五大系统(听觉系统、前庭系统、触觉系统、本体系统、视觉系统)。

第四层次：所有感觉系统(嗅觉、味觉、听觉、视觉、本体、前庭、触觉、机体觉等)。

(五)双向细目表

在感觉统合五大系统的基础上,进一步细化所需评估的次级因子,具体分为认知功能和活动情况两个方面。结合以往研究中五大系统与各次级因子之间的相关程度,分为高度相关(H)、中等相关(M)和低度相关(L)三个水平,如表3-3所示。

表3-3　感觉统合五大系统与各次级因子之间的双向细目

一阶因子		认知功能				活动情况			
二阶因子		语言理解	身体认知	情绪调控	冲动抑制	视觉平顺	视觉定位	手眼协调	双侧协调
感觉统合五大系统	听觉系统	H	L	L	L	L	L	L	L
	前庭系统	M	L	M	H	H	L	L	L
	触觉系统	L	M	H	L	L	L	L	L
	本体系统	L	H	L	M	L	H	H	H
	视觉系统	L	L	L	L	M	M	M	M

1. 对感觉统合五大系统进行操作性定义

(1) 听觉系统是指个体能够对耳朵所接收的信息进行加工和处理,并与过去的经验整合,从而理解信息的能力。

(2) 前庭系统是指个体能够基于头部位置的变化形成对平衡的判断,并在此基础上形成对无关刺激的抑制和信息筛选及过滤的能力。

(3) 触觉系统是指个体通过接触、拥抱和抚摸等方式感知触压、温度、重量等感觉信息,进而形成认识世界、适应环境和稳定情绪的能力。

(4) 本体系统是指个体在不借助视觉和其他感觉系统的情况下,对肌肉、肌腱、关节等组织的感知和控制能力,是动作和姿势的基础。

(5) 视觉系统是指个体能够接收和解释进入眼睛的可见光信息,并利用这些信息规划或执行行动的能力。

2. 对各次级因子(维度)进行操作性定义

(1) 语言理解是指个体在活动中能够理解语义和使用语言的能力,涉及听觉系统和前庭系统的整合。

(2) 身体认知是指个体对身体各部位所处的位置关系的辨认能力,涉及本体系统和触觉系统的整合。

(3) 情绪调控是指个体能够根据外界环境的变化对当前情绪进行调节和控制的能力,涉及前庭系统和触觉系统的整合。

(4) 冲动抑制是指个体能够通过认知或情绪调节来压抑优势反应倾向,转向当前需求的适应性行为,是本体系统和前庭系统的整合。

(5) 视觉平顺是指个体能够在自身或物体运动状态下捕捉物体位置和方向的能力,涉及视觉系统和前庭系统的整合。

(6) 视觉定位是指个体对自身与其他物体位置关系的辨别能力，涉及视觉系统和本体系统的整合。

(7) 手眼协调是指个体通过视觉引导手部运动的能力，涉及视觉系统和本体系统的整合。

(8) 双侧协调是指个体能够顺利完成双侧身体部分的整合，促进单侧优势的发展，并增强对肌肉运动的协调与控制能力，涉及视觉系统和本体系统的整合。

(六)适用对象

学龄前儿童和小学生(3～10 岁)。

(七)评定方式

客观量表的填写者为儿童的主要抚养者。

(八)评分标准

采用美国社会心理学家雷尼斯·R. 李克特(Rensis. R. Likert)五点量表，根据客观量表所描述的事件或行为出现的频率分为五级：①总是如此；②常常；③有时候；④很少；⑤从不。

(九)题目数量

量表共分为 8 个维度，每个维度有 8 道题目，合计 64 题。

(十)评估时长

预计完成时间为 15～30 分钟。

二、试题编写

(一)编制计划

编制量表需要制订计划，以全国性常模为例，预计需要两年时间。在此基础上，还需制定人员分工与具体工作推进计划，具体时间安排如表 3-4 所示。

表 3-4 时间进度甘特图与具体工作推进计划

进 度	具体工作内容	计划完成时间
编制计划	协商量表编制周期；确定团队成员及分工	2 月 28 日
题目编写	收集国内外的最新量表；确定原始量表的总题数；确定各维度题目数量；分工编写原始题目；进行原始题目的校对与筛选	6 月 30 日
专家评判	联系相关领域的专家；发送原始量表；回收专家评判意见；进行排版定稿和预试量表	8 月 31 日
预试实测	选定预试样本；进行样本分割；发放并回收量表	12 月 31 日

续表

进 度	具体工作内容	计划完成时间
项目分析	录入预试样本数据；进行难度、鉴别度与因素分析；删减题项；排版定稿正式量表	来年 3 月 31 日
正式施测	确定样本规模和抽样方式；印刷/上传正式量表；回收量表并整理数据	来年 7 月 31 日
信效度分析	确定信效度的种类；选择信效度的样本；开展信效度检验工作；整理数据并进行信效度分析	来年 10 月 31 日
计分与常模	根据正式施测数据建立 3～10 岁年龄常模；制作 3～10 岁常模转换表	来年 12 月 31 日

(二)题目来源

通过开放式访谈，我们选取了自闭症、多动症、学习障碍以及广泛性发展障碍儿童的家长(不限于学龄前儿童)，目的是深入了解这些孩子在日常生活中的行为和活动模式。我们将访谈内容转化为中立且客观的陈述性语句，并参考了国内外公认的 10 个主要感觉统合评估量表(见表 3-5)，确保这些内容与我国当前的社会文化背景和语言表达习惯相适应。在此基础上，开始编写原始的评估试题。考虑到现有评估工具的题量一般为 24～58 题，我们计划最终的量表包含 64 个题项。在量表的初步编写阶段，遵循有效冗余的原则，最终量表往往是从 3 倍或 4 倍的题库开始的，原始量表包括 200 个题项。

表 3-5　量表主要参考来源

名 称	编制人员	出版年份	题目数量
儿童感觉统合检核表	郑信雄	1991	58 题
感觉统合评定量表	陈文德	1994	30 题
感觉加工评估	帕尔哈姆(Parham)	1997	76 题
感觉处理能力剖析量表	温妮·邓恩 (Winnie Dunn)	1999	38 题
婴幼儿感觉功能评估量表	乔治亚娜·德甘吉 (Georgiana Degangi)	2000	24 题
感觉问卷	温妮·邓恩 (Winnie Dunn)	2002	125 题
感觉加工测试(SPM)	戴安娜·帕勒姆 (Diane Parham)	2002	222 题
儿童感觉统合功能评估量表	顾艳	2012	44 题
儿童感觉统合能力失调评估量表	安文军	2018	53 题
幼儿感觉统合评估量表	任少波	2020	48 题

(三)题目质量

在拥有 200 个原始题目的量表后，将根据题目内容进行质量评估。通过题目审查和专家评审，分析每道题目的长度、阅读难度，以及试题内容是否包含多重否定、多重含义或模棱两可的表述。接下来，将对量表题目进行初步筛选，以将题目数量精减至大约 100 个。

(四)反向问题设计

鉴于量表是基于对特殊儿童日常生活活动的访谈所得,这可能导致量表中否定性措辞的使用过于频繁,而这可能不完全适用于教育和生活领域。同时,如果量表中肯定性措辞过多,也可能引发默许、武断以及一致性偏见等问题,从而影响问卷的质量。为了避免这些问题,在预试阶段的题目编写中采取了平衡的方法,按照1:1的比例,交替使用肯定和否定措辞的题项,以此编制量表。

(五)效度题

根据预试前量表的作答情况,将不合格量表分为以下三种情况。

(1) 对所有试题不加区别地做出同意或不同意的回答,即全答肯定模式或全答否定模式,这提示被试的作答态度可能不认真。

(2) 对肯定措辞的题目,作答选择均为 1 分或 2 分,对否定措辞的题目,作答选择均为 4 分或 5 分,这提示存在"负面评价倾向"。反之,如果对否定措辞的题目选择较低分值,对肯定措辞的题目选择较高分值,则提示存在"正面评价倾向"。

(3) 设置一组(2 道题)相互矛盾的题目(一道题为肯定措辞,一道题为否定措辞)作为测谎题。测谎题主要考查家长的作答态度是否认真。如果家长对这一组题目的作答不一致,则可作为不合格量表的剔除依据。

三、预试施测

(一)预试样本

预试样本可限定于某个省份,采用立意抽样的方式选取。根据研究的需求,从该省各地级市选取 3~10 岁的典型发展儿童,共计 320 人作为样本。在进行预试施测之前,必须获得伦理委员会的批准,同时要求受试儿童的家长签署知情同意书。预试样本的构成如表 3-6 所示。

表 3-6　预试样本的构成

年龄组	城市 1	城市 2	城市 3	城市 4	总计
3 岁组	10	10	10	10	40
4 岁组	10	10	10	10	40
5 岁组	10	10	10	10	40
6 岁组	10	10	10	10	40
7 岁组	10	10	10	10	40
8 岁组	10	10	10	10	40
9 岁组	10	10	10	10	40
10 岁组	10	10	10	10	40
总计	80	80	80	80	320

(二)样本分割

将其中一半的样本(平均每个年龄组每个城市 5 人)作为预试题目分析的样本,另外 1/5 的样本(平均每个年龄组每个城市 2 人)用于复核分析。在对预试样本的题目进行分析之后,再利用复核分析样本来确认题目分析的准确性。

(三)项目分析

(1) 难度:计算各题目的平均分作为难度的指标,分析得分明显偏离中心值(3 分)的题目,探讨偏离的原因,判断是否属于题目内容的质量问题,例如措辞不清晰等。同时,结合题目的标准差进行综合考量,以决定对试题进行修改或删除。

(2) 鉴别度:常用的鉴别度计算方法有两种,一种是鉴别度指数(index of discrimination),另一种是题项总分相关(item-total correlation)。首先,计算题项的鉴别度指数,将各个题目根据得分高低分组(各占 27%),按照公式 D=PH-PL 计算各个题目的鉴别度指数,鉴别度指数越高,表明题目越有效。依据美国测量学家罗伯特伊贝尔(Robert L. Ebel)的标准:鉴别度指数在 0.4 以上表明题目的鉴别度很好,0.3~0.39 表明鉴别度较好,0.2~0.29 表明鉴别度有待改进,0.19 以下则表明鉴别度不佳,应考虑淘汰。其次,计算各题的题项总分相关,采用皮尔逊(Pearson)积差相关计算校正后的题项总分相关,以相关系数作为题目鉴别度的判断依据。一般而言,相关系数需达到 0.3 以上,且具有统计学意义上的显著水平。

(3) 因素分析:利用 SPSS 软件,采用主轴因素法(principal axis factoring)进行因素的初步萃取,再通过转轴的方式反映因素之间的关系,结合特征值的截断图及转轴后的因素负荷量(>0.5)判断因素数量,最后,通过各个因素内的 α 系数,评估题项删减对量表内部一致性的影响。

四、正式施测

(一)抽样计划

正式施测的样本规模应根据研究需求确定。例如,若需建立全国性常模,则样本规模需超过 3 000 人;若需建立省市级的区域常模,样本规模应约为 1 500 人。以建立全国城市常模为例,若设定样本规模为 3 000 人,则可采用分层随机整群抽样方法。首先,收集全国各省的城市人口数据。其次,根据各省城市人口数占城市总人数的比重(即各省城市人口数除以城市总人数再乘以 100%),计算出各省的城市人口比重。再次,利用样本总规模(3 000 人)乘以各省城市人口比重,得出各省的计划抽样人数。最后,根据年龄层进行平均分层,将各省计划抽样总人数除以 7 并取整,得到每个年龄层的计划抽样人数。原则上,每个年龄层的抽样应以班级为单位进行。抽样必须获得伦理委员会的批准,并确保受试儿童的家长签署知情同意书。同预试施测一样,具体抽样方式如表 3-7 所示(不含港澳台数据)。

表 3-7 正式施测抽样(以全国常模为例)

省 份	人 口	比重/%	计划抽样人数/人								
			3岁	4岁	5岁	6岁	7岁	8岁	9岁	10岁	合计
北京	17 751 681	3.17	11	12	12	12	12	12	12	12	95
天津	10 933 092	I 95	7	8	7	8	7	7	7	7	58
河北	22 129 595	3.95	15	15	15	1: 5	14	15	15	15	119
山西	13 197 637	2.35	9	9	9	8	9	8	9	9	70
内蒙古	9 446 419	1.69	7	6	6	7	6	6	6	7	51
辽宁	25 572 477	4.56	17	17	17	17	17	18	17	17	137
吉林	10 291 703	1.84	6	7	7	7	7	7	7	7	55
黑龙江	14 439 398	2.58	10	10	10	9	10	9	9	10	77
上海	19 873 080	3.55	14	13	13	13	14	13	13	13	106
江苏	40 269 267	7.19	27	27	27	27	27	27	27	28	217
浙江	33 083 792	5.90	23	22	22	22	22	22	22	22	177
安徽	16 329 087	2.91	10	11	11	11	11	11	11	11	87
福建	17 105 023	3.05	12	11	11	11	12	11	12	12	92
江西	3 560 075	2.42	9	9	9	9	9	10	9	9	73
山东	39 456 975	7.04	26	27	26	27	26	27	26	26	211
河南	25 973 215	4.63	17	17	18	17	18	17	18	17	139
湖北	24 657 421	4.40	16	16	17	17	17	16	17	16	132
湖南	18 916 669	3.38	13	13	13	12	13	11	12	12	101
广东	76 387 659	13.63	51	51	51	51	52	51	51	51	409
广西	14 787 980	2.64	10	10	10	10	9	10	10	10	79
海南	3 761 478	0.67	3	2	3	2	3	2	3	2	20
重庆	1 634 989	0.29	1	1	1	1	1	1	2	1	9
四川	30 431 679	5.43	20	20	20	21	20	20	21	21	163
贵州	10 126 125	1.81	7	6	7	7	7	7	7	6	54
云南	12 355 559	2.20	8	8	8	9	8	9	8	8	66
西藏	835 302	0.15	0	1	0	1	0	1	0	1	4
陕西	15 656 134	2.79	11	11	10	10	11	10	10	11	84
甘肃	7 095 181	1.27	5	4	5	5	5	4	5	5	38
青海	2 124 083	0.38	1	2	2	1	1	2	1	1	11
宁夏	2 988 589	0.53	2	2	2	2	2	2	2	2	16
新疆	9 290 491	1.66	7	7	6	6	6	6	6	6	50
合计	560 461 855	100.00	375	375	375	375	375	375	375	375	3 000

资料来源:《中国统计年鉴》。

(二)信效度证据

信效度样本可以分为几个类别:再测样本、评分者间样本、临床样本、同时效标样本以及预测效标样本。这些样本分别用于提供再测信度、评分者间信度、构念效度、时效标效度和预测效标效度的证据。信效度样本的抽取(示例)如表 3-8 所示。

表 3-8　信效度样本的抽取(示例)

省份	正式样本	再测样本	评分者间样本	临床样本	同时效标样本	预测效标样本
北京	95	—	—	—	—	—
天津	59	—	—	—	—	—
河北	118	—	—	—	—	—
山西	71	—	—	—	—	—
内蒙古	51	—	—	—	—	—
辽宁	137	—	—	—	—	—
吉林	55	—	—	—	—	—
黑龙江	77	38	—	—	—	—
上海	106	53	—	50	—	—
江苏	216	—	—	—	—	—
浙江	177	—	—	—	—	—
安徽	87	—	—	—	—	—
福建	92	—	25+25	—	—	—
江西	73	—	—	—	—	—
山东	211	—	—	—	—	—
河南	139	—	—	—	—	100
湖北	132	—	—	—	—	—
湖南	101	—	—	—	—	—
广东	409	—	—	—	30	—
广西	79	—	—	—	—	—
海南	20	10	—	—	—	—
重庆	9	—	—	—	—	—
四川	163	—	—	—	30	—
贵州	54	—	—	—	—	—
云南	66	33	—	—	—	—
西藏	4	—	—	—	—	—
陕西	84	—	—	—	—	—
甘肃	38	—	—	—	—	—
青海	11	—	—	—	—	—
宁夏	16	—	—	—	—	—
新疆	50	—	—	—	—	—
合计	3000	134	50	50	60	100

　　再测信度样本选择上海、黑龙江、海南和云南作为代表性地区，设定一个月作为再次评估的间隔时间，且再测信度样本的人数应为正式样本人数的一半。评分者间信度样本从福建省的 92 名正式样本中随机选取 50 名，由儿童的两位任课教师独立评估，以比较家长和教师评分的一致性。临床样本则由上海某儿童医院中选取的 50 名发育迟缓或存在发育障

碍的同龄儿童组成。同时效标样本从广东省和四川省中各选取 30 份样本，使用儿童感觉统合检核表和感觉统合评定量表作为效标对照工具。预测效标样本从河南省选取 100 名正式样本，以这些儿童升入七年级后第一学年的期末测验成绩作为预测效标。根据信效度样本的数据，对量表进行信效度检验，如表 3-9 所示。

表 3-9　信效度检验

项　目			内　容
信度	内部一致性		检验全量表和八个分量表的内部一致性信度
	再测信度		134 份量表的再测信度
	评分者间信度		50 份量表的评分者间信度
效度	内容效度		项目分析结束后，邀请不同领域的专家对预试结果进行讨论，为测验的内容和效度提供依据
	构念效度	区别效度	临床样本(发育迟缓/发育障碍)与一般样本的差异是否显著，并进行敏感性和特异性分析，以确定临界分数
		因素分析	进行验证性因素分析(CFA)，利用结构方程模型(SEM)验证八个二阶因子的适切性
	效标效度	同时效度	以儿童感觉统合检核表和感觉统合评定量表作为效标，进行实时效标相关和回归分析
		预测效度	以二年级学生的学业成就作为未来效标，进行相关和回归分析

(三)计分与常模

量表共拟定 64 道题目，每题得分范围为 1～5 分，总分数范围为 64～320 分。正反向题目的比例为 1∶1，其中正向题目若选择"总是如此"计 5 分，而反向题目采用反向计分方式，选择"总是如此"计 1 分。最终分数越高，表明感觉统合能力发展得越好；分数越低，则表明可能存在较为严重的感觉统合问题。语言理解、身体认知、情绪调控、冲动抑制、视觉平顺、视觉定位、手眼协调、双侧协调这八个二阶因子的分数范围均为 8～40 分。

常模样本采用正式施测的 3 000 人样本，包括八个二阶因子的原始分数和总分。原始分数首先通过线性转换为标准分数 z，然后借助常态概率转换表将 z 分数转换为百分等级，以此建立不同年龄的百分等级常模。百分等级常模对照分数 3 岁组示例，如表 3-10 所示。

表 3-10　百分等级常模对照分数(3 岁组示例)

百分等级	总　分	语言理解	身体认知	情绪调控	冲动抑制	视觉平顺	视觉定位	手眼协调	双侧协调
99	320	40	40	40	40	40	40	40	40
99	312	39	39	39	39	39	39	39	39
99	304	38	38	38	38	38	38	38	38
—	……	……	……	……	……	……	……	……	……
4	72	9	9	9	9	9	9	9	9
1	64	8	8	8	8	8	8	8	8

五、未来方向

感觉统合领域的首批测评工具自诞生至今已超过半个世纪。随着感觉统合理论研究的不断深入和实践经验的持续积累，已经开发和修订了一系列更为全面的评估工具。然而，截至目前，尚无单一评估工具能够成功将主观心理测验与客观评估量表相结合。这是因为无论是在工具编制还是操作实施方面，将二者融合都面临着更高的要求和挑战。尽管如此，项目反应理论(IRT)的出现为实现这一结合提供了新的可能。未来，我们可以探索运用 IRT 方法建立客观评估量表与主观心理测验之间的等值关系，以期实现两者的有效结合。

本章小结

不论是主观心理测验工具还是感觉统合客观量表工具，在实际应用中都存在一些问题，例如，部分量表因素结构不稳定、缺乏常模资料，以及某些概念界定不明确、理论基础相对薄弱等。这些问题可能会影响评估结果的准确性和可靠性。

开发一个感觉统合评估工具通常在明确评估目的和对象之后开始，首先，要了解已有评估工具的优缺点；其次，设计初步的评估工具，并确定评估指标和评分标准；再次，进行预试验，以检验评估工具的可行性和有效性；最后，对评估工具进行修订和完善，形成最终版本。在整个研发过程中，还需要考虑文化背景、经济发展水平等因素对评估工具的影响。

思考题

1. 现有感觉统合测评工具存在哪些问题？
2. 爱尔丝感觉统合过程分为哪几个层次？
3. 简述感觉统合测评工具的现状。

第四章 感觉统合的活动设计与指导

课程目标

知识目标： 了解感觉统合课程的教学原则，理解教案的主要构成以及对感觉统合活动的反思与改进方式。熟悉感觉统合训练中，针对平衡感、本体感、触觉、身体协调、运动能力、手眼协调及身体协调障碍，以及存在运动障碍、注意力不集中、多动症、孤独症等倾向的儿童，常用的器械操作方法。

能力目标： 能够根据不同失调特点的对象和不同年龄段的儿童进行切实有效的教具操作训练，并能熟练撰写感觉统合教学教案。

素质目标： 激发学生践行社会主义核心价值观，树立投身基础教育的职业理想，坚定以人为本的教育情怀。

重点与难点

➤ 感觉统合器械操作方法。
➤ 教案的主要构成。

引导案例

杉杉，男孩，7岁2个月，测查情况显示其前庭觉、触觉、本体感等重度失调。杉杉为剖宫产，小时候未曾爬行。训练前的主要表现为注意力不集中、多动、挑食、尿床、做作业拖拉、吃饭时常掉饭粒、经常被老师留校、写字常出格、成绩不太理想。

训练情况如下。第一周期：刚开始的十次训练，因被留校，总是最后一个来到训练室。后来不再被留校，成绩也逐渐提高。第二周期：能快速有效地完成作业，上课能主动举手发言，考试成绩稳定在九十几分，尿床次数显著减少。第三周期：写字较为工整，不再出格。老师反映上课注意力集中，思维活跃。作业完成情况较好，各科考试成绩均比较理想，尤其是数学成绩在班上较为突出。家长反映已不再尿床。

测评结果对比如下。注意力训练：划线测试第一次漏5个，速度较慢；第十九次漏0个，速度很快。

经过一段时间的训练，杉杉各项能力均有所提高，良好习惯逐渐养成！

(资料来源：本书作者整理编写.)

本章将详细讲解各种感觉统合训练器材的使用对象、使用方法及注意事项等。

第一节　常用感觉统合器械的操作方法

在感觉统合训练中，常用的器械包括双杠扶独木桥、四分之一圆平衡板、脚步器、跳跳乐、网缆、圆木柱吊缆、平衡台、摇滚跷跷板、羊角球、旋转陀螺、独脚凳、跳袋、蜗牛(太极)平衡板、S形平衡木、滚筒等十几种教具。这些教具主要用于改善儿童的平衡感、本体感、触觉、身体协调和运动能力，同时也适用于手眼协调不佳以及有运动障碍、注意力不集中、多动症和自闭症倾向的儿童。本节将介绍这些常用感觉统合器械的操作方法，以及如何设计相应的活动或游戏。

一、双杠扶独木桥

感觉统合器械
操作方式1

感觉统合器械
操作方式2

感觉统合器械
操作方式3

教育对象：平衡能力差、运动能力差的幼儿。

教学方法：教师讲解、示范—学生示范—学生练习(教师纠错)。

教具功能如下。

(1) 强化身体双侧协调能力。

(2) 增强幼儿的平衡反应和视觉—运动协调能力。

(3) 培养幼儿的空间感知能力。

(4) 提高幼儿的运动综合能力。

游戏一：走独木桥(双手扶)

操作方法：练习者应站立于独木桥的起始端，双脚平行以保持平衡，同时双手握住独木桥两侧的扶杆以稳定身体。首先，将右脚置于独木桥上，然后将左脚迈出并放置在右脚前方，使右脚尖轻触左脚踝，形成特定的脚部姿势。其次，练习者需交替移动双脚，沿着独木桥向前行进。完成独木桥练习后，练习者应从独木桥的另一端下来，并通过按摩垫返回起始位置。

注意事项如下。

(1) 双手交替抓住扶杆。

(2) 步幅不宜过大。

(3) 挺胸抬头，目视前方。

游戏二：走独木桥(单手扶)

操作方法：练习者应使用单手轻触独木桥两侧的扶杆以保持平衡，同时两脚交替向前移动，确保一只脚的脚尖始终轻触另一只脚的脚跟。完成独木桥行走后，练习者应缓慢下来，并沿着按摩垫返回起始位置。

延伸活动如下。

(1) 双手轮换扶杆进行练习。

(2) 挺胸抬头，目视前方。

注意事项如下。

(1) 小步慢行，脚尖向前。

(2) 循序渐进，逐步过渡到独立行走。

游戏三：走独木桥(不用手扶)

操作方法：两脚前后立于独木桥上，两臂外展保持平衡，两脚交替向前行进。

延伸活动如下。

(1) 步幅不宜过大。

(2) 严禁双手抓扶独木桥两侧的扶杆。

(3) 挺胸抬头，目视前方。

注意事项如下。

(1) 避免批评，多用正向语言。

(2) 避免饭后立即训练。

(3) 结束后可进行简单拉伸放松。

双杠扶独木桥如图 4-1 所示。

图 4-1　双杠扶独木桥

二、四分之一圆平衡板

教育对象：身体协调不良、患有多动症的幼儿。

教学方法：教师讲解、示范—学生示范—学生练习。

教具功能如下。

(1) 增强幼儿的平衡能力。

(2) 有利于幼儿身体形象的建立。

(3) 提高幼儿的触觉灵敏度。

(4) 改善幼儿的手眼协调性。

游戏一：四脚爬

操作方法：将四分之一圆形平衡板放置在地面上，指导幼儿采用四肢着地的姿势，通过跪爬的方式推动身体向前移动(见图 4-2)。

图 4-2　四脚爬

延伸活动如下。

(1)　立于四分之一圆平衡板上成"飞机状"。

(2)　两脚直立走过四分之一圆平衡板。

注意事项如下。

(1)　在进行跪爬时，幼儿应保持头部抬起，同时臀部略微提高，以保持良好的姿势和平衡。注意防止幼儿从平衡板上滑落。

(2)　当幼儿对跪爬动作较为熟练后，教师可以引导他们在平衡板轻微晃动的状态下继续练习，以增强幼儿的平衡能力和稳定性。

游戏二：梯子游戏

操作方法：将四分之一圆平衡板架设在一个斜面上，让幼儿向上攀登。

注意事项如下。

(1)　在幼儿进行斜面活动时，要特别注意防止他们跌落，确保他们的安全。

(2)　为了提高活动的挑战性，可以将四分之一圆平衡板放置在两个平衡台之间，这样可以增加幼儿维持平衡的难度。

三、脚步器

教育对象：平衡感不足、协调性不良的幼儿。

教学方法：教师讲解、示范—学生示范—学生练习。

教具功能如下。

(1)　促进并提升幼儿的平衡能力。

(2)　协助幼儿建立前庭系统的基础平衡。

(3)　发展幼儿全身的协调性。

(4)　增强幼儿的注意力和观察力。

操作方法：将脚步器平稳地放置在平坦的地面上，并引导幼儿根据脚步器上标示的图形，进行不同方向和速度的步行练习(见图 4-3、图 4-4)。

图 4-3　脚步器 1

注意事项：走动时自然放松，身体保持正直，全身协调，注意力集中。

图 4-4　脚步器 2

四、跳跳乐

教育对象：身体协调性不佳、运动能力不足的幼儿

教学方法：教师讲解、示范—学生提问、教师答疑—学生操作。

教具功能如下。

(1) 整合前庭感觉和本体感觉的信号输入，促进幼儿的感觉统合能力。

(2) 保持幼儿平衡感觉敏锐，帮助他们维持稳定的身体姿态。

(3) 通过适当的活动和训练，提高幼儿的身体协调性。

(4) 增强幼儿的运动计划能力，使他们能够更有效地规划和执行各种运动。

操作方法：指导幼儿站在跳跳乐的环形板上，用双脚夹紧板上的半球状物体，然后通过腿部的力量带动跳跳乐和自己一起进行上下跳动的练习(见图 4-5)。

图 4-5　跳跳乐

延伸活动如下。

(1) 在地上画一条线,指导幼儿沿着线跳,避免偏离。

(2) 在地上画一条线或放一根绳子,指导幼儿在绳子两侧跳过来、跳过去;也可以将绳子提升至一定高度,再让幼儿继续跳过来、跳过去。

(3) 设置一个小平台,让幼儿先跳上平台,然后再从平台上跳下。

注意事项如下。

(1) 这项活动难度较大,不适合低龄幼儿完成,建议对学龄前儿童进行此项训练。

(2) 在学习初期,指导者可以通过扶住幼儿或让幼儿扶着门框、墙壁等稳固物体来帮助他们保持平衡,防止摔倒。

(3) 当幼儿熟练掌握技能后,指导者可以让他们尝试自由跳动,并在此时对跳动的高度和方向等提出适当的要求。

五、网缆

教育对象:前庭平衡不佳、触觉敏感或迟钝、身体协调不良的幼儿。

教学方法:教师讲解、示范—学生示范—学生练习(教师纠错)。

教具功能如下。

(1) 促进幼儿前庭系统的健康发展。

(2) 改善幼儿的触觉敏感性。

(3) 培养幼儿对身体的认知和形象意识。

(4) 提升幼儿的手眼协调能力及持续注意力。

游戏一:网缆摇篮游戏

操作方法:将网缆适当展开,让幼儿轻松随意地坐在或躺在网缆中,轻轻地左右摇晃(见图 4-6、图 4-7)。

图 4-6 网缆摇篮游戏 1　　　　图 4-7 网缆摇篮游戏 2

延伸活动如下。

(1) 进行躺在网缆中的摇摆练习。

(2) 适时引入带有旋转元素的摇摆练习。

注意事项如下。

(1) 引导幼儿达到放松状态。

(2) 在进行晃动练习时，指导幼儿集中注意力于一个固定目标。

游戏二：网缆插棍游戏

操作方法：让幼儿俯卧在网缆中，前后晃动网缆。在网缆下方放置一套小木棍和有相应小孔的木板，要求幼儿双手同时拿起小木棍，并将其按顺序插入孔中(见图4-8)。

图 4-8　网缆插棍游戏

延伸活动如下。
(1) 静止状态下的插棍练习。
(2) 轻微晃动网缆时的插棍练习。
(3) 水平方向上的插棍练习。
(4) 从上至下的插棍练习。
(5) 从两侧到中间的插棍练习。
注意事项如下。
(1) 按顺序插入。
(2) 晃动应有节奏感。
(3) 中间尽量不要有间歇。

游戏三：立位网缆游戏

操作方法：让幼儿直立站在网缆中，双脚撑住网缆底端，双手抓住网缆上面的绳索，以保持身体平衡。教师推动网缆进行前后、左右的摇摆和旋转(见图4-9)。

图 4-9　立位网缆游戏

注意事项如下。

(1) 旋转速度不宜过快。

(2) 要注意观察幼儿的脸色和表情。

六、吊缆类

教育对象：本体感不足、平衡能力差、有运动障碍的幼儿。

教学方法：教师讲解、示范—学生示范—学生练习(教师纠错)。

教具功能如下。

(1) 促进幼儿前庭感觉和本体感觉的协调性。

(2) 提升幼儿的动作计划和执行能力。

(3) 优化幼儿的感觉统合功能。

(4) 培养幼儿的团队合作意识。

(5) 帮助幼儿建立积极的自我认知和形象。

游戏一：俯卧、环抱圆木柱

操作方法：让幼儿俯卧、环抱在圆木柱上，用双手双脚环抱圆木柱以维持身体的平衡(见图4-10、图4-11)。

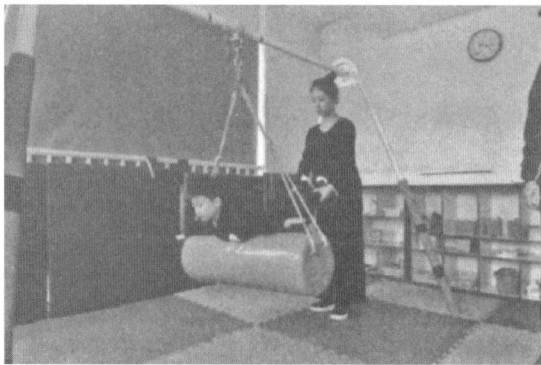

图4-10　俯卧圆木柱吊缆

图4-11　环抱圆木柱吊缆

延伸活动如下。

(1)　让幼儿趴在圆木柱上，感受圆木柱自然摆动带来的体验。

(2)　教师轻轻地推动圆木柱，引导其进行前后、左右的摇摆。

(3)　在圆木柱下方的地垫上散放绒布娃娃、积木、橡皮等物品，指导幼儿俯卧在圆木柱上，并摇晃圆木柱。幼儿需要在保持紧抱圆木柱的同时，尝试俯身捡起地上的物品。

(4)　将绒布娃娃、积木、橡皮等物件混合放入一个纸盒中，并将其放置在圆木柱下方的地垫上。在旁边准备一个空纸盒。指导幼儿俯卧在圆木柱上，并摇晃圆木柱，鼓励他们紧抱圆木柱，并尝试将第一个纸盒中的物品转移到空纸盒中。

(5)　指导幼儿手持纸棒或木棒，在圆木柱晃动的过程中尝试击中目标。

注意事项如下。

(1)　进行 3 分钟的摇晃练习，然后休息 3 分钟，再次进行 3 分钟的摇晃练习。

(2)　重复上述摇晃和休息的循环 5～8 次，让幼儿感受从静止状态到运动状态，再从运动状态回到静止状态时的肌肉反应，以及前庭系统的适应过程。

备注：在一些有发展性运动障碍的幼儿中，常常可以观察到不良的蜷缩姿势。通过紧抱圆木柱的活动，可以弥补他们在基本发展步骤上的不足，并有助于幼儿更容易地发展动作计划能力。

游戏二：骑木马

操作方法：让幼儿骑坐在圆木柱上，用大腿紧紧夹住圆木柱以维持身体平衡(见图 4-12)。

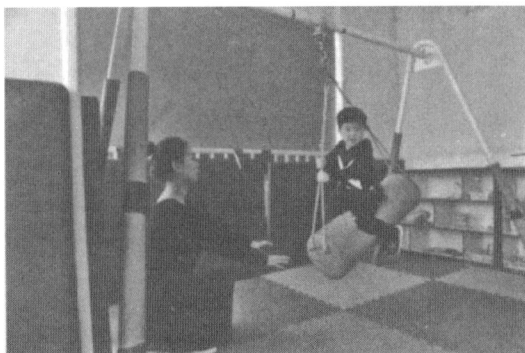

图 4-12　骑木马

安全事项如下。

(1)　对于本体感觉较弱、身体平衡能力不足的幼儿，初期可以提供较多的辅助和支持。

(2)　指导者可以让幼儿轻微地依靠在自己的身上，或者用手支撑幼儿的肩部和臀部，以帮助他们维持平衡，防止从圆木柱上跌落。

延伸活动如下。

(1)　指导者可以与幼儿一同骑坐在圆木柱上，模拟双人骑马的动作。让幼儿坐在圆木柱的一端，双腿夹紧圆木柱，并握住绳索以帮助保持平衡。

(2)　在圆木柱的一侧安装一块木板，指导幼儿利用每次摆动时脚蹬木板产生的反作用力，维持圆木柱的持续摆动。

(3) 安排两名幼儿背对背骑坐在圆木柱上，在圆木柱两侧各放置一块木板，让幼儿通过脚蹬木板产生的反作用力推动圆木柱摆动。

(4) 在圆木柱旁边摆放一个装有积木或小球的纸盒，指导幼儿在圆木柱晃动过程中抓取指定物品，并将其投掷到指定地点。

(5) 为增添活动的趣味性与协作性，可让两名幼儿背对背骑坐在圆木柱两端，开展上述抓取和投掷游戏。一名幼儿抓取目标物后交给另一名幼儿投掷，随后交换角色。

(6) 让幼儿骑坐在圆木柱上，一只手扶着绳索以保持平衡，另一只手持长棒，在圆木柱摇晃时尝试用长棒击倒前方的目标物。

(7) 在适当距离处固定一条绳索，让幼儿骑坐在圆木柱上，通过抓住绳索的一端带动圆木柱和身体运动，并尝试在圆木柱上做出各种姿势。

注意事项如下。

(1) 指导者应站在地板上，用手调整方向和力度控制圆木柱的晃动方向和速度。

(2) 根据幼儿的反应和适应情况，逐步调整摇晃强度，确保活动适宜且有效。

(3) 训练应遵循适时支持原则，即仅在幼儿确实需要帮助时，才提供必要的辅助。

备注：若摇晃过于剧烈，幼儿可能会感到不适，甚至有可能从圆木柱上跌落，这并非积极的适应性反应，对大脑内各种感觉信息的整合并无益处。幼儿需要逐步积累正确身体反应的经验，以便学会如何控制和维持身体平衡。

游戏三：圆木柱秋千

操作方法：让幼儿抓紧两侧的绳索，横向坐稳在圆木柱上自由晃动，或者像荡秋千一样前后摆动(见图 4-13)。

图 4-13　圆木柱秋千

延伸活动如下。

(1) 指导者可与幼儿手牵手并排横向坐在圆木柱上，同时让幼儿用另一只手紧紧抓住绳索。他们可以让圆木柱自然地自由晃动，或者通过协同动作一起摇摆，模仿荡秋千的前后摆动，也可以通过手部力量和身体的左右摇摆等方式使圆木柱产生左右晃动的效果。

(2) 可以在圆木柱前方设置目标物，例如，悬挂的气球或绒布玩具等，鼓励幼儿在摆动过程中尝试用脚触碰或踢中这些目标物。

安全事项如下。

由于圆木柱与秋千的体验不同，触觉较为敏感或身体协调能力较弱的幼儿在初次尝试时可能会感到害怕。在这种情况下，指导者可以扶着幼儿并逐渐引导其摇晃，待幼儿逐渐适应后，再让其独立控制摇晃动作。

游戏四：立位秋千

操作方法：让幼儿站立在圆木柱上，双手紧握绳索以保持身体平衡，允许圆木柱自然晃动，或者在指导者的协助下进行前后左右的摆动和旋转(见图4-14)。

图4-14　立位秋千

延伸活动如下。

(1) 对于平衡能力较强的幼儿，可以尝试让他们单脚站立，并用另一只脚去触碰或踢中指定的目标物。

(2) 如果有条件使用直径较大的圆木柱，两名幼儿可以手牵手站立在上面，各自用一只手抓住木柱一侧的绳索，协同进行前后摇摆或左右摆动。

注意事项如下。

(1) 游戏前，叮嘱幼儿务必双手抓紧绳索。

(2) 指导者摆动幅度先缓慢再逐渐加大。

七、平衡台

教育对象：患有多动症、身体协调不良的幼儿。

教学方法：教师讲解、示范—学生示范—学生练习(教师纠错)。

教具功能如下。

(1) 促进幼儿前庭系统的发育，增强其平衡能力和反应速度。

(2) 培养幼儿对自身身体姿势的感知与控制能力。

(3) 提升幼儿手眼协调的精确性和流畅性。

(4) 提高幼儿的运动计划能力。

游戏一：平衡台练习(平躺晃动)

操作方法：让练习者仰卧在平衡台上，放松手臂和腿部，可以随着平衡台自然晃动，或者在教师的指导下进行有控制的晃动。

注意事项如下。

(1) 初始摇晃速度应适中，不宜过快。根据练习者的身体反应和适应情况，可以适时调整速度，逐渐加快，以确保练习的安全性和有效性。

(2) 进行有节奏的摇晃，有助于练习者更好地掌握平衡技巧，并增强其身体协调性。

延伸活动如下。

(1) 自然晃动。

(2) 教师协助下的慢节奏晃动。

(3) 加快晃动的速度。

(4) 闭眼晃动。

(5) 有停顿的左右晃动。

游戏二：平衡台练习(匍匐摇晃)

操作方法：让幼儿在平衡台上采取匍匐姿势，并尝试自主进行左右摇晃，或在教师的辅助下进行摇晃。

延伸活动如下。

(1) 幼儿自主摇晃练习。

(2) 在教师的口令下进行变速摇晃练习。

(3) 听教师口令进行有停顿的摇晃练习。

注意事项如下。

(1) 口令应有明显的节奏感。

(2) 切勿压伤幼儿的手指。

(3) 严禁身体的任何部位触地。

游戏三：平衡台练习(单膝跪或静坐)

操作方法：幼儿单膝跪或静坐在平衡台上，教师对平衡台进行左右摇晃。

延伸活动如下。

(1) 向幼儿详细讲解如何在平衡台上采取单膝跪或静坐的姿势。

(2) 在平衡台上进行跪姿摇晃练习。

(3) 进行睁眼与闭眼交替的摇晃动作练习。

注意事项如下。

(1) 在开始摇晃之前，指导幼儿正确地采取单膝跪姿，并确保他们的跪姿稳定。

(2) 观察并了解幼儿在平衡台上倾斜时的反应，指导他们如何处理可能出现的不安感。

(3) 闭眼时，节奏应由慢到快，并保持节奏感。

游戏四：被动的平衡台站立摇晃

操作方法：两脚前后立于平衡台上，然后两脚分开站立，由教师在台下缓慢摇动平衡台(见图 4-15)。

图 4-15　被动的平衡台站立摇晃

注意事项如下。

(1) 注意观察幼儿在摇晃过程中身体姿势的调整情况，并在必要时给予适当指导。

(2) 晃动练习应保持稳定的节奏感。

游戏五：主动的平衡台站立摇晃

操作方法：幼儿站立在平衡台上，双脚分开，交替将重心从一只脚转移到另一只脚，自行控制平衡台的摇晃幅度(见图 4-16)。

图 4-16　主动的平衡台站立摇晃

延伸活动如下。

(1) 双手叉腰，站立在平衡台上晃动。

(2) 双臂外展，站立在平衡台上晃动。

(3) 双手平举，站立在平衡台上晃动。

(4) 站在平衡台上，缓慢移动身体。

(5) 闭眼，站在平衡台上晃动。

注意事项如下。

(1) 分组进行练习，每组晃动的次数逐渐增加。

(2) 幼儿要将注意力集中在重心的转移上。

游戏六：平衡台上的有球练习

操作方法：让幼儿站立在平衡台上，一边保持平衡，一边接住教师抛过来的球，并将球回传给教师(见图 4-17)。

图 4-17　平衡台上的有球练习

延伸活动如下。

(1) 传、接教师正面抛到胸前的球。

(2) 传、接教师抛至身侧的球。

(3) 幼儿一边保持平衡一边进行拍球练习。

(4) 传、接教师从不同方向抛来的球。

注意事项如下。

(1) 教师可以根据幼儿的适应情况，逐步调整传球速度，从慢速开始，逐渐加快。

(2) 应鼓励幼儿尽量不让球落地，以增加练习的连贯性和挑战性。

游戏七：平衡台相互扶持

操作方法：两人共同站立在平衡台上，双手紧握或互相搭在对方的肩上进行晃动练习。在练习过程中，两人需要相互协作以维持平衡(见图 4-18)。

图 4-18　平衡台相互扶持

延伸活动如下。

(1) 在练习的初始阶段，教师引导幼儿一起进行活动。

(2) 两名幼儿互相协作进行练习。

注意事项如下。

(1) 注意观察幼儿的反应。

(2) 幼儿熟练后可变速晃动。

八、摇滚跷跷板

教育对象：前庭平衡感不足、注意力不集中的幼儿。

教学方法：教师讲解、示范—学生练习。

教具功能如下。

(1) 增强幼儿的前庭平衡能力。

(2) 提升幼儿的身体协调性。

(3) 培养幼儿的注意力。

游戏一：被动地站立摇动

操作方法：让幼儿双脚分开站立，踩在摇摆板的两侧踏板上，然后由教师在台下扶稳幼儿，缓慢地摇动摇摆板。

注意事项如下。

(1) 注意观察和引导幼儿在摇晃过程中调整身体姿势。

(2) 晃动应有节奏感。

游戏二：主动地站立和摇动

操作方法：幼儿分别站立在摇滚跷跷板两侧的踏板上，双脚分开适当的距离，通过交替将身体重心从一只脚移动到另一只脚，自主调节摇滚跷跷板摇晃的幅度(见图 4-19)。

图 4-19 主动地站立和摇动

延伸活动如下。

(1) 双手叉腰，站立在摇滚跷跷板上晃动。

(2) 双臂外展，站立在摇滚跷跷板上晃动。

(3) 双手平举，站立在摇滚跷跷板上晃动。

(4) 站在摇滚跷跷板上，缓慢移动身体。

(5) 闭眼，站在摇滚跷跷板上晃动。

注意事项如下。

(1) 分组进行练习，每组晃动的次数逐渐增加。

(2) 注意重心的转移。

九、羊角球

教育对象：身体协调不良、运动能力不佳的幼儿。

教学方法：教师讲解—个别学生练习(教师纠错)。

教具功能如下。

(1) 加强幼儿的身体姿势反应能力。

(2) 促进幼儿前庭系统与大脑双侧功能的整合。

(3) 促进幼儿高度运动计划能力的发展。

游戏一：羊角球上的弹动

操作方法：让幼儿坐在羊角球上，双手紧握把手以维持身体平衡。接着，幼儿应该尽量用力向下施压，使球体略微变形，然后利用球的弹性进行上下振动或向前跳跃的动作(见图 4-20)。

图 4-20 羊角球

延伸活动如下。

(1) 利用球的弹性特性，指导幼儿进行有节奏的上下振动动作。

(2) 设定一条清晰的路线，引导幼儿沿着该路线进行跳动。

(3) 可以让两个幼儿一起跳，比谁跳动的次数多。

(4) 按规定距离，要求幼儿往返跳若干次，看谁先完成。

注意事项如下。

(1) 规定跳跃的高度和距离。

(2) 跳动时，让幼儿看着教师或同伴手中的彩旗等。

十、旋转陀螺

教育对象：多动、有孤独倾向、运动能力不佳的幼儿。

教学方法：教师讲解—学生提问—教师答疑—个别学生操作。

教具功能如下。

(1) 加强前庭系统与视觉系统之间的协调作用。

(2) 增强幼儿对自己身体各部位的认知和理解。

(3) 对身体位置、视觉空间及眼球转动的控制帮助较大。

(4) 培养高度运动计划的能力。

游戏一：坐或蹲在旋转陀螺中

操作方法：让幼儿平坐或蹲在旋转陀螺中，由指导者在一旁扶着盆边回转(见图4-21)。

图4-21　双人座旋转陀螺

延伸活动如下。

(1) 投球：给幼儿一些球，让其投入指定的篮子或纸箱中。可以在陀螺周围不同的方向、不同的距离放置几个篮子或纸箱，经常变更投掷的方向和距离，让幼儿寻找目标。

(2) 套圈：给幼儿一些小圈，在陀螺附近放置一些小木棒，让幼儿丢向指定的木棒并尽量套住小木棒。

注意事项如下。

(1) 速度不宜太快，2～3秒转一圈；熟练掌握后，回转的速度也可适当调整。

(2) 注意幼儿的反应。

(3) 可先向左回转几次，稍作停顿后再向右回转；也可连续向左回转几次，再连续向右回转几次。

(4) 可经常变换目标的方向和距离。

游戏二：趴在旋转陀螺中

操作方法：让幼儿俯趴在旋转陀螺的边沿上，努力保持身体平衡。可以采取双脚踩在边沿、双手扶着边沿的姿势；也可以采取双手扶着边沿、双腿跪在边沿的姿势；还可以采取四肢伸展架在边沿上，像飞机飞翔的姿势。

注意事项如下。

(1) 尽量让幼儿自行登上旋转陀螺，指导者可辅助扶持幼儿，协助其保持平衡。待幼儿踩稳、扶好后，再缓缓转动。

(2) 指导者在转动过程中可与幼儿交谈，鼓励幼儿抬头与其对视。

(3) 旋转陀螺游戏每次持续10～20分钟，每次连续转动时间不超过30秒。

十一、独脚凳

教育对象：平衡感欠佳、手眼协调能力不足的幼儿。

教学方法：教师讲解、示范—学生示范—学生练习(教师纠错)。

教具功能如下。

(1) 锻炼幼儿身体平衡能力。

(2) 强化幼儿的本体觉。

(3) 改善幼儿的手眼协调性。

游戏一：坐独脚凳

操作方法：用手扶住独脚凳，缓缓坐下，然后松开手，双脚支撑以维持平衡(见图4-22)。

图4-22　坐独脚凳

延伸活动如下。

(1) 两人相对而坐，玩拍手游戏，看谁能稳住不动、不歪倒。

(2) 两人也可以适当拉开距离，玩抛球、接球游戏，尽量抛准、接好，不掉球、不倾倒，就算成功。

游戏二：独脚凳踢腿练习

操作方法：当幼儿在独脚凳上坐稳后，让其双手叉腰，双腿交替抬起。

延伸活动如下。

(1) 先将双手伸展平举或上举，再进行踢腿(见图4-23)。

(2) 踢腿时伸手向前尽量摸踢起的脚背，先使用对侧手触摸，再用双手一起触摸。

图 4-23　独脚凳踢腿

注意事项如下。

(1)　预留充足的活动空间，周围无尖锐物品。

(2)　初次练习时需成人保护。

十二、跳袋

教育对象：身体协调能力欠佳、运动能力不足的幼儿。

教学方法：教师讲解—学生提问—教师答疑—学生操作。

教具功能如下。

(1)　促进幼儿双侧协调。

(2)　增强幼儿的跳跃能力。

(3)　提高幼儿的运动计划能力。

操作方法：让幼儿进入袋中，双手提起袋口边缘，双脚一同向前跳跃(见图 4-24)。

图 4-24　跳袋

延伸活动如下。

(1) 原地跳跃。

(2) 小幅度跳跃。

(3) 大幅度跳跃。

(4) 向不同方向跳跃。

(5) 幼儿同时进行跳跃比赛，看谁先到达终点。

注意事项如下。

(1) 刚开始时不宜要求幼儿跳得太快。

(2) 根据幼儿的能力，每次训练跳 5～10 组，每组距离约为 6 米。

十三、蜗牛（太极）平衡板

教育对象：平衡感和本体感不足的幼儿。

教学方法：教师讲解、示范—学生练习。

教具功能如下。

(1) 强化幼儿的前庭系统和平衡反应。

(2) 提高幼儿对身体姿势的控制能力。

(3) 改善幼儿的手眼协调性。

(4) 提高幼儿的运动计划能力。

操作方法：让幼儿双脚踏上平衡板，利用身体带动平衡板向不同角度倾斜，使小球从中心移至外围，再从外围移回中心(见图 4-25)。

图 4-25　蜗牛(太极)平衡板

注意事项：对于平衡感较差的幼儿，一开始可能会觉得这项游戏较难完成，可让他们借助双手摆动产生的惯性，帮助小球从外围移至中心，或从中心移至外围。

十四、S 形平衡木

教育对象：平衡感和本体感不足的幼儿。

教学方法：教师讲解、示范—学生练习。

教具功能如下。

(1) 强化幼儿的前庭系统和平衡反应。

(2) 提高幼儿对身体姿势的控制能力。

(3) 改善幼儿本体感觉的建立过程。

(4) 提高幼儿的运动计划能力。

操作方法：将 S 形平衡木按高低走向或左右走向放置，让幼儿站在平衡木上，双脚交替前行(见图 4-26、图 4-27)。

图 4-26　S 形平衡木 1

图 4-27　S 形平衡木 2

注意事项：双手平伸，抬头挺胸。

十五、滚筒

教育对象：触觉敏感或不足、身体协调不良的幼儿。

教学方法：教师讲解、示范—学生练习。

教具功能如下。

(1) 强化幼儿的前庭平衡系统。

(2) 提高幼儿的运动计划能力。

(3) 提高幼儿四肢的协调性。

(4) 利用头部转动促进幼儿眼肌的发育。

游戏一：旋转滚筒

操作方法：让幼儿倒爬进滚筒中，头部露在外面，两臂紧贴脸部以保护头部，教师轻轻晃动或旋转滚筒(见图 4-28)。

图 4-28　旋转滚筒

注意事项如下。

(1) 训练时尽量与幼儿交谈。

(2) 一旦幼儿有不适感，应立即停止活动。

(3) 如果幼儿有眩晕或气闷的感觉，那么应让幼儿先坐下来做深呼吸。

游戏二：自我滚动

操作方法：让幼儿钻进滚筒，利用自己身体的滚动进行滚动练习(见图 4-29)。

图 4-29　自我滚动

注意事项如下。

(1) 如果幼儿有眩晕或气闷的感觉，那么应让他先坐下来做深呼吸。

(2) 可组织竞赛游戏。

(3) 教师需适时调整方向。

游戏三：平衡游戏

操作方法：让幼儿自行爬上滚筒，两脚分开立于滚筒上(见图 4-30)。

图 4-30 平衡游戏

注意事项如下。

(1) 不可强迫幼儿进行此项练习。

(2) 注意观察幼儿的脸色，防止其掉下摔伤。

第二节 感觉统合课程的教学原则与教案编写

一、感觉统合课程的教学原则

(一)目标性原则

目标是所有活动的起点和归宿，对活动具有指导意义。在开展感觉统合课程教学时，教师不能仅凭自身兴趣和喜好随意行事，所有的教学设计与实施都应围绕既定目标展开。教学过程中，教师需精准把握目标的方向性与指导性，时刻保持目标意识，并及时调整和监控自身教学行为。

感觉统合课程的教学原则及评估幼儿感觉统合能力的发展水平的方法

(二)主体性原则

幼儿是学习的主体，只有幼儿积极参与、主动配合，才能取得理想的训练效果。在感觉统合课程教学中，应遵循幼儿的主体性原则，尊重幼儿的人格与需求，千方百计激发幼儿的主动性。教师要创设一个良好的学习环境，成为幼儿学习的观察者、支持者和引导者，让幼儿真正成为活动的主人，精准把握幼儿的学习状态、学习兴趣和学习动机，充分发挥幼儿的积极性和主动性。

(三)游戏性原则

游戏是幼儿最喜爱的活动，也是他们的学习方式。在感觉统合教学过程中，要尊重幼儿的天性，将教育融入游戏之中，避免机械、枯燥的训练；要树立正确的游戏观念，运用感觉统合游戏，并结合感觉统合器材，让幼儿在轻松、愉悦的氛围中发展和提升感觉统合能力。

(四)兴趣性原则

兴趣是影响幼儿活动的关键因素，若忽视幼儿的兴趣，课堂将沦为机械式训练，枯燥乏味，幼儿必然会产生抵触和反感情绪。兴趣是最好的老师，教师必须充分考虑幼儿的兴趣和需求，合理设计与指导幼儿活动，让活动充满乐趣。只有这样，幼儿才能成为真正的主动学习者。

(五)发展性原则

人体机能的成熟和功能的完善是一个阶段性、渐进式的发展过程，幼儿感觉统合训练应体现渐进发展的原则，主要体现在：训练难度总体呈上升趋势，由简单到复杂；训练内容应从单一领域的专项训练发展为多领域的整合训练，逐步提升幼儿各感觉通道间的信息交流与整合能力；在感觉统合教学中，针对不同发展阶段的幼儿，要充分考虑渐进发展的原则，以适应幼儿的身心发展状况。不同幼儿的发展存在显著差异，即便同一个幼儿在不同发展阶段也会表现出较大的差异性。因此，教育者既要尊重幼儿群体生长发育的基本规律，也要考虑个体差异，以满足不同年龄阶段幼儿的需求。

二、感觉统合教案的编写

(一)教案的主要构成

教案应包括活动名称及适应年龄段、设计意图、活动目标、活动准备、活动过程、活动延伸等部分。

1. 活动名称及适应年龄段

活动名称应能够反映活动内容，适应年龄段需明确指出适合哪个年龄段的儿童，如适宜 0.5~1 岁、2~3 岁。

2. 设计意图

设计意图应简要说明通过此次活动旨在训练儿童哪些方面(如促进触觉、前庭平衡、本体觉等方面的发展)，以及活动对儿童发展的潜在价值。

3. 活动目标

活动目标是活动的出发点和归宿，对整个活动具有指导作用，主要说明活动旨在培养儿童哪些方面的感觉统合能力，以及儿童通过活动应获得哪些情感体验等。例如，"小豆袋旅行记"的活动目标为：认识身体各部位的位置及名称；培养身体动作的协调能力；提升身体的柔韧性；灵活运用身体各部位。

4. 活动准备

活动准备包括活动中需要为儿童准备的物质材料以及儿童自身的经验准备。

5. 活动过程

(1) 开始部分。开始部分的目的在于组织儿童，吸引他们的注意力，激发他们参与活动的积极性，为即将进行的活动做好准备。可以进行一些简单的热身运动，也可以用充满激情的语言感染孩子，鼓励他们积极参与、勇于尝试。

(2) 基本部分。基本部分是整个活动的核心环节，主要进行感觉统合训练与学习。首先，教师可以通过讲解和示范，帮助儿童掌握动作要领和器材的使用方法。其次，儿童可以进行动作练习，以发展自己的感觉统合能力。最后，可以以游戏的形式，巩固学习成果。同时，教师也可以设置故事情境，贯穿整个活动，进行感觉统合训练。

(3) 结束部分。结束部分的目的在于有组织地引导儿童进行放松和整理，平稳地结束活动，使身体和情绪都放松下来，恢复到平静状态。此时，教师还可以进行活动总结和评价。

6. 活动延伸

活动延伸的目的在于使儿童的活动得以持续，巩固已有的学习成果，并进一步促进儿童感觉统合能力的发展。

(1) 触觉类活动延伸。

示例 1：有趣的泥土游戏。此案例主要针对触觉敏感或不足的儿童和自闭症儿童。

主要玩法：将泥土或沙土放置在大盆中或大塑料布上，让儿童能够用手制作泥球和各种形状，并观察孩子对不同材料接触的反应，注意他们对材料的感受。

活动延伸：可以利用户外游戏，让孩子在沙地、泥浆、草地、碎石子地上玩耍。触觉是固有感觉中非常重要的一项，对孩子本体觉的发展和感觉统合能力的提高极有帮助。

示例 2：抓痒痒游戏。此案例主要针对触觉敏感或不足和身体协调不佳的儿童。

主要玩法：让孩子躺在软垫上，指导者在其腋下、胸口轻轻挠痒，根据孩子的反应调整用力的大小和刺激的强度。

活动延伸：在进行挠痒痒游戏时，也可以同时告诉孩子身体部位的名称，以增强其对词汇的兴趣。

(2) 前庭类活动延伸。

示例 1：飞机游戏。此案例主要针对触觉敏感或不足、多动和身体协调性不良的儿童。

主要玩法：让幼儿以俯卧姿势在展开的大毛巾上爬行，两位教师各拉起毛巾的一侧，进行左右晃动，使幼儿体验前后摆动的感觉。前后摆动有助于小脑和脑干的前庭系统在过滤和选择刺激信息时有更好的调适性，但如果孩子感到不舒服或害怕，应立刻停止活动。

活动延伸：在进行前后摆动时，可以引导孩子向固定目标投球或将物品投入指定的箱子内。

示例 2：空中升降机游戏。此案例主要针对多动、身体协调性不良的儿童。

主要玩法：两位指导者，一人抓住孩子的脚，一人抓住孩子的手，将孩子抬起后进行左右和上下摇动。孩子可以尝试仰卧或俯卧的姿势进行练习。注意观察孩子的肌肉紧张情况，避免强迫其进行。

活动延伸：指导者每人两手分别握住孩子同侧的手和脚，以便进行前后上下的摇动。摇动时可以配合音乐或"一、二、三"的口令，增强活动的趣味性。

(3) 本体感活动延伸。

示例：直线行走。此案例主要是针对身体协调性不良的儿童。

主要玩法：在地上用胶带贴出一条直线，孩子双脚前后相接，左脚跟对右脚尖，右脚跟接左脚尖，沿着直线行走。双手可以向两侧平伸，以保持平衡。此外，孩子也可以脚尖着地或脚后跟着地行走，行走路线可以是直角转弯、斜角前进或圆弧形前进。

活动延伸：在进行直线行走游戏时，孩子手上可以拿任何物品。

(二)教案的撰写示例

1. 示例：勇敢的小兔(2～3 岁)

1) 活动目标

(1) 向儿童提供感觉信息，帮助儿童发展中枢神经系统。

(2) 主要刺激幼儿的前庭平衡和触觉，帮助儿童抑制和调节感觉信息。

(3) 让幼儿体验快乐，并感受克服困难后的成就感。

2) 活动准备

活动需准备的材料为：手脚形状卡片四套、兔子头饰、大灰狼卡片、蘑菇卡片、平衡步道、圆形蹦床、滑车、平衡跷跷板、海洋球、彩色积木、颗粒大龙球、四分之一圆平衡板。

3) 活动过程

(1) 开始部分：热身舞——《兔子舞》。

(2) 基本部分。

① 采蘑菇。"今天是兔子妈妈的生日，小兔子们，我们一起去采蘑菇送给妈妈，好吗？"

第一项：小手摸大手(双脚跳至脚丫卡片上，双手蹲下触摸手形卡片——锻炼幼儿的前庭觉和平衡觉)。

第二项：平衡步道(双手双膝着地进行爬行——刺激手部神经及全身触觉感应)。

第三项：圆形蹦床(在蹦床上跳三下——训练前庭平衡及手眼协调能力)。

第四项：滑车(趴在滑车上，双腿并拢伸直，用双手划地前行——调节前庭觉和触觉，引发丰富的平衡反应，促进本体感觉的发展)。

采到蘑菇后贴在身上，小兔子们带上蘑菇回家。

② 打败大灰狼。"回家路上遇见了大灰狼，我们一起打败他！"

第一项：平衡跷跷板与海洋球(踩在平衡跷跷板上将海洋球投掷到贴有大灰狼卡片的筐里——训练前庭平衡、视觉统合及手眼协调能力)。

第二项：彩色积木(将彩色积木摆放好，幼儿在摆好的积木中，可以跳、走、钻、爬——锻炼幼儿的前庭、平衡、肢体动作等)。

③ 放松活动。幼儿将蘑菇交给老师，"回到了家，我们现在放松一下吧！"进行分组活动，然后交换活动内容。

第一项：颗粒大龙球(幼儿趴在地垫上，教师用大龙球在幼儿身体上从头部向脚部滚动，来回反复三次——刺激幼儿的触觉及感官感觉)。

第二项：四分之一圆平衡板(把四分之一圆平衡板放倒，作为摇篮，幼儿躺在其中来回晃动—促进前庭平衡，刺激幼儿大脑的左右半球发展)。

(3) 结束部分。幼儿排好队，伴随着音乐离开感觉统合训练场。

2. 示例：鳄鱼来了(2.5～3岁)

1) 活动目标

(1) 促进左右协调性的动作能力。

(2) 培养身体的平衡感。

(3) 提高幼儿的肌耐力。

(4) 提升幼儿走路的稳定性。

2) 活动准备

活动需准备的材料为：70厘米体能环7个、半圆形砖块8个、35厘米体能环4个、完整砖块12个、70厘米体能棒6个、平衡桥3个。

3) 活动过程

(1) 开始部分。引导幼儿一起吟唱《五只猴子荡秋千》的手指谣，感受歌谣中所描述的情境，激发他们参加活动的兴趣。

(2) 基本部分。

① 利用道具，模拟"鳄鱼池"的场景。成人扮演鳄鱼，幼儿扮演猴子。

② 请幼儿通过横自行走、跳跃、走过平衡桥及爬行等动作完成闯关。在进行活动时，成人可以结合情境引导幼儿。例如，"小心！保持平衡，不要掉入池塘，鳄鱼就在旁边。"

③ 请幼儿分享活动的感受。例如，在平衡桥上行走时，你是如何保持平衡不掉下来的？跳跃时，你是用双脚跳还是用单脚跳？爬行时，有没有感觉被圆圈卡住？

(3) 结束部分。幼儿随着音乐进行放松动作，并协助教师整理器材。对于年龄较大的幼儿，可以增加路径长度和动作操作的难度。

第三节　感觉统合活动的实施与指导

一、感觉统合活动的实施

(一)教师感觉统合教育的观念和角色定位

感觉统合教案编写及如何评估教案的有效性　感觉统合活动的实施与指导

人类的各种感觉是在与外界环境相互作用的过程中逐渐发展起来的。在成长发育过程中，与周围环境的互动越频繁，获得的感觉体验越丰富，感觉统合功能的发展就越完善。因此，作为一名教师，应当树立正确的感觉统合教育观念，认识到感觉统合对幼儿学习和生活的重要影响，并掌握科学的教育理论和评估方法，以促进每个幼儿的相应发展。那么，作为感觉统合训练师，应扮演何种角色呢？

首先，是一名观察者。作为感觉统合训练师，必须善于观察，了解幼儿在活动中的想法、行为、可能遇到的困难，以及存在的问题和需求。这些都是应该观察和了解的内容。

其次，是一名支持者。在幼儿进行操作或练习时，教师应创造良好的环境和条件，支持幼儿的活动，在不干预幼儿自主活动的前提下，提供必要的支持。

最后，是一名引导者。感觉统合教育活动旨在促进幼儿感觉统合能力的发展，让幼儿在游戏中自由活动，在快乐中学习和成长。

(二)感觉统合活动实施指导要点

1. 帮助幼儿选择最合适的训练计划

在感觉统合评估结束后，教师对幼儿的感觉统合能力发展水平已有较为全面的了解。此时，应根据每个幼儿的具体情况，制定个性化的辅导方案，并在实施过程中，根据幼儿的实际情况和发展需求，及时调整方案，以使幼儿的感觉统合教育取得良好效果。

2. 营造一个宽松、和谐的活动氛围

感觉统合活动不仅需要良好的物质环境，还应注重心理环境的营造。应尊重幼儿的人格，重视感觉统合活动的设计，指导幼儿发挥自主性和主体性，营造和谐的互动氛围。以积极的态度对待幼儿，并运用支持性语言进行指导与训练。灵活运用语言指导、动作示范和游戏等方式，对幼儿进行有针对性的指导。此外，还需考虑幼儿的心理需求，根据实际情况及时调整教育策略。

3. 注意与幼儿的交流和互动

根据教师主导、学生主体的原则，教师与幼儿之间相互作用、相互影响。因此，师生之间的互动和交流非常必要。通过互动和交流，教师可以更深入地了解幼儿的状态与需求，幼儿也能对教师产生更多的信任和情感共鸣。在互动过程中，要避免让幼儿处于消极被动的状态。教师应站在平等的角度，鼓励幼儿大胆表达自己内心的真实想法，并给予积极的反馈，从而建立起真正的沟通和互动关系。

4. 善于观察、发现问题，并及时解决

观察能力是教师必备的能力之一，也是了解幼儿发展水平的重要手段。为保证活动的顺利进行，教师必须积极观察幼儿，了解他们的身心状态和兴趣需求，在不干扰幼儿活动和游戏的前提下，给予幼儿适当的支持与引导。一旦发现问题，应抓住时机进行必要的指导或干预，并及时解决问题。

二、感觉统合活动的反思与改进

在幼儿活动结束后，适当的反思有助于未来活动更好地开展。反思不仅有利于幼儿的发展，而且有利于教师的专业成长。反思可以帮助教师总结经验，发现自身存在的问题与不足，吸取教训，进行自我评价和自我提升，不断提升自身的指导能力和教学水平。教师在进行教学活动反思时，应避免流于形式，应认真思考自己的教学活动有哪些优势，存在哪些不足，哪些环节需要改进。只有通过深刻的反思，才能提高教学效率，更有效地达成教学目标。

本章小结

感觉统合训练是一种旨在帮助儿童改善对感官信息的接收、处理和响应能力的疗法。该训练通常包含一系列专门设计的活动和器械，以促进儿童的平衡感、本体感(身体感知)、触觉、身体协调和运动能力等方面的发展。编写感觉统合教案时，需要评估每个儿童的具体感觉统合需求和特点，并根据儿童的年龄和发展水平选择合适的教具和活动。训练过程中，应为儿童营造一个安全、支持性的环境。

在编写感觉统合教案时，应将合作、尊重、责任感等价值观融入教学活动中，帮助儿童在学习感觉统合技能的同时，也能培养重要的社会和个人品质。

总之，感觉统合训练是一个综合性的过程，要求教育者具备专业知识和技能，以及对儿童发展的深刻理解。通过有效的教具操作训练和精心编写的教案，可以为儿童的感觉统合发展提供有力的支持。

思考题

1. 双杠扶独木桥的教具功能有哪些？
2. 感觉统合教育活动反思的作用是什么？
3. 感觉统合课程的教学原则包括哪些？
4. 感觉统合教案应包含哪些部分？
5. 作为一名感觉统合训练师，应扮演什么样的角色？
6. 感觉统合活动的组织与指导要点有哪些？

第五章　感觉统合训练中的智力开发

课程目标

知识目标： 掌握儿童智力开发领域中，语言能力、想象力、注意力、记忆力、观察力等训练开发的意义。

能力目标： 掌握语言能力开发与训练、想象力开发与训练、注意力开发与训练、记忆力开发与训练、运动能力开发与训练、思维力开发与训练、观察力开发与训练的具体操作方法。

素质目标： 激发学生践行社会主义核心价值观，树立投身于基础教育的职业理想，坚定以人为本的教育情怀。

重点与难点

➢ 语言能力训练的重点。
➢ 训练儿童记忆力的方法。

引导案例

小明是一名 8 岁的三年级学生，他在学校时常表现出注意力不集中的状况。比如，他在课堂上很难安坐超过 10 分钟，总是需要起身走动；做作业时也常常分心，导致作业错误百出、漏洞颇多，老师觉得他好像没在听讲。在家里，他的书包总是杂乱无章，还经常丢失书本和文具。

这些问题让小明觉得自己和同龄人不一样，使得他在社交活动中也缺乏自信。学校方面，老师对他的期望越来越低，甚至建议他进行特殊教育评估。家庭方面，小明的父母为了帮他完成作业时常发生冲突，家庭氛围因此变得紧张。

经过家长和老师共同商议，他们带小明去看了一位专门处理注意力问题的心理学家。心理学家通过一系列测试发现，小明确实患有多动症，既存在注意缺陷多动障碍(ADH)，还伴有执行功能障碍。这包括对细节的注意力不足、计划能力差以及组织能力低下。经过几个月的训练，小明的情况有了明显改善。他能更专注地完成任务，情绪波动减少，社交技能也有所提升。家长和老师都注意到他在学习和家庭生活中变得更加自信和独立。这个案例表明，通过早期识别、正确评估和有针对性的干预，注意力不集中的问题能够得到显著改善。

(资料来源：本书作者整理编写.)

本章主要探讨儿童成长过程中智力开发的必要性和益处，通过全面的智力开发，可以帮助儿童在学习、生活和未来发展中取得更好的成果。

第一节 语言能力开发与训练

感觉统合训练中语言能力开发与训练

一、语言能力的发展

儿童语言能力的发展主要包括两个方面：一是对语言的理解，二是主动表达和使用语言。实际上，儿童出生时并不具备语言能力，他们首先需要通过聆听和理解周围的语言环境，然后逐渐学会模仿和使用语言进行交流。历史上的案例，如与狼共同长大的"狼孩"，据记载在 7 岁时仍只能发出类似嚎叫的声音，且之后很难再习得语言，这一案例凸显了早期语言环境对语言能力发展的重要性。心理学研究显示，儿童在 7 岁之前处于语言发展的关键阶段。在这个时期，如果儿童未能接受到足够的语言刺激和适当的训练，他们可能会面临语言障碍的风险，这不仅影响他们的语言能力，而且可能对他们未来的心理发展产生长远的影响。

从儿童 4 岁开始，就应该重视培养儿童的语言思维能力。如果一个 1 岁的婴儿能说 3 个词，那么到一岁半时，他们通常能记住大约 30 个词。当孩子 4～4.5 岁时，他们通常会掌握 1 000～1 200 个词，并能说出相对完整的句子。为了让孩子的语言表达能力得到显著提升，家长在这个时期应重点培养孩子的语言思维能力，并有意识地多与孩子进行交流。

二、语言能力训练的重点

(一)多听

在训练过程中，应鼓励儿童多与他人交流，并认真倾听他人的说话方式，从中学习说话的技巧，以提高自己的语言表达能力。这同时也为儿童未来能够更加自信地"多说"做好准备。一方面，家长可以引导孩子聆听故事、儿歌、笑话等，让孩子吸收丰富的信息，并通过大脑的整理和提炼，形成语言表达的源泉。另一方面，家长还需要教导儿童有针对性地倾听，并能从别人的话中提炼出主题和要点。

(二)多说

"多说"并不意味着让儿童随意或无目的地说，而是要求他们在有准备、有计划、有条理的基础上进行表达。家长可以创设情境，鼓励儿童进行介绍或演讲，并引导他们努力说得更好、更精彩。在日常生活中，对于不太爱说话的儿童，家长可以通过提问引导他们表达自己的想法和感受。例如，"你最喜欢看哪个儿童节目？为什么？""这部动画片里你最喜欢哪个角色？为什么？""你最喜欢幼儿园的哪个活动？"……家长还应善于引导孩子注意说话的顺序，帮助他们清晰、准确地表达自己的意思。这一训练过程能有效提升儿童的语言表达能力。

(三)多练习

对于学龄期儿童，应该培养其多动笔的习惯，将日常的观察和想法以各种形式记录下来。这样日积月累地坚持下去，就可以培养出有条理的表达方式。另外，也可以通过背诵来强化和练习语感，如引导儿童背诵儿歌、古诗和小故事等。

(四)多积累

书籍是人类进步的阶梯，培养儿童的阅读习惯是让他们积累知识的最佳途径。阅读是另一种形式的聆听，对语言能力的发展至关重要。通过阅读各种适龄图书，儿童不仅可以学习到不同的语言表达方式，而且能拓宽知识面。此外，让儿童观看电影、戏剧和电视中的少儿节目，以及观察现实生活中的各种场景，也能帮助他们积累语言经验。影视作品和戏剧中的对话通常流畅、生动且富有节奏感，为孩子学习说话提供了范例，并能陶冶孩子的性情。

三、训练要规范用语

儿童非常喜欢模仿，并且非常擅长于此，模仿是儿童学习口语的重要基础。他们不仅会模仿成人准确而优美的语言，而且会模仿那些有缺陷的语言。因此，在日常生活中，许多儿童的发音、用语，甚至说话的声调、语气和速度，常常与家长极为相似。

针对这种现象，家长在日常生活中应尽量注意语音和语调的正确性以及语言的规范化，尽可能使用标准的普通话。这样做对儿童未来概括能力的发展很有好处。此外，家长在与孩子交流时，应避免使用"儿语"。例如，指着小狗时，应教孩子说"狗"，而不是模拟动物声音的"汪汪"等"儿语"。当孩子使用"儿语"时，家长不应鼓励其重复，也不应迎合孩子，以防限制其语言和思维能力的发展。相反，家长应以温和的语调教授孩子正确的词汇和表达方式。

四、丰富儿童的语言环境

生活是语言学习的重要源泉。儿童的语言内容主要通过与周围环境的信息交流和与具体事物的接触获得。因此，只要我们丰富儿童的语言环境，拓宽他们的视野，增加他们的知识储备，儿童的语言能力就能得到良好发展。

家长可以安排丰富多样的活动，让孩子接触和了解各种不同的事物。例如，带孩子外出散步或旅游，欣赏大自然的美景和城市建筑的魅力，了解周围环境的变化，观察人们的各种活动。此外，还可以带孩子参观博物馆、展览会，观看合适的电影和电视节目。在这些活动中，家长应不断与孩子交流，启发和指导他们，帮助孩子从各种活动中发现新事物，增长知识，开阔视野，激发他们交流的兴趣。

第二节　想象力开发与训练

感觉统合训练中想象力开发与训练

一、激发儿童想象力

想象力是指在已有形象的基础上，在大脑中创造新的念头或思想画面的能力。人脑分为左、右两个半球，左脑主要负责处理语言、逻辑、数学和顺序等偏学术性的活动，而右脑则主要负责处理节奏、旋律、音乐、图像和幻想等创造性活动。因此，想象力与右脑的功能密切相关，开发右脑有助于促进想象力的发展。

想象力对儿童极为重要，它能够增强儿童探索环境的勇气。具有丰富想象力的儿童，其思维能力通常也较为出色。想象力的发展往往较早开始，儿童在幼儿期的想象力尤为丰富。在这个阶段，给儿童讲故事可以极大地激发他们的想象力，因为丰富的想象力源于联想。许多儿童在听故事时能联想到多个相关的事物，这正是想象力萌发的起点。

在生活中，家长可能常常听到孩子说一些幽默或荒诞的话语，但这恰恰体现了儿童早期的想象力。所以，从小培养儿童的想象力，对其成长十分有利。

二、儿童想象力的特点

(一)以无意义想象为主

由于缺乏经验，儿童在早期发展阶段的想象过程往往与知觉过程相融合。他们倾向于用想象力补充自己感知到的事物。特别是三四岁的孩子，他们觉得没有什么是不可能的，因此经常会将想象与现实相混淆。这种特点在他们的言谈中表现得尤为明显，其话语常常包含虚构的元素，并对事物的某些特征或情节进行夸大描述。

(二)想象内容零散

儿童的想象力非常丰富，但他们想象的内容往往缺乏逻辑联系，多数情况下只是简单重复日常生活中常见的事物。同时，他们所想象的事物特征也往往不够完整和细致。例如，在儿童早期的绘画作品中，所描绘的人物可能只包含头部、手和脚等基本元素，缺少更细致的描绘。这主要是因为儿童在进行想象活动时，目标不明确，更多是享受想象的过程，而非追求想象的最终成果。随着年龄的增长和认知能力的提升，儿童想象的内容和质量会逐渐变得更加成熟和完善。

(三)想象主题不稳定

儿童在三四岁时，想象力开始展现出初步的目的性，但这个目的性往往不是很明确。在进行想象力训练之前，一些儿童能够在家长的提示下确定活动的主题。然而，这个主题对儿童来说并不稳定，它会根据儿童的行为和兴趣发生变化，有时甚至会偏离最初设定的主题。例如，儿童可能打算画一根香蕉，但在画出一个月牙形状后，可能会改变主意，想画一个月亮。

(四)从模仿到创造

儿童在早期的想象力发展中，很大程度上依赖于模仿和复制，创造性的成分相对有限，因此他们在语言层面上的创造性想象力还不够成熟。然而，当儿童长到五六岁时，他们的创造想象力开始逐步发展，并且能够在行动中表现出来。在这个阶段，儿童的想象力更有意识和目的性，想象的主题也更加明确。他们能够围绕一个特定的主题展开想象活动，想象的内容也变得更加丰富和深入。

三、丰富儿童的生活经验

儿童的想象力需要建立在丰富的感性知识和经验基础之上。感性知识经验越广泛和深入，儿童的想象力就越能得到扩展和深化，所构建的想象形象也越接近真实。反之，如果感性知识经验不足，儿童的想象力就会受限，变得狭隘和浅薄，构建的想象形象也可能与实际情况相差甚远。例如，对于那些没有看过古代人的历史图片，也没有参观过历史博物馆的孩子来说，他们可能会将古代人想象成与现代人相似的样子。

在日常生活中，儿童在积累经验的同时，也在他们的头脑中构建了想象的基础。因此，家长应当为孩子创造条件，鼓励他们广泛接触自然和文化的不同方面，让孩子亲身体验名山大川的壮丽，探寻文化古迹的历史底蕴，观察动植物的多样形态，以及参观各类博览会等。这些都是丰富孩子生活经验和视觉印象的有效办法。

四、鼓励儿童大胆合理地想象

对于学龄前儿童来说，他们对周围事物充满好奇，因此总会提出各种各样的问题。然而，有些家长对孩子的问题往往漠不关心，甚至嘲笑、指责那些充满稚气的问题，这种做法是不可取的。

好奇心是儿童想象力提升的重要表现，从某种层面来说，它也是一种合理的想象。作为家长，应鼓励儿童提出问题，并引导他们大胆进行合理的想象与思考，发表自己的见解。这不仅会促进儿童的想象力发展，而且能保护儿童的自尊心和好奇心。

另外，家长还可以通过举办各种活动来激发儿童的想象力。例如，为儿童讲述优美动听的童话故事或神话传说，这些读物不仅充满儿童情趣，而且想象力丰富，对培养儿童的想象力具有极其重要的作用。同时，家长也可以鼓励孩子尝试续写故事、描绘故事情节或人物形象，这不仅能够进一步激发孩子的想象力，而且能有效提升孩子的口头表达能力。

第三节　注意力开发与训练

感觉统合训练中注意力开发与训练

一、集中儿童注意力

注意力，也称为专注力，是指个体心理活动能够有选择地指向并集中于特定事物的能力。它主要包含两个基本特性：一是指向性，是指个体能够在众多同时出现的事物和刺激中做出选择，有意识地关注某些对象，而忽略其他不相关的信息；二是集中性，它建立在指向性的基础上，指个体在保持对特定事物的关注时，能够有效抑制周围环境中的各种干扰。良好的指向性使孩子能够更快地将注意力集中在必要的事物上；而出色的集中性则有助于孩子在更长的时间内保持这种专注状态。

儿童在关注事物的过程中，总是伴随着感知、记忆、思考、想象和体验等心理活动。由于认知能力的局限，儿童在同一时间内无法全面感知众多对象，他们往往只能聚焦于环境中的少数几个对象。为了对事物有一个清晰、深刻且全面的理解，儿童需要有选择性地关注那些重要的对象。因此，当儿童表现出注意力不集中时，这通常意味着他们未能专注于应当关注的事物，而将注意力分散到了其他无关的事物上。

儿童注意力不集中的主要表现包括：上课时无法专心听讲，容易受到环境的干扰而分心，导致学习成绩不佳；做作业时不能集中精神，频繁转移注意力的焦点，并且常以喝水、吃东西、上厕所等为由中断学习，导致做作业时边玩边做，粗心大意，使完成作业的时间明显延长；不愿意积极思考，对家长的指示心不在焉，常常似听非听；做事缺乏持续性，经常半途而废；在自理和自立方面能力较弱，自信心不足，缺乏思维的敏捷性等。这些情况会对儿童生活的各个方面，尤其是学业产生重大影响。如果不适时进行相应的训练和指导，可能会错过儿童学习文化知识的黄金时期，甚至对其一生产生不利影响。

二、调整儿童的生活习惯

要培养儿童良好的注意力，首先需要调整他们的日常生活作息习惯。拥有健康的身体和良好的精神状态是孩子能够集中注意力的基础，同时也是顺利进行注意力训练的重要保障。

作为家长，首先要协助孩子建立起稳定的生物钟。这包括尽量确保儿童的一日三餐和睡眠时间相对固定。通过培养有规律的生活习惯，孩子在白天能够保持更佳的精神状态，从而减少饥饿和睡眠不足对注意力的潜在干扰。

其次，家长应当注意控制孩子糖类和甜食的摄入量。糖类可能引起的生理反应直接影响儿童的注意力水平，而适量食用水果则不会出现这种问题。因此，家长可以鼓励孩子在进行脑力活动之前，适量吃些水果，以提供大脑运作所需的营养。

最后，家长应为孩子营造一个整洁有序的环境，以减少不必要的外部干扰。例如，在孩子进行作业或其他学习活动时，应确保他们视线范围内只有与学习相关的物品。所有可能吸引孩子注意力的玩具、零食等应收起，放在其不易看到的地方。这样的安排能有效减少孩子注意力的分散。对于注意力容易分散的儿童，这种方法尤为有效。随着儿童注意力逐渐改善和认知理解能力的提高，家长可以适当引入一些干扰因素，以进一步锻炼和提高孩子的注意力集中能力。

三、训练注意力的一般方法

(一)对偶练习法

对偶练习法是指让儿童识记两种相互关联的资料，然后让儿童根据一种资料回忆与之相关的另一种资料。

(二)按次练习法

按次练习法指让儿童依次识记一些资料，然后遮住这些资料并逐个展示资料内容，每展示一个资料，让儿童回忆出紧接着的下一个内容。

有关练习示例如下。①准备一些图片，先用纸片将图片遮住，然后按从上到下的顺序逐一展示给儿童识记；给儿童展示 3 遍后，再次遮住图片，然后每展示一个图片，让儿童说出紧随其后的下一个图片是什么。②让儿童观察下列数字一分钟：1、3、8、2、5、9、0、

12、4、7、10、15、17、20。然后遮住这些数字，并从左到右依次展示，每展示一个数字，就让儿童说出它右边的下一个数字(可以允许儿童多次尝试)。

(三)递进练习法

递进练习法即引导儿童识记一些资料，但在他们完成识记后，不要立即要求他们回忆所学内容。相反，可以让儿童先进行一些其他活动，一段时间后再让他们识记之前识记的资料。

(四)数字练习法

数字练习法，即引导儿童记忆一定数量的数字。虽然数字可能是较难记忆的资料之一，但它也是锻炼注意力的有效工具。

(五)频度练习法

频度练习法是指重复向儿童展示一些资料，然后让儿童记住这些资料展示的次数。

有关练习示例：准备 7 种动物的图片，如兔子、狗、马、牛、大象、长颈鹿、羊等。然后按照下列顺序呈现给儿童，每幅图片展示一秒钟。然后让儿童说出，兔子和大象的图片各展示过几次。展示的顺序为：兔子、牛、长颈鹿、兔子、大象、羊、狗、马、牛、大象、兔子、牛、大象、长颈鹿。

为确保儿童在进行注意力训练时保持兴趣，避免感到单调，家长可以设定一些奖惩机制，或者通过竞赛的形式进行训练，这有助于提高训练的趣味性。此外，家长还应该通过自身行为树立榜样，展现出专注、坚持和耐心的态度。同时，家长应对儿童的表现给予积极的鼓励和表扬，增强孩子提高注意力的动力。

第四节　记忆力开发与训练

感觉统合训练中
记忆力开发与训练

一、训练儿童的记忆力

记忆力是指儿童识记、保持、再认识和重现客观事物所反映的内容和经验的能力。根据记忆持续的时间，可将其分为四种类型：瞬时记忆、短时记忆、长时记忆和永久记忆。瞬时记忆是环境中的感觉信息到达各个感官的第一直觉印象，通常作用时间仅为 0.25～1 秒。如果这些感觉信息被大脑注意到，它们就会转化为短时记忆。短时记忆是数量最多且最不牢固的记忆，其实质是大脑即时的生理生化反应的重复。长时记忆则是大脑细胞内发生了结构改变，并建立了固定的联系。只有经过反复巩固长时记忆才会变成永久记忆。

从心理学的角度来看，记忆力具有两项主要功能：首先是它的保持功能，即储存信息的能力；其次是它的检索功能，也就是提取和使用这些信息的能力。记忆力构成了儿童学习的核心基础，良好的记忆力能够有效促进儿童智力的发展。正是依赖记忆力，知识才能够持续积累，智力才能随之不断进步。

因此，对儿童进行系统的记忆力训练至关重要，它不仅能提升儿童的智力水平，还能加深儿童对周围各种事物的认知和理解。学龄前是开展记忆力训练的黄金时期，如果错过这一时期，可能会对训练效果产生不利影响。

二、儿童记忆力的特点

(一)意识记忆

学龄前儿童尚未掌握主动控制记忆内容的技巧，他们记忆简单事物的过程通常是自发的。这些事物往往是直观、具体的，能够自然地激发儿童对记忆的兴趣，如童话故事、儿歌和简单的诗歌等。

(二)形象记忆

由于思维能力的限制，学龄前儿童在观察事物时往往难以深入理解事物的本质。因此，他们通常对那些形象鲜明、生动的事物有更加清晰的记忆。

(三)机械记忆

由于生活经验相对缺乏，学龄前儿童往往难以在充分理解的基础上加强记忆。因此他们可能更多地依赖对事物外部特征的直观记忆，而不是通过深入理解进行记忆。

(四)容易遗忘

学龄前儿童的记忆容易受到环境和情绪的直接影响。他们的自我控制能力还在发展中，记忆活动很容易受到外界环境因素的干扰。因此，儿童记忆的内容可能更容易被遗忘。

三、训练儿童记忆力的方法

(一)兴趣是记忆的关键

成人通常能够通过自我驱动来努力记忆他们不感兴趣的事物，而年幼的儿童往往难以做到这一点。因此，在对儿童进行记忆力训练时，应避免使用强迫性的命令，而应着重于激发他们的兴趣。兴趣不仅是记忆的驱动力，也是加强记忆的"催化剂"。当儿童对某个事物感兴趣时，他们往往能够展现出出色的记忆力，同时大脑神经活动也会更加活跃，有助于大脑皮层兴奋中心的形成，进而促进记忆的巩固。

一些儿童之所以在很小的时候就能认识许多字并展现出多种特长，往往归功于父母对孩子兴趣培养的重视。当儿童对所学内容感兴趣时，他们会投入更多的精力去学习，并且在遇到困难时更有韧性，不易放弃。因此，在帮助儿童记忆事物时，父母应努力使学习材料变得有趣并吸引孩子的注意力，这样才能获得更好的训练效果。

(二)理解是记忆的前提

在幼儿时期，尽管儿童更多地依赖机械记忆而非理解性记忆，但后者的记忆效果通常远远优于前者。儿童往往能够更牢固地记住那些他们熟悉并且理解的事物。

因此，在进行记忆力训练时，家长应有意识地培养和提升儿童的理解记忆能力。家长可以采用多种方法和技巧帮助儿童深入理解需要记忆的材料。在实际训练过程中，面对儿童提出的各种问题，如"鸟为什么会飞？""鸭子为什么能在水中游？"等，家长应鼓励儿童积极思考，并引导他们在理解问题的本质和原理之后进行记忆。对于那些看似无意义或超出儿童理解范围的材料，家长也应努力帮助他们建立起有意义的联系，从而促进记忆的深化。

(三)运用多感官去记忆

为了增强儿童的记忆效果，家长可以鼓励儿童在记忆活动中同时运用多种感觉器官。通过视觉、听觉、触觉、嗅觉和味觉等多种感官的参与，儿童能够在大脑中形成更加丰富和多维的神经联系，这有助于加深和巩固记忆。

当儿童调动眼睛、耳朵、嘴巴、鼻子和手等不同的感官时，他们刺激了大脑皮层的多个区域，包括视觉区、听觉区、嗅觉区、运动区和语言区。这样的多通道刺激有助于在大脑中建立起更加丰富的联系，从而有效提升记忆效果。例如，让儿童记忆与"春天"有关的信息时，应尽量带儿童出去看一看、摸一摸、闻一闻、尝一尝，通过多种感官从多方面获得感性认识和体验，从而加深记忆。

(四)复习是记忆的保障

鉴于儿童通常记忆迅速但遗忘也较快的特点，在开展记忆训练时，进行必要的重复和复习显得尤为重要。这是确保提高儿童记忆效果的重要策略。

通常，在帮助儿童复习和巩固所学知识时，应避免采用单一且长时间的重复练习。相反，应在儿童情绪稳定、愿意学习的时候，采用多种有趣和吸引人的方式进行复习。例如，可以通过讲故事、朗诵儿歌、猜谜语、参与表演活动、进行游戏以及组织比赛等多样化的形式来激发儿童的兴趣。此外，安排散步和郊游等户外活动也是一种有效的复习方式。

第五节　运动能力开发与训练

感觉统合训练中运动能力开发与训练

一、运动能帮助记忆力发展

通常情况下，身体健康且热爱运动的儿童往往精力旺盛，记忆力也较为出色。这是因为运动不仅能促进大脑细胞的生成，帮助大脑进行自我更新，而且能维持大脑的活跃状态。研究表明，每周进行3～4次运动的儿童在学校的学习成绩往往更加优秀。此外，运动过程中的氧气消耗为大脑提供了额外的氧气供应，这不仅有助于提高大脑的工作效率，而且能增强智力。

另外，家长可以通过调整儿童的饮食，让他们多吃有助于提升记忆力的食品。例如，可以选择富含锌、磷脂和不饱和脂肪酸等对大脑有益的营养物质的食物，包括核桃、芝麻、瘦肉等。这些食物不仅能够提供大脑所需的营养，而且有助于促进大脑健康和记忆力的提高。

记忆力确实可以通过有针对性的训练得到显著提升。因此，在帮助儿童加强记忆的过程中，应遵循由浅入深、循序渐进的原则，从简单到复杂、从少量到多量逐步过渡。父母在这一过程中应保持耐心，并对儿童的记忆训练保持信心。他们应当多给予儿童鼓励和赞扬，避免因为儿童的暂时困难或挫折而责骂他们。只有深入理解儿童记忆力不足的具体表现和背后的原因，父母才能更有效地支持和促进儿童记忆力的发展。

二、运动能力：让孩子尽情释放运动智能

运动能力是指儿童参与体育活动时所展现的能力，它是身体形态、身体素质、生理机能、运动技能和心理能力等多种因素的综合体现。从生物化学的角度来看，运动能力的高低主要由人体在运动过程中能量的供应、转换和利用效率来决定。

儿童运动能力的发展主要有精细运动和躯体运动两部分。精细运动，也称为小肌肉运动或随意运动；躯体运动，也称为大肌肉运动，是负责控制身体的运动。对于新生儿来说，大部分的运动能力属于原始反射，如踏步反射等。

"生命在于运动"这一格言强调了运动对健康的重要性。让儿童参与体育运动，不仅对技能训练有着重要的意义，更重要的是，它能促进儿童身体的新陈代谢，对维持各器官尤其是心血管系统的健康运作大有裨益。适度的体育运动能够赋予儿童充沛的活力和朝气，提升他们身体对各种环境变化的适应能力以及在面对疾病时的抵抗力。这些都是实现健康生活和长寿的基础。

三、儿童精细运动训练

精细运动能力是指儿童依靠手和手指等部位的小肌肉群进行的运动，这些运动通常需要感知觉和其他心理活动的协同作用来完成特定的任务。正如俗话所说，"心灵手巧"，手的灵巧性往往是儿童智力发展的一个重要标志。因此，通过观察和评估儿童手部精细动作的发展水平，我们可以了解他们智力发展的状况。同样，通过有针对性地进行手部精细运动训练，也可以有效地促进儿童智力的进一步发展。

首先，精细运动训练要对手部进行力量训练。手腕力量的训练可以通过多种动作来进行，如握、舀、敲和拍手等。例如，可以挂起玩具吸引儿童进行拍打和抓握练习；或者让儿童跟随音乐节奏进行上下、左右、前后和交叉拍手的动作。至于手指力量的训练，则包括扣、戳、拔、插和按等动作。例如，可以让宝宝戳破贴在泡沫板上的纸面；通过桌面积木游戏引导儿童进行"搭楼房、拆楼房"的活动；或者使用木桩让儿童进行插拔练习，以此锻炼他们的手指力量。

其次，进行手部灵活性的训练。提高手腕灵活度的动作包括拍、抖、泼、摇、搅等。例如，可以让孩子自带一个皮球，让他们练习拍球；而提高手指灵活度的动作则包括捏、撕、拧、按、拨、抓等。

最后，进行手部稳定性的训练非常重要，如搭积木、排列积木、玩多米诺骨牌等。这些训练能够帮助儿童学会如何稳定地控制物体。

此外，还应训练儿童双手的协调能力，如进行穿珠、使用穿线板、滚球、套圈和插锁眼等活动。

四、儿童躯体运动训练

对于儿童而言，他们的大肌肉正处于生长发育的关键阶段。通过进行躯体运动，不仅

能够促进肌肉的生长和发育，使肌纤维变得更加粗壮，而且能增强肌肉收缩的力量和速度。此外，躯体运动也有助于提升肌肉运动的柔韧性和协调性。

儿童躯体运动的种类繁多，下面进行举例说明。

(一)短跑

短跑训练对儿童的生长发育具有显著的促进作用。经过一年规律的短跑训练，儿童不仅能够实现正常的身体发育，而且在身高和体重的增长上往往优于一般儿童。然而，需要注意的是，儿童的身体各器官尚未完全发育成熟，功能相对较弱，因此他们并不适合进行长跑等体能消耗较大的运动。在进行短跑训练时，应确保训练负荷适宜，避免过度训练。教练和家长应指导儿童根据自身的体能水平合理安排运动量，做到量力而行，以免对身体造成不必要的负担和伤害。

(二)立正

儿童通过坚持进行立正姿势训练，可以有效矫正"O"形腿和"X"形腿的问题。在进行训练时，儿童应保持正确的立正姿势，即身体挺直，脚跟并拢，双肩放松。在传统武术和气功中，我们通常提到"上提丹田气"，这是指通过呼吸调节来增强腹部核心肌群的支撑力。对于"O"形腿的儿童，在保持立正姿势的同时，应尽量让两膝关节靠近，必要时可以使用适当弹性的橡皮带辅助，以增加膝关节向内靠拢的力量。对于"X"形腿的儿童，同样需要保持立正姿势，但应努力让脚跟靠近，同时保持膝关节并拢。建议每天进行两次或更多次此类训练，每次持续 20 分钟，以达到最佳矫正效果。

(三)打乒乓球

近年来，儿童近视的问题日益凸显，主要原因在于长时间的近距离用眼，如阅读、写作业、玩电子产品等，导致眼部肌肉过度疲劳。为了应对这一问题，除了合理安排学习和休息时间，增加户外活动等传统方法外，打乒乓球也被认为是一种有效的预防近视手段。

(四)弹跳

所有类型的有氧运动都对大脑健康有益，在这些运动中，弹跳运动尤为出色，如跳绳、踢毽子、跳皮筋和跳舞等。这些训练不仅能够为大脑提供充足的能量，激发其活力，而且能全面协调地锻炼儿童的腰腿部肌肉、关节以及大脑皮层的神经。

(五)游泳

游泳训练的好处数不胜数。首先，在游泳时，阳光中的紫外线不仅可以杀菌，而且能促进儿童的生长发育，增强新陈代谢，有利于身体健康。其次，儿童在水中需要承受水的压力和克服水的阻力，呼吸也会变得更加困难，因此游泳能有效促进呼吸肌的发育，增加肺活量，提升呼吸功能。另外，冷水的刺激能使皮肤血管扩张，提高儿童对外界温度变化的适应能力，并丰富他们的触觉体验。最重要的是，游泳对儿童的心肺功能有着显著的锻炼效果，它不仅能使心肌更加发达，收缩有力，增加心脏排血量，而且能锻炼全身的大块肌肉群，让身体更加健美和匀称。

儿童的运动能力训练重在持之以恒，因为只有通过持续不断的努力，才能实现显著的效果。家长在这一过程中扮演着至关重要的角色，他们需要引导儿童采用科学、正确的运动方法，并鼓励儿童在运动中发挥独立性、自主性和创造性。这样不仅能够培养儿童积极向上、活泼开朗的性格，而且能提高他们的身体协调性和反应灵敏度，从而全面促进儿童的运动智能发展。

第六节　思维力开发与训练

感觉统合训练中
思维力开发与训练

一、培养儿童思维本领

思维力，也称作思考力，是人类大脑对客观事物进行间接和概括反映的能力。尽管思维本身无法直接看见或触摸，但它是一种具有独特特点与品质的真实心理现象。思维力包含理解力、分析力、综合力、比较力、概括力、抽象力、推理力、论证力、判断力和心算力等多种能力，构成了整个智慧的核心要素。思维力不仅参与并支配着人们的一切智力活动，而且对每个人的学习、工作和生活都至关重要，不可或缺的。

培养思维力应该从儿童时期开始，拥有广阔、灵活和敏捷的思维力对于开启儿童的智慧潜能至关重要。如果儿童在成长过程中缺乏足够的思维刺激，他们的智力发展可能会受到限制。因此，家长需要采取多种方法和手段对儿童进行思维训练，以激发和提升他们的思维力。

儿童的天性对思维力有一定的影响，但后天的教育和训练对思维力的形成和发展具有更为显著的作用，甚至能够在很大程度上塑造儿童的思维力。思维训练是一种有目的、有计划、有系统的活动，它依据儿童的思维发展特点，利用一些有组织的、系统的材料，旨在提升儿童的思维品质，如思维的敏捷性、深刻性、创造性和灵活性。此外，思维训练也能增强儿童分析问题和解决问题的能力，以及提升他们的创造性思维能力，从而全面提升儿童的综合素质，对他们的成长和发展具有极大的益处。

儿童思维力的发展主要有以下 3 个阶段。

(一)动作思维阶段

3 岁以内的儿童主要通过动作思维来认识世界，他们的思维活动往往伴随着身体动作的进行。在此过程中，儿童能够利用周围的物品来达成自己的目标。例如，如果桌上有一个苹果，儿童想要拿到却够不着，他可能会借助旁边的凳子。于是，儿童会把凳子搬过来，踩着它爬上桌子，最终成功拿到苹果。

(二)具体形象思维阶段

3～6 岁儿童的思维以具体形象思维为主，但他们在立体感和空间感方面还有所欠缺。这个年龄段是进行思维训练的黄金时期。家长可以在儿童玩拆装玩具或积木的过程中，帮助他们理解平面与立体的关系，让儿童从中学习归纳和抽象的思维方式。同时，家长还可以利用儿童的好奇心，经常向他们提出各种问题，引导他们观察事物和现象，从而培养他们的探索精神和思考能力。

(三)抽象逻辑思维阶段

6～11岁是培养儿童抽象逻辑思维能力的关键时期。那么，什么是抽象逻辑思维呢？简单来说，抽象逻辑思维是指人们在思考问题时，能够超越具体事物的表象，通过概念、判断和推理等逻辑过程来理解和解决问题的能力。在培养儿童的抽象逻辑思维过程中，家长应鼓励儿童独立思考，避免直接提供现成的答案，而是引导他们自己发现问题和寻找解决方法。

家长在关注儿童学习和生活问题的同时，有时可能会忽视儿童情感的变化。然而，对儿童的情感、兴趣、能力和人际交往的关注同样重要。家长应当投入更多的精力去理解和支持儿童的情感需求，鼓励儿童在生活中多倾听、多表达，帮助他们建立自信和自我认知。通过这种方式，儿童不仅能够对自己的行为和成就有所感触，而且能够逐步培养和发展他们的抽象逻辑思维能力。

对于儿童来说，上学和放学的时间是他们思维最为活跃和兴奋的阶段。因此，家长应该充分利用这段时间开发孩子的思维潜能，并为他们创造良好的表达机会。例如，家长可以问孩子一些具体的问题，如"今天什么事情让你最快乐？"通过这些问题，家长不仅能了解孩子的学习和生活情况，而且能激发孩子的表达能力。在表述的过程中，孩子可能会附带自己的意见和感受，这有助于开拓他们的思维，使其思维更加活跃。

二、培养逻辑推理能力

家长可以在日常生活中让孩子多做一些有意义的推理题目，培养孩子的逻辑推理能力。例如，家长可以告诉孩子，妈妈的年龄比宝宝大，姥姥的年龄比妈妈大，让孩子自己得出"姥姥的年龄比宝宝大"的结论。类似地，家长也可以告诉孩子，妈妈有一副太阳镜，爸爸有一副太阳镜，宝宝也有一副太阳镜，家里只有宝宝、爸爸和妈妈，让孩子得出"我们家每人都有一副太阳镜"的结论。另外，家长还可以把铅笔、圆珠笔和毛笔拿给孩子看，首先拿出铅笔，指着铅笔对孩子说："这是铅笔。"其次拿着三支笔问："哪支是铅笔呢？"并让孩子自己选择。最后再拿着铅笔问："这是什么？"这些看似简单的问题实际上能够有效地激发儿童的思考，从而达到发展推理能力的目的。培养儿童独立思考的能力和乐于思考的习惯，是思维训练中至关重要的一环。因此，家长应当更加用心，利用日常生活中的小事以及各种游戏，帮助儿童充分激活大脑。

与传授孩子更多的知识和技能相比，培养他自主思考的能力更为重要。通过进行思维训练，孩子既能掌握正确的思考方法，又能有效提升他们的思维力。这种训练不仅指导孩子如何更高效地学习，而且有助于提高他们的知识水平和智力水平，为孩子未来的成长和发展打下坚实的基础。

第七节　观察力开发与训练

一、观察力：孩子也可以"明察秋毫"

观察力是在感知活动过程中，通过眼睛、耳朵、鼻子、舌头和身体等感觉器官，准确、全面、深入地感知客观事物特征的能力。作为一种特殊的感知能力，观察力与儿童对客观事物的认知水平密切相关。细致、准确的观察能力能够使儿童的思维更加灵活和敏捷。从这个角度来看，观察力是一种感觉与思维高度协调的能力，属于智力的一部分。观察的方式主要分为直接观察和间接观察两大类。直接观察通常指通过个人的感觉器官对客体的直接感知；而间接观察则通常指通过观察仪器等工具来获取信息的过程。值得注意的是，"观察"并不仅限于视觉。虽然在儿童认识事物的过程中，视觉是最重要的感觉器官，大量的信息是通过视觉获得的，但其他感觉器官也起着重要的作用。儿童可以通过耳朵倾听、鼻子嗅闻、舌头品尝等多种方式来感知世界。这些感觉器官都是"观察"过程中不可或缺的参与者。

观察力是在综合视觉、听觉、触觉、嗅觉等多种感知能力的基础上发展起来的，它涉及方位和距离的知觉、图形辨别、时间认识等能力。这种能力是有目的、有计划且相对持久的，能够根据特定的任务和目标进行调整和运用。观察力可以被视为"思维的知觉"，代表着感知觉发展的最高阶段。儿童观察力的特点如下。

(一)缺乏稳定性

儿童在进行观察时，往往没有一个明确、预设的目的。他们的观察行为通常会受到周围事物的显著外部特征以及当时的情绪、兴趣的影响，这可能导致他们在观察过程中容易分心，频繁更换观察对象或中断观察。因此，在对儿童进行观察力训练时，提供一个具体的观察目标是非常重要的。当任务描述得越详细、越具体时，儿童的观察目的就会更加明确，从而提高其观察的效果和质量。

(二)持续时间短

一般来说，3岁左右的儿童对图片的持续观察时间为5～6分钟。随着年龄的增长，他们能够维持观察的时间也会相应延长。然而，对于儿童不感兴趣的对象，他们的观察时间可能会非常短暂。因此，家长在进行观察力训练时，应尽可能选择那些能够激发儿童充分兴趣的观察对象，或者具有某些显著特点和吸引力的事物。通过这种方法，可以有效地吸引儿童的注意力，增加他们的观察时间，从而提高观察训练的效果。

(三)缺乏系统性和概括性

当3岁左右的儿童观察图形时，他们的眼球运动轨迹往往显得杂乱无章。这种现象表明，儿童在观察物体时尚未形成系统性的方法，也难以发现事物之间的内在联系和本质特征，这反映出他们在观察中的概括性不足。为了帮助孩子提高观察能力，家长可以教授他们一些有效的观察技巧，引导他们按照一定的规律和线索进行观察。例如，在进行两幅图画找不同的活动时，家长可以指导孩子按照一定的方位顺序进行观察，并在发现的不同点上做适当的标记。这样的方法能够避免孩子无序且盲目地进行比较，帮助他们更有条理、更高效地完成任务。

二、敏锐健康的感官是观察力的保障

观察力的训练是以感知觉的发展为前提的，感知能力的提高有助于神经系统发育成熟，也有助于大脑智力的开发和智慧的发展。所以,家长要注意保护儿童眼睛、鼻子、耳朵、嘴巴、手等器官的健康发育,因为这些器官是发展感知觉的保障。

观察力的训练旨在提升儿童视听能力。在这一过程中,家长应充分利用并创造各种机会,以刺激儿童各个感官的全面发展。例如,家长可以鼓励儿童观赏美丽的图画,聆听动人的音乐,积极参与动手操作和口头表达的活动。这些训练对感官的发育具有积极的促进作用。此外,艺术类的活动,如写生和绘图,能够有效促进儿童视觉能力的全面提高;而文学、诗歌、戏剧等文艺活动则能够将儿童的语言和听觉能力提升到一个新的层次。

随着观察力训练的持续进行,儿童感觉器官的灵敏度将逐步提高,他们对外界刺激的反应也会变得更加敏感。在观察过程中,儿童能够动用更多的感官参与,使观察更为细致和深入,对事物的理解和体会也更为深刻。自然而然地,儿童的观察力也得到了显著的提升。

当儿童通过训练拥有了较强的观察力时,家长可以让儿童探索和认识世界,从而发展出更高级的观察力。

本章小结

随着社会的不断发展,未来的工作岗位将越来越需要具有高智商的人才。因此,儿童智力开发不仅关系到他们的当前学习,而且关系到他们未来的职业发展和生活质量。智力开发还能提高儿童的适应能力,使他们能够更好地应对各种挑战和问题。无论是在学校还是在社会中,具备高智商和优秀思维能力的个体往往更具竞争力。通过提高认知能力和思维能力,儿童可以更加深入地理解和掌握知识,从而在学校和日常生活中表现更加出色。

综上所述,儿童智力开发是必要且有益的。它涉及多个方面,包括语言能力、想象力、注意力、记忆力、运动能力、思维力和观察力等。通过全面的智力开发,可以帮助儿童在学习、生活和未来发展中取得更好的成果。

思考题

1. 语言能力训练的重点有哪些?
2. 训练儿童记忆力的方法有哪些?
3. 训练注意力的方法有哪些?
4. 如何调整儿童的生活习惯?

第六章　感觉统合训练中的特殊问题儿童训练

课程目标

知识目标： 了解自闭症儿童的行为与能力特征、自闭症产生的原因以及自闭症儿童家长的教育原则，掌握抽动症产生的原因，学会预防和矫治语言障碍的方法，同时，理解多动症产生的原因、多动症的预防和治疗措施。

能力目标： 熟练掌握多动症、自闭症和抽动症的鉴别诊断，并能应用相应的方法来矫治特殊儿童的问题。

素质目标： 通过课程学习，激发学生树立投身于基础教育事业的职业理想，培养其坚定的心理育人情怀，从而实现个人价值和社会价值的统一。

重点与难点

➤ 多动症儿童的主要临床表现。
➤ 自闭症的治疗方法。
➤ 抽动症的矫治方法。
➤ 抽动症产生的原因。

引导案例

案例导入

宁宁，8岁，男孩，在学校里经常无法集中注意力，容易分心。他常常打断老师的讲话，难以安静地坐着听讲。宁宁还经常忘记做作业或其他任务，导致学习成绩下降。此外，他在课堂上频繁走动，难以控制自己的动作。老师发现宁宁很难静下心完成任务，因此对他的学习表现感到担忧。

在家里，宁宁同样表现出过度活跃和冲动的行为。他难以安静地玩耍，总是不停地走动。此外，他经常打断家人的谈话，似乎难以耐心等待自己发言的机会。他的父母意识到宁宁在学习和行为方面遇到了难题，决定寻求专业的帮助。

经过详细的评估和诊断，医生确诊宁宁患有注意缺陷多动障碍(ADHD)。医生建议家长与学校合作，制订一个综合性的治疗计划。药物治疗是治疗方案的一部分，医生为宁宁开具了中枢神经系统兴奋剂类药物，以帮助他提高注意力和控制冲动行为。此外，心理治疗也是治疗的重要环节，包括认知行为疗法和家庭治疗等。这些治疗方法旨在帮助宁宁学会更好地管理自己的情绪和行为，增强自我控制能力。

经过几个月的治疗和支持，宁宁的症状有了明显改善。首先，他的注意力集中能力有所提升，现在能够更好地完成作业和任务。其次，冲动行为也有所减少，他能够更有效地控制自己的情绪和行为。最后，他的学习成绩有所提高，变得更加自信，自尊心也更强了。

这个案例展示了多动症儿童在学习、行为和情绪方面面临的挑战，以及有效的干预策略。由此可见，对有特殊需求儿童的教育应给予特别关注。本章将详细阐述多动症、自闭症、抽动症以及语言障碍和智力障碍等特殊儿童的表现、成因和干预策略。

(资料来源：本书作者整理编写.)

第一节　多动症统合训练

多动症统合
训练1

多动症统合
训练2

一、多动症的定义

多动症，临床上也称为注意缺陷多动障碍(ADHD)，在儿童精神科和儿童保健科的门诊病例中较为常见。男孩的发病率显著高于女孩，其比例为 4∶1。然而，家长怀疑孩子患有多动症，最终得到确诊的比例仅为 17.6%。这可能是因为一些家长不了解“活跃是孩子的天性”，对孩子的行为要求过于严格，限制过多。

那么，什么样的孩子可能患有多动症呢？下面我们介绍多动症儿童的主要临床表现。

(一)活动过度

活动过度的症状通常在幼儿早期就开始出现，而在孩子进入小学后，由于环境的限制，这些症状往往会变得更加明显。一些儿童在婴儿时期就表现得异常活跃，比如，经常试图从摇篮或婴儿车中爬出来。他们学步时常常急于奔跑而非稳步行走。随着年龄的增长，这些孩子可能对图画书或绘本的兴趣难以持久，很快就会翻阅其他书籍或撕毁手中的书，有时甚至会翻找东西，把家弄得混乱不堪。上小学后，这些孩子在课堂上难以保持静坐，经常在椅子上扭动，书本也会被涂抹得乱七八糟。他们的手似乎一刻也不停歇，总要触摸能够触及的任何物品，而且由于喜欢招惹他人，常常与同学发生争执或打斗。此外，他们还经常插嘴或干扰大人的活动，这些行为往往会引起成人的不满。

(二)注意力难以集中

多动症儿童往往难以持续集中注意力，容易受到周围环境的干扰。在进行积木搭建或游戏活动时，他们通常表现出缺乏专注力。在课堂上，他们很难长时间专心听讲，导致完成作业时常常出现漏做、顺序颠倒或解释错误的情况。患儿对各种刺激的反应几乎不加筛选，无法有效忽略无关的干扰，这也是他们注意力难以持久集中的原因之一。注意力集中时间短暂和注意力难以集中是多动症儿童的典型症状。

(三)情绪不稳定，冲动任性

多动症儿童往往因缺乏自控能力，对不愉快的刺激做出过度反应，有时甚至在冲动之下伤害他人或损坏物品。他们对即时满足的需求非常强烈。这些儿童情绪波动大，可能会无缘无故地大声喊叫或制造骚动，表现出缺乏耐心，行为急躁。冲动和任性是多动症儿童显著且常见的症状，一些学者认为这是该障碍的核心特征。

(四)学习困难

多动症儿童的智力水平通常在正常范围内或接近正常。尽管如此,他们仍然面临着学习上的挑战,这些挑战往往与其症状有关。

一些多动症儿童可能会遇到知觉运动障碍。例如,在临摹图画时难以区分主体与背景,无法分析图形组合,或难以将图形的各个部分整合为一个整体,有时甚至难以辨别方向。这些障碍分别表现为综合分析障碍和空间定位障碍。此外,他们在阅读、拼音、书写和语言表达等方面也可能遇到困难。这些儿童往往在未充分思考的情况下急于回答,导致理解不全面,这也是学习困难的一个原因。

多动症儿童的临床表现可能会因所处的环境和活动内容而有所不同。在做作业或参与重复性、需要大量努力、缺乏新奇性的任务时,他们维持注意力尤为困难。然而,当他们参与引人入胜的活动或处于新奇或不熟悉的环境中时,他们的症状可能会有所缓解。在有持续指导和重复提示的情况下,这些儿童完成任务的能力并无太大问题。在规范和纪律要求不严格的环境中,多动症儿童与正常儿童的差异不大。这表明多动症儿童的症状严重程度受到环境因素的影响,并且与环境有着密切的相互作用。

二、多动症产生的原因

(一)遗传因素

多动症在多动症儿童的近亲中有较高的发病率。例如,如果父母之一表现出活动过度的特征,他们的子女比对照组更有可能出现多动症,风险增加约 4 倍。研究还显示,在单卵双胞胎中,如果一个患有多动症,另一个也有很大概率会患有多动症,而在双卵双胞胎中,这种现象则极为罕见。

(二)脑部器质性病变

孕妇若吸烟、酗酒、使用药物不当或遭受辐射暴露;或者在产前、产时、产后遭受缺血、缺氧,导致轻微的脑损伤;以及经历难产、早产、窒息、颅内出血或宫内发育不良等情况;或者新生儿遭遇脑外伤、高热惊厥、脑炎、脑膜炎、癫痫发作或一氧化碳中毒等事件,都可能对胎儿或新生儿的大脑发育产生不良影响。

(三)神经生理学因素

多动症可能与大脑额叶的发育迟缓有关。特别是前额叶,因为这里是感觉和运动功能进行分析、综合以及调节的关键区域。此外,一些学者通过对脑诱发电位的研究提出,当眼睛、耳朵和皮肤等感觉器官接收到光线、声音和微小电流等刺激时,这些信息会被传递到大脑,引发脑皮层一系列活动。这些活动不仅与脑皮层的功能状态有关,而且受到复杂的心理因素和生理因素的影响。

(四)生化因素

几乎一半以上的多动症儿童血铅含量较高。通常,当儿童的血铅水平超过每升 1.93 微摩尔(相当于每升 400 微克)时,他们的认知功能可能会受到损害,表现为注意力不集中,组织能力下降,以及学习成绩降低。在交通繁忙的大城市中,儿童可能会吸入大量的含铅汽车尾气,而家庭装修中使用的油漆如果含铅量高,也会对孩子的健康构成威胁。长期暴露在铅环境中,铅毒素会在体内积累,干扰神经递质如乙酰胆碱和儿茶酚胺的正常代谢,导致大脑皮质的兴奋与抑制过程失衡,从而引发多动症的症状,如易怒和过度活跃。此外,使用含铅量高的餐具,尤其是颜色鲜艳、外观吸引人的碗碟,以及质量不合格的绘画用品,如蜡笔和油画棒,也可能增加儿童的铅中毒风险。儿童的一些习惯,如吸吮手指或咬铅笔,也可能使铅更容易进入体内。值得注意的是,高铅水平还会抑制铁和锌的吸收,而这两种微量元素的缺乏也与多动症的发生有关。

(五)食品因素

医学研究显示,某些食品和食品添加剂可能与儿童多动症相关。例如,含有较高水杨酸盐的食品(如番茄、苹果、橘子、杏等)以及某些食品添加剂(如胡椒油、味精和某些食用色素)被认为可能增加患多动症的风险。限制这些食品和食品添加剂的摄入,可能有助于减轻近一半患儿的症状。此外,高糖饮食也被认为是多动症的一个潜在诱因。过量摄入糖分可能导致神经递质如儿茶酚胺等的分泌减少,进而引发多动行为。过度喜爱甜食的儿童可能会出现冲动、情绪波动、易怒和睡眠不良等问题。这些问题,加上注意力难以集中,可能会导致学习成绩下降,症状与多动症相似。同时,摄入过多含铝的食品(如油条、油饼)或使用含铅量高的餐具、食用含铅高的食物(如爆米花)也可能引起大脑神经生物化学的变化,影响视觉、记忆、感觉、思维和行为,从而增加多动症的风险。

(六)心理社会因素

一方面,婴儿时期缺乏母爱或母亲患有抑郁症,以及家庭养育方式不当、父母离异、家庭环境紧张或父母性格暴躁等情况,都可能导致儿童经常遭受体罚或言语虐待。另一方面,父母的过度溺爱,对孩子百依百顺,忽视了培养孩子良好的生活和学习习惯,可能会导致孩子养成任性和缺乏自制力的性格,面对困难时缺乏坚持和解决问题的能力。

另外,当教师或家长对儿童的学习和行为要求过于严格时,可能会使儿童感到心理压力过大和情感上的压抑,从而引发行为问题。如果成人错误地将这些行为归咎为孩子的故意对抗,并采取严厉或暴力的教育方式,可能会加重儿童的行为问题。

三、多动症的诊断

在美国,要诊断一个孩子是否患有多动症,并不是一件简单的事。家长往往带着孩子去了多家权威医院也难以得出结论。截至目前,国内对儿童多动症尚无明确的病理变化作为诊断依据,主要是以患儿的家长和老师提供的病史、临床表现为特征,以体格检查、精神检查为主要依据。

根据国际诊断标准,多动症儿童必须具备以下三个特征。

1. 注意涣散(至少具备下列三项)

(1) 做事情往往有始无终。

(2) 上课时常常不专心听讲。

(3) 注意力容易受环境影响而转移。

(4) 很难集中精力做功课或从事其他需要长时间集中注意力的事情。

(5) 很难坚持完成某项游戏或活动。

2. 冲动任性(至少具备下列一项)

(1) 常常不经思考便付诸行动。

(2) 过于频繁地从一项活动切换到另一项活动。

(3) 做事缺乏条理性。

(4) 需要他人持续督促和照料。

(5) 常在教室或其他不适宜的场合突然大声喊叫。

(6) 在游戏或集体活动中难以耐心等候。

3. 活动过度(至少具备下列两项)

(1) 坐立不安，难以保持安静状态。

(2) 经常奔跑或攀爬，即便在不恰当的情况下也是如此。

(3) 难以在教室座位上保持安静。

(4) 躺在床上经常扭动或翻身。

(5) 整日忙忙碌碌，活动似乎永不停歇。

(6) 7 岁以前开始表现出多动行为。

(7) 症状至少持续 6 个月。

4. 排除其他疾病

多动症的诊断需要排除广泛性发育障碍、精神发育迟滞、儿童期精神障碍、器质性脑损伤等其他可能导致类似症状的疾病。

四、多动症的预防和治疗

多动症的预防和治疗主要包括以下几个方面。

(一)建议每个儿童都定期进行体检，以便及时发现问题并进行治疗

如果发现血铅含量超标，应在医生指导下及时服用排铅药物。教导孩子勤洗手、不咬铅笔，尽量避免孩子在马路边玩耍，少吃或不吃含铅量高的爆米花、松花蛋等食品。

(二)关注儿童食品健康

患有多动症的儿童食用鱼类可从中获益，因为鱼脂肪中富含多不饱和脂肪酸，这些脂肪酸对脑细胞的发育至关重要，有助于改善大脑功能，增强记忆力和判断力。此外，患儿还应多摄入含卵磷脂和 B 族维生素的食物。日常饮食中，可以给孩子多吃富含卵磷脂的瘦肉、食用菌和豆制品，这有助于提升记忆力。同时，应定期摄入富含蛋白质的食物，如鸡蛋和牛奶等，这些食物能够增加体内的氨基酸含量，有助于缓解多动症症状。在微量元素

方面，应多吃含铁和锌丰富的食物，如动物肝脏、血液、海产品(鱼、虾、牡蛎和海带)。为保持饮食均衡，每天还应摄入新鲜蔬菜和水果。

(三)认知行为治疗

认知行为治疗在控制多动行为、冲动和攻击性行为方面被证实是有效的。英国神经生理学家道格拉斯(Edgar Douglas Adrlan)在治疗多动症的过程中强调让每个人学会"停下来、看一看、听一听、想一想"。这种治疗方法包括使用语言自我指导、角色扮演、自我奖励和正面自我肯定等技巧，旨在改善和矫正儿童的行为模式。经验表明，短期行为疗法往往比长期治疗更为有效。一般来说，治疗周期建议为 10～15 次，每次治疗持续 1 小时。

(四)特殊教育项目

在一些国家，约有 1/3 的多动症儿童在一至二年级接受特殊教育，以帮助他们克服学习上的困难。重要的是，不应将这类特殊教育视为"落后"或"学习障碍"的标志。相反，应营造一个支持性的教学环境，并可能需要医生和心理学家的专业指导。当前，国内专业心理医生资源相对匮乏，可能无法为每个需要帮助的儿童提供充足的支持。因此，家长往往在心理专家的建议和指导下，自行对孩子实施特殊教育，这包括行为训练和陪伴阅读等措施。

(五)家教咨询

家庭对多动症的全面了解对治疗至关重要。确诊后，专业人员和家长应就可能的障碍、行为矫正、情感支持、药物治疗及预后等方面进行深入交流。儿童本身及其家庭均需得到充分支持。消除家庭中的不和谐因素，改善父母与子女间的关系，对多动症的治疗及预防次生障碍均有积极作用。父母积极参与孩子的活动，有目的、有计划地安排动静结合的活动，有助于培养孩子良好的学习和生活习惯，这对减少多动症状、提升注意力具有显著帮助。

(六)社会化技能

多动症儿童不仅需要在学校内学习，而且应在家庭内外接受学习方法、人际关系等方面的指导。在有条件的情况下，应让多动症儿童与有同情心的伙伴多接触、多交流，如参加运动队的活动。这不仅有助于提高他们的运动技能，而且为他们提供了完成社会化的环境。

(七)父母管理班

家长需要明白"过高的要求可能引发问题行为"。生活中，父母频繁指责儿童的问题行为。如果父母对多动症儿童缺乏了解，只是一味指责，就可能导致他们产生更多的问题行为。因此，父母需要特殊的帮助。应当为多动症儿童的家长开设"家庭教育培训班"，以便他们了解如何以和谐的方式与孩子相处，学习如何选择合理的期望值。父母必须学会用恰当的方式引导孩子的某些行为，指导他们承担一些家务劳动，并担负一定的责任。父母需要掌握正确、有效的行为矫正方法。

(八)感觉统合训练

采用感觉统合训练治疗多动症，可以取得良好的效果。多动症儿童可以在感觉统合训练中学习控制冲动和攻击行为，学会听从指导，并且增强自尊心和自信心。当运动能力和感觉统合处于良好状态时，将有助于改善他们的过度活动。

(九)药物治疗

某些中枢神经兴奋剂，如哌甲酯、右旋苯丙胺、甲基苯丙胺、匹莫林等，对治疗多动症具有疗效。但这些药物可能引起的不良反应包括食欲下降、失眠、头痛、胃痛、易怒、生长缓慢、抽搐等。对于正处于生长发育关键期的儿童，在服用此类药物时，需要格外谨慎。只有当多动症症状较为严重，并且对孩子的学习、家庭及学校秩序造成干扰时，才考虑药物治疗。药物治疗必须遵循医嘱进行。

总之，多动症是由生物学、心理学、社会学等诸多因素引发的，因此应当采取多方面的综合治疗措施。如果能够进行长期合理的治疗，大多数患者在成人时期的预后通常是良好的。预后不良的患者通常占治疗组的比例较小，一般在1/5以下，因此儿童期的干预和治疗是非常必要的。

另外，在进行感觉统合训练的同时，对已患有多动症或虽非多动症却有多动倾向的孩子，父母可以通过改善环境的办法来帮助孩子治疗。

(十)环境治疗

通过改变父母、教师及社会对多动症儿童的态度来改善环境，达到治疗效果。这包括以下几点。

(1) 明确疾病性质，正确对待。父母应认识到多动症是一种疾病，应设法了解病因，积极寻求治疗，而不应采取粗暴、歧视、冷漠、责骂、惩罚等措施。这样做不仅会加重病症，而且会加重患儿的自卑、忧虑、孤僻或反抗等心理。

(2) 逐步矫正多动行为。应逐步减少孩子的多动行为，而不应设定过高的目标，要求他们立刻变成安静的乖孩子。过分的要求只会导致双方关系紧张。

(3) 让孩子多参加丰富多彩的文体和社会活动，使他们有机会宣泄过剩的精力。

(4) 鼓励孩子的安静行为，用口头表扬、鼓励等强化手段逐步培养他们养成能静坐、能集中注意力学习和做事的习惯。

(5) 培养孩子形成良好的生活习惯。应让他们从小养成按时作息、有规律的生活习惯，保证充足的睡眠时间，并培养他们专注的好习惯，如吃饭时不看电视等。不迁就孩子的某些兴趣，如不能无限制地让他们长时间看电视或电影等。

(6) 消除家庭中可能导致多动症的不良刺激或精神紧张因素，协调家庭关系，缓和家庭气氛，防止因家庭因素使孩子心神不宁、焦虑紧张和过度兴奋。

(7) 规矩应简单、明确。对这类孩子进行要求的关键是防止他们的鲁莽行为损伤自己或伤害他人。因此，所定的规矩应能达到这种目标，不宜制定过多的清规戒律。

(8) 恰当对待。父母既不能歧视、责骂或殴打孩子，也不能以"病"为借口而过分迁就，使他们更加任性和好斗；既要耐心教育，又要严格要求。父母要主动与学校老师经常保持联系，相互反馈信息，共同促进孩子的病情好转。

第二节　自闭症统合训练

自闭症案例　自闭症统合
导入　　　训练

一、自闭症的定义

自闭症(autism)，也称作孤独症，是一种因先天脑部功能受损引发的一种发展障碍，通常在幼儿 3 岁前就可以被发现。自闭症的概念最早于 20 世纪 40 年代由美国医生从"儿童精神病"范畴中分离出来，至今不过几十年。在这几十年间，自闭症从无到有发展起来，现已成为跨越医学、心理学、教育学等几个学科的边缘学科。自闭症研究虽然已有几十年历史，但仍没有明确的定义。一般学者普遍认同的是：自闭症是由中枢神经系统受损引发的广泛性发展障碍，常伴有智力障碍、癫痫、多动、退缩以及情绪障碍等。自闭症在第一胎男婴中的出现概率相对较高，为 2‰～5‰，且男性的出现比例是女性的 3～4 倍。

二、自闭症儿童的特征

自闭症儿童在多个基本心理功能的发展方面存在障碍，包括人际关系、注意力、知觉、现实感、动作和语言等。自闭症通常是脑部功能受损导致的症状。这些孩子从幼儿时期起可能就会表现出对他人的忽视，无法进行目光交流，对人缺乏反应，对危险不感到恐惧，难以与亲人建立亲密关系，也不像一般儿童那样通过模仿学习。大约有 50%的自闭症儿童不会说话，或者说话时答非所问，或者只会简单地重复他人的话语。自闭症患者从小就存在语言理解和表达的困难，难以与周围的人建立情感联系，对各种感官刺激有异常反应，并且坚持一成不变、难以改变的固定玩法和行为模式，这些都是与一般儿童不同的特征。

(一)自闭症儿童的行为与能力特征

1. 社会交往能力

自闭症儿童经常独来独往，并且沉浸在自己的世界中，和其他人甚至其父母都较为缺乏情感交流。他们对自己的习惯非常坚持，如果固定的事物被更换，可能会使自闭症儿童感到不适。

2. 语言表达能力

自闭症儿童的语言发展通常会出现问题。这些问题包括一开始就不会说话，或者说话后出现语法错误、语言发展迟缓，以及重复性地使用词汇，不理解语言的含义等。

3. 重复刻板行为

自闭症儿童一般都会表现出这样或那样的刻板行为或动作，如转圈、嗅气味、玩弄开关、来回奔跑、排列玩具和积木、特别依恋某一件物品、喜欢看电视广告或天气预报、偏爱听某一首或几首特定的音乐等，但他们通常对动画片不感兴趣。他们的刻板行为在一段时间内可能会集中在某几种行为上，并非一成不变。

4. 智力异常

大约 70%的自闭症儿童存在智力发展迟缓的情况，但这些儿童在某些特定领域可能具有较强的能力。大约 20%的自闭症儿童智力处于正常范围，甚至约有 10%的自闭症儿童智力超常。这些患儿中绝大多数在记忆力方面表现较好，尤其是在机械记忆方面，如对数字、年代等信息的记忆。此外，他们往往对音乐有特别的兴趣。

5. 感觉异常

大多数自闭症儿童存在感觉异常。比如，对某些声音特别恐惧或喜好，对某些视觉图像感到恐惧，不喜欢被人拥抱，或者感觉迟钝。

6. 其他

多动和注意力分散行为在大多数自闭症患儿身上较为明显，常常被误诊为多动症。此外，发脾气、攻击、自伤等行为在自闭症儿童中也较为常见。

(二)自闭症儿童可能的症状

(1) 注意力集中的时间短暂。
(2) 可能会无目的地动个不停或活动过少。
(3) 容易踮脚走路，并且常跌倒及碰伤。
(4) 目光游移不定。
(5) 抄写功课时，容易将字写反(左右颠倒)或超出格子。
(6) 读书时，容易跳行或漏字。
(7) 不喜欢被人碰触或抚摸；或者过分喜欢碰触各类东西。
(8) 精细动作(如使用剪刀、系鞋带、拿筷子等)协调性较差。
(9) 不喜欢被举高及旋转；或者特别喜欢玩攀爬及旋转的游戏，而不知道害怕。
(10) 对于跳绳、踢毽子、踢球、传接球等活动操作有困难。

三、自闭症产生的原因

自闭症不是由父母的养育态度造成的，其成因目前医学上尚无定论，很可能是多方面的因素导致脑部不同区域的损伤。可能导致自闭症的因素包括以下几种。

1. 遗传因素

大约 20%的自闭症患者家族中发现有智力障碍、语言发展迟缓以及表现出类似自闭症特征的成员。此外，在自闭症患者中，大约有10%的男孩患有染色体脆弱综合征。

2. 孕期病毒感染

妇女在怀孕期间可能感染了麻疹或流行性感冒病毒等病原体，这些病毒可能会对胎儿的脑部发育造成损害，从而增加患自闭症的风险。

3. 新陈代谢疾病

苯酮尿症等先天性新陈代谢障碍可能导致脑细胞功能失调，影响脑神经信息传递的功能，而可能引起自闭症。

4. 脑损伤

窘迫性流产等因素可能导致大脑发育不全，孕妇生产过程中的早产、难产、新生儿脑损伤，以及婴儿期因感染脑炎、脑膜炎等疾病造成的脑部损伤，都可能增加患自闭症的风险。

自闭症患者之间的差异极大，且致病原因尚不明确，目前还没有确切有效的治疗方法，主要依靠认知教学、感觉统合训练、语言沟通训练等教育手段来减轻问题的程度。此外，还有音乐治疗、艺术治疗、动物辅助治疗、沙盘游戏治疗等方法。

国际上广泛采用并得到普遍认可的自闭症治疗方法是应用行为分析(Applied Behvior Analysis，ABA)。应用行为分析的基本原理是基于美国行为主义心理学家 B. F. 斯金纳(B. F. Skinner)提出的操作性条件反射理论。斯金纳认为，个体展现出某些行为，如果这些行为得到强化，那么在未来相似的情境中，这些行为出现的概率将会提高。所谓强化，是指奖励，包括提供能满足孩子生理或社会需求的刺激，如食物、微笑、亲吻等。应用行为分析适用于教授孩子应学习的生活技能、学业知识以及纠正不当行为。自闭症儿童不像普通儿童那样能主动地、无意识地学习许多生活常识，因此在对自闭症儿童的终身教育中，我们经常使用"干预"这一概念。所谓"干预"，就是全面参与孩子的生活，让孩子始终处于学习状态，学习内容涵盖生活的各个方面。在这种持续的教育过程中，应用行为分析是一项必须遵循的基本原则。家长应当灵活运用 ABA 治疗方法，对孩子的整个教育过程进行指导。

四、自闭症儿童家长的教育原则

第一，认识并勇敢地接受现实，不必感到内疚或羞愧，要尊重孩子，不因孩子的状况感到羞耻，以平常心对待自闭症儿童，带着孩子自信地走进人群和公共场合。家庭成员应互相体谅，协调生活作息，合理分工，避免因教养孩子而过度劳累。教养孩子不是孤军奋战，应寻求适当的帮助，家长们相互联系，发挥集体的力量，为子女的各项权益努力。

第二，了解正确的教育知识和方法。尽量让孩子有正常的社交生活机会，并教育周围的人，让他们了解自闭症儿童并非他们想象中的那样，提高社会对自闭症儿童的理解。了解孩子的能力，不要让孩子承担超出能力范围的任务，以免造成挫折。只要是孩子力所能及的，尽量让孩子独立完成，避免过度帮助，以免孩子失去学习自立的机会。不要只关注孩子失去的能力，而应关注他们拥有的能力，并加以引导。用智慧来实践对孩子的爱，用爱来克服障碍。

第三，要适当地处理自闭症儿童的情绪问题，并首先控制自己的情绪，避免将负面情绪发泄在孩子或家人身上。了解身心障碍儿童的权益和在家庭中的地位，不应因孩子的身心障碍就否定他们的价值。

五、自闭症的治疗方法

(一)感觉统合训练

感觉统合训练是依据儿童的感觉处理能力和动作发展水平，以游戏形式开展的活动。在这些活动里，儿童会参与符合自身需求的游戏，这种方式通常较易被儿童接受。在感觉统合训练初期，儿童的情绪和行为可能会迅速且显著地改善。然而，随着时间推移，这种改善可能会逐渐变缓。所以，为了进一步矫正和稳定情绪、改善行为能力，还需结合其他方法进行综合干预。

感觉统合是人类在与周围环境互动时，通过各种感觉系统(包括视觉、听觉、触觉、味觉、嗅觉、前庭平衡觉和运动觉)接收外界信息，并传送至脑部进行分析处理的过程。这一过程使人能够理解、学习并在运动系统中做出相应反应。对于自闭症儿童而言，感觉统合对促进其行为社会化具有重要作用。感觉统合训练专门针对自闭症儿童的感觉处理异常问题，根据他们的生理和心理发展水平以及个体差异，设计出一系列有计划、适合他们的活动。这些活动通常会用到悬吊、秋千、旋转和滑板等设备，让自闭症儿童在多样化、变化的活动中获得丰富且适宜的感觉刺激，以促进感觉统合功能的健康发展。通过接受感觉统合训练，儿童能逐渐适应新环境，并与治疗师建立良性互动关系，这有助于缓解他们的自闭症倾向。不过，整个治疗过程可能会遇到一些困难。激发儿童的自主运动能力是指导训练的关键。当儿童面临挑战时，治疗师应运用积极的语言和行动进行鼓励，如"我们一起做""试试看""你能行"等，帮助他们逐步克服因能力限制或训练形式单一带来的困难。这样不仅可以培养儿童对活动的兴趣，让他们感受到快乐，还能有效缓解他们因无法完成任务产生的焦虑和紧张情绪。最终，这有助于儿童建立充足的自信心和稳定的情绪状态，为他们的全面发展和融入社会奠定坚实基础。运用感觉统合训练所需的教具应能让儿童获得适宜的感觉刺激。这些教具及训练项目包括滑板、秋千、网缆、悬吊橡皮圈、弹簧床、滑梯、平衡船、旋转盘、吊网旋转、吊杆倒吊、在排球、足球或橄榄球上摇滚晃动、大龙球、在彩虹桶内滚动、在悬吊木马上摆动、用刷子或海绵或电吹风刺激或摩擦手指、手臂或全身、玩黏土、沙子、手指画画、玩橡皮泥、挠痒游戏、海洋球池等。

(二)行为矫正

行为矫正是依据学习原理处理行为问题，从而引起行为改变的一种客观、系统且有效的方法。其中，许多方法对处理自闭症儿童的情绪行为有积极作用。

1. 正面练习

当自闭症儿童出现情绪或行为问题时，指导者可引导儿童将双手放在头上，按照从头部到肩膀，再到腰部，最后到腿部的顺序逐一关注每个部位，无论是坐姿还是站姿都可以执行。在关注每个部位时，应停留15～30秒。如果儿童具备一定的语言表达能力或数数技能，指导者可以鼓励儿童数数(从1数到30)，这样既能计算时间，也能在一定程度上分散他们的注意力。通过反复练习，直到儿童情绪恢复稳定。

2. 忽略与增强

当儿童出现扯头发、打头、用头撞墙、咬手或在地上打滚等行为时，家长若急于哄逗或抱起儿童，可能会使问题行为加剧。因此，在确保儿童自身及他人的生命和财产安全不受影响的情况下，家长应避免立即做出反应，甚至可以暂时不直接注视儿童，以免助长其问题行为。等儿童情绪稳定后，家长再适时进行干预。家长应在儿童情绪稳定时，积极利用表扬和鼓励等方式进行间歇性的正面强化，以促进良好行为的发展和维持。通过这种方式，可帮助儿童建立更积极的行为模式，并在长期强化中减少问题行为的出现。

3. 厌恶制约

对于存在自伤行为，尤其是严重自伤和攻击他人行为的儿童，家长可以考虑适时采用厌恶制约疗法。厌恶制约疗法是指将自伤和攻击他人等不良行为与不愉快的体验(如言语批评、轻微的身体惩罚等)相结合，使用这些不愉快甚至痛苦的体验作为条件刺激，以取代自伤和攻击他人的行为，帮助儿童更深刻地理解行为与后果之间的联系，进而自行抑制并减少这些不良行为。对于一般的咬手行为，可以在儿童咬的部位涂抹黄连、胡椒等有苦味或辣味的物质；对于严重的自伤行为，如咬手指、手腕或打头等，可以使用橡皮筋轻微弹击相关部位(注意力度要适中，避免造成伤害)。不过，这种方法在实施时需要充分考虑人道主义、法律规定以及可能带来的副作用，实际操作时应极为谨慎，确保不会对儿童造成身心伤害。

4. 隔离

当儿童出现破坏性行为(如抛掷玩具、破坏玩具等)、攻击性行为(如咬人、打人、踢人、在楼梯上推人、吐口水、扯头发等)或发脾气(如哭叫、吵闹、在饭桌上乱扔食物等)时，家长应在不良行为发生后的 5 秒内立即采取措施。比如，停止儿童正在进行的活动，移除他们正在享受的正面强化物，或者将儿童与其他孩子或当前环境隔离，转移到一个正面强化物较少的环境中，即实施暂时性隔离。暂时性隔离的持续时间通常遵循"1 岁 1 分钟"的原则，家长也可以根据儿童的生理年龄和心理发展情况适当调整时间长度。如果使用专门的隔离空间，该空间的设计应科学合理，确保儿童无法在其中自伤。在暂时性隔离期间，一旦儿童表现出良好行为，家长应立即减少或移除原有的不愉快刺激或情境，并采取措施提高儿童在未来相似情境中展现替代性良好行为的频率。这样做是为了通过正面强化来鼓励和塑造儿童的良好行为，同时减少不良行为的发生。

(三)认知行为疗法

认知行为疗法的核心是改变个体的信念、知觉等内部思维过程。该疗法旨在帮助儿童摆脱消极观念，引导他们接受更积极的思维模式，从而促进身心健康并引导行为积极变化。认知行为疗法依据教育和学习原则，融合了行为矫正技术，为儿童提供指导和训练。该疗法特别强调纠正不当的认知模式和思维观念是解决情绪问题和心理障碍的关键步骤。它代表了行为矫正技术在理论和实践上的进一步发展，通过结合认知心理学的见解，提供了更为全面和深入的心理干预方法。

1. 认知功能训练

认知能力通常是指个体理解事物、感知环境和进行思考的能力。自闭症儿童从婴幼儿阶段开始，认知能力的发展可能就存在显著障碍，他们难以对周围环境进行有效的分析、综合、归纳和整理。此外，他们在理解人际关系方面也面临很大困难。许多自闭症儿童甚至无法理解人际交往和沟通中最基本的语言元素。例如，他们可能不理解"等一下"等表达的含义，这可能导致他们在行为上出现问题。因此，对自闭症儿童进行长期的认知功能训练，提升他们的认知水平，是解决行为问题的关键环节和有效方法。通过这样的训练，可以帮助他们更好地理解和适应社会环境，减少因认知障碍引发的行为问题。

2. 沟通控制

高功能自闭症儿童的表达能力相对较强，有多样化的沟通手段和方式。当这些儿童遇到情绪或行为问题时，家长应当积极鼓励他们以各种形式(如书写、绘画、使用电脑等)表达内心的情感，促进他们与人沟通。同时，家长应逐步引导儿童通过自身的努力解决行为问题，以实现通过沟通来促进儿童情绪自我调节的目标。对于功能水平一般的儿童，也可以使用这种方法。比如，使用沟通板、图卡、手势以及简单字词等表达内心的需求和愿望，与指导者进行有效的沟通，以此缓解内心的压力和不快，进而逐步控制或稳定情绪。

3. 自我控制能力训练

自我控制是指个体对自己行为进行调整和纠正的过程。自闭症儿童与普通人一样，在日常生活中通过持续的学习和不断的社会化，能够使某些行为与特定的刺激物建立紧密联系。在日常生活中，用于控制行为的刺激物和方法多种多样。其中，物质奖励和语言引导在培养儿童自我控制能力方面尤为有效。通过这些手段，可以帮助自闭症儿童更好地管理自己的情绪和行为，从而更好地适应社会环境。

(1) 利用转移手段增强儿童的自我控制能力。当儿童出现情绪行为时，家长应立刻将他们的注意力转移到其感兴趣的物品上(如食物、玩具等)，并在适当程度上满足他们的需求，但注意不要立即满足。同时，家长应随着时间的推移或情绪行为发生次数的减少，逐渐延长儿童出现情绪行为与满足其需求之间的时间间隔。通过这种方式，可以有效提升儿童的自我控制能力。

(2) 语言指导。美国临床心理学家阿尔伯特·艾利丝(Albert Ellis)提出的理性情绪行为治疗理论认为，情绪并非由某一种诱发事件本身直接引起，而是由个体对事件的解释和评价导致；不合理的信念会引起不良的情绪反应，而通过语言指导和语言疏导可以改变不合理的信念，从而逐步通过改变自己内化或经常告诉自己的一些语句来控制这些情绪。首先，在上述转移控制的基础上，用语言逐步取代对物品的依赖。其次，加强对儿童在对待和处理日常事务的思考方式的指导，不断强化其内心积极和正确的信念，进而提高他们的自我控制能力。

第三节　抽动症统合训练

一、抽动症的定义

抽动症，又称抽动秽语综合征，此病起病年龄通常为2～12岁，且男孩患者多于女孩。抽动秽语综合征表现为不自主、突发、快速重复的肌肉抽动，抽动时常常伴有爆发性、不自主的发声以及秽语。抽动症状最初多出现在面部和颈部，随后逐渐向下蔓延。抽动的部位和形式丰富多样，如眨眼、斜视、噘嘴、摇头、耸肩、缩颈、伸臂、甩臂、挺胸、弯腰、旋转躯体等。发声性抽动可能体现为喉鸣音、吼叫声等，随着时间推移，可能发展为刻板的咒骂或陈述污秽词语等。部分患儿在不自主抽动后可能逐渐出现语言运动障碍。还有部分患儿可能会出现模仿语言、动作、表情等行为。患儿的病情常有波动，时轻时重，有时可自行缓解一段时间。抽动的部位、频率和强度都会发生变化，患儿在紧张、焦虑、疲劳或睡眠不足时，症状可能加重；在精神放松时，症状可能减轻；睡眠时，症状可能消失。患儿智力一般正常。部分患儿可能伴有注意力不集中、学习困难、情绪障碍等心理问题。

二、抽动症产生的原因

儿童抽动症的病因目前尚不完全清楚，可能与以下因素有关。

(一)孕期母亲的身体状况

孕期前3个月，如果母亲出现先兆流产、情绪紧张、受到惊吓、极度悲伤、营养不良、活动量少等情况，则可能影响孩子大脑神经系统的健康发育。

(二)分娩过程

生育时间过早或过晚、难产等情况，可能导致孩子出生时发生窒息、缺氧、大脑损伤等问题，这些都可能对孩子大脑神经系统的发育产生不良影响。

(三)家庭教育方式

在早期教育过程中，如果家长对孩子过于严厉和苛刻，可能使孩子长期处于紧张和恐惧的环境中，情绪难以放松，缺乏应有的温暖和安全感。这种高压的教育方式有可能成为抽动秽语综合征的致病因素之一。

三、抽动症的矫治方法

(一)感觉统合训练法

儿童的神经系统尚未发育完全，在成长过程中可能会出现各种问题。抽动症与神经系统的发育状况密切相关。通过感觉统合训练，可使大脑神经系统的连接更加成熟和高效，提升感觉统合能力。这样，个体能更好地适应周围环境，增强自信心，有效克服不必要的紧张和焦虑情绪。

(二)心理行为治疗法

抽动障碍的症状在紧张时会加重,在放松时会减轻,在睡眠时通常会消失。因此,当儿童出现抽动症状时,不应强迫他们控制这些动作,而最好采用转移注意力的方法。例如,如果发现患儿抽动较为明显,可以鼓励其参与递送报纸或进行一些轻松的活动。通过这种方式,不仅可以减轻由抽动症状带来的紧张、焦虑和自卑感,而且能通过有目的的肢体活动逐渐减轻及缓解抽动症状。

(三)认知支持疗法

儿童常因挤眉弄眼等抽动症状感到自卑、痛苦,难以自拔。此时,若父母还对他们唠叨、过分限制、无休止地指责,对患儿来说无疑是雪上加霜。因此,最有效的方法是打破这种恶性循环。在心理医生的指导下,父母应与儿童一起分析病情,正确理解抽动症状的表现,让孩子明白抽动症不是坏习惯,而是一种疾病,如同感冒发烧一样。这样可以帮助孩子逐渐增强克服疾病的信心,消除自卑感。实践证明,这种认知支持疗法能有效促进疾病的康复,并避免儿童心理发展受到不良影响。

(四)药物治疗

通常情况下,如果抽动秽语综合征儿童的症状严重,应尽早采用药物治疗。治疗抽动症常用的药物有氟哌啶醇、哌咪清、硫必利等,这些多巴胺受体阻滞剂对抽动症状有较好的疗效。除药物和心理治疗外,还应合理安排患儿的日常作息,避免其过度紧张和疲劳,让患儿适当参加体育和文娱活动,使其尽量处于轻松愉快的环境中,避免出现活动过度和学习困难的情况。食物添加剂等可能加剧这类儿童的行为问题,含咖啡因的饮料也可能加重抽动症状,因此,应尽量避免让患儿食用含有食物添加剂、人工色素、咖啡因和水杨酸等成分的食品和饮料。

第四节 语言问题统合训练

语言问题的
统合训练

一、语言障碍的定义

语言能力的发展是儿童智能发展的重要组成部分,也是儿童日后许多高层次心理能力发展的基础。例如,阅读能力、社交能力等都建立在语言能力基础之上。人们借助语言进行复杂的思维和表达,讲述思维的成果,相互交流思想和情感,从而拓展和加深对事物的认识,丰富情感生活,提升参与社会生活的能力,使心理发展更加健康。

然而,语言能力虽基于先天的神经遗传特质,但主要是在出生后与社会环境的互动中逐渐习得的,是人类高级智力的体现,并非与生俱来的本能。儿童的语言问题主要包括说话晚、口吃、发音不清、语言表达能力差等。看似简单的说话行为,实际上包含了极其复杂的大脑神经活动。新生儿具备极强的语言学习能力。在 8 个月之前,正常儿童能够适应并学习任何国家的语言,但这种能力会随着年龄的增长而逐渐减弱。因此,抓住儿童语言发展的关键期，为婴儿提供适宜的语言环境至关重要。

儿童的语言能力包括听、说、读、写四个方面，这些能力并不是一出生就完全具备的，而是需要经过后天的训练才能逐渐发展起来。许多家长并不十分清楚何时以及如何对儿童进行语言能力训练，往往只有在发现孩子出现说话不清、口吃、阅读困难、眼睛疲劳、书写笔画颠倒、字迹潦草等问题时，才意识到儿童在语言能力上可能存在问题。那么，家长应如何帮助儿童发展语言能力呢？我们需要先分析儿童语言障碍的原因。

二、儿童语言障碍的原因

儿童的语言功能在很大程度上依赖于感觉统合能力的发展。如果儿童的听觉或视觉功能不佳，或者语言器官的控制能力不良，就会影响语言的发展。前庭感觉和本体感觉不良，也会影响语句的组织和语言逻辑，甚至触觉过敏和自闭症等问题，也会因为沟通困难导致语言能力出现严重的迟缓现象。首先是听力，儿童通过聆听大人的对话和与大人的沟通来模仿和学习语言。如果儿童的听觉功能发育不良，势必会影响其说话能力。这里所说的"听觉"不是指听力能力，听力是指能够感知声音的存在，而听觉是指对听到的声音内容的理解。我们需要关注儿童的语言环境，如果儿童从小生活在语言环境不统一的家庭中，可能会在学说话时感到困惑，从而影响语言的发展。

例如，儿童"大舌头"的原因之一就是听觉分辨能力的问题，他们听到的可能是含混不清的内容。还有的儿童虽然上课也在听课，但是记不住老师说的话和留的作业。这些问题都是感觉统合失调中的听觉障碍导致的。感觉统合训练中的旋转圆筒、滑梯、滑板等活动，以及音乐治疗中的音高辨识、听觉辨识、听觉记忆等训练都有助于解决这些问题。

阅读能力与视觉能力的发展有很大关系。有些儿童在阅读时出现跳字、漏字、阅读不流畅等问题，并不是因为他们态度不认真，而是因为视觉功能发展不良，双眼的协调能力不足，导致眼球运动不稳定或跟踪移动能力不佳，因此在阅读时可能会遗漏一些字或读错行。

儿童的写字能力与大肌肉运动能力(肘部动作)、精细动作能力(手指动作)、空间视觉能力(眼睛对距离、左右的辨别)、手眼协调能力(眼睛看到的和手上写出的是否一致)等密切相关。所以，对于书写能力不佳的儿童，家长仅仅指责或让其练习书法是不够的，需要进行综合性的训练和指导。

三、如何预防和矫治语言障碍

孩子语言能力的发展需要时间，家长应该有足够的耐心，并掌握科学的指导和训练方法。那么，如何预防儿童的语言问题呢？出现语言障碍又如何训练矫治呢？

儿童语言能力的发展包括两个方面：一是对语言的理解，二是主动表达和使用语言。儿童往往是先理解语言，然后才能说出语言。但是，儿童的语言能力并非一出生就能自然而然地发展起来。例如，与狼共同长大的"狼孩"就很难发展出语言能力，他们可能只会发出嚎叫声。同样，那些在缺乏关注的环境中成长的儿童，其语言能力也会很贫乏。心理学家的研究发现，0～7岁是孩子语言发展的关键期，如果在这一时期没有得到及时的刺激和训练，儿童很容易出现语言障碍，这可能会影响他们未来的心理发展。

在 1 岁以内，语言训练应着重于主动对孩子说话。即使是 1～3 个月的婴儿，也会对声音有听觉反应，能辨别声音的来源，会"咿呀"发声，能辨别讲话人的情感等。家长不要忽略这一时期儿童的语言发展需要，应多给予儿童丰富多彩的声音刺激。比如，播放音乐、儿歌等，给他们讲故事以及带他们聆听自然界的各种声音。不要让儿童生活在极度安静的环境中，也不要只给予其单调的声音刺激。儿童最喜欢看的是微笑的人脸，因此家长应多与儿童交流，多与其建立情感联系，多带他们到户外去感受新鲜的刺激。

孩子会说话以后，家长不要只满足于教他们认字、背诗等，应注意训练他们的平衡能力和本体感。平衡能力不佳的孩子，即便说话流利，也可能会存在注意力不集中、语言组织能力差、话多而无重点等问题。本体感差的孩子，动作拖沓、笨拙，大脑对声带、舌头、嘴唇等肌肉控制不良，容易造成思维快于语言，而形成大舌头、口齿不清、口吃等问题。平衡能力和本体感的训练包括小滑板爬行、大滑梯、网缆、趴地推球、旋转圆筒、平衡木、平衡台、独脚椅、跳绳和拍球等训练活动。这些训练可以延续到 13 岁，对孩子文字表达能力的进一步发展也很有益处。

有些语言障碍是由智力障碍引起的，如说话晚、发音不清、不能理解别人说话等。这就需要在专家的指导下，进行智能训练和开发。儿童因自闭症引起的不说话、不与别人沟通等语言障碍，则需要特殊的心理训练来矫正。因为机械地训练孩子说话并不能解决根本问题。研究和临床实践证明，感觉统合训练和音乐治疗可以训练孩子更好地与外界沟通。

总之，孩子的语言训练和障碍矫正越早干预越好。

第五节 智力问题统合训练

一、智力的构成

智力问题的统合训

智力问题统合训练 2 和小结

儿童的智力问题是家长普遍关注的问题。那么，关于智力我们了解多少呢？不妨先了解一下智力的构成。

关于这个问题，心理学界有许多不同的说法。传统上，大多数智商测试主要聚焦于语言智力和逻辑数理智力。美国哈佛大学心理学教授霍华德•加德纳(Howard Gardner)曾花费数年时间进行研究。1983 年，他在《智力的结构》(Frames of Mind)一书中指出，我们每个人的大脑至少由八种智力构成。且脑外科和脑科学研究表明，每一种智力或能力在大脑中都有相应的位置，存在着脑功能的不同定位。若某个部位严重损伤，就有失去特定能力的风险。加德纳提出的八种智力具体如下。

(一)语言智力

语言智力是指人们阅读、书写和灵活运用词语进行交流的能力。显然，这种能力在作家、诗人、记者、演说家、政治家和说书人身上得到了高度发展。

(二)数学逻辑智力

数学逻辑智力是指人们的推理和计算能力。这种能力在科学家、数学家、统计学家，以及法官、律师身上得到了充分体现。

(三)空间智力

空间智力是指感受、辨别、记忆和改变物体空间关系，借此表达思想和情感的能力。这种能力在雕塑家、画家、建筑师、航海家、驾驶员和发明家身上有明显体现。

(四)音乐智力

音乐智力是指先天具备以及后天通过学习获得的感知、理解和创编音乐的能力。这种能力在作曲家、演奏家、指挥家、音乐家和音乐爱好者身上得到了高度发展。

(五)身体运动智力

身体运动智力是指支配肢体完成精细动作的能力。如打篮球、跳舞等。这种能力主要表现在演员、舞蹈家、运动员、机械师、外科医生和手工艺师身上。

(六)人际智力

人际智力是指与他人相处的能力。这是教师、政治家、销售人员和谈判专家应具备的能力。

(七)内省智力

内省智力是指洞察、了解自己和自我调节的能力。这种能力在社会工作者、心理医生身上有明显体现。

(八)自然认知智力

自然认知智力指对自然界的认识(如识别方向)和适应野外生活的能力，如水手、旅行家和猎人所擅长的能力。

加德纳拓宽了人们对智力的认识，对传统的智商测试提出了挑战，也为教育策略的研究提供了理论依据。随着社会的不断进步，社会分工越来越细，不同职业对智力的要求往往各不相同。适应这种需求，培养更适合社会发展需要的人才是教育的责任。

新的教育改革正是在此理论的基础上进行的。在传统的教学模式中，教师主要在讲台上讲解课文、板书、提问等。教育改革后，教师改变了以讲授为主的方法，开始多种教学手段并用，包括运用空间、音乐等方法，创造性地结合多元智力策略。比如，教师除了适当地讲解外，还可以利用图示、录像、音乐等形式教学，或让学生离开座位进行活动，以加深学生对抽象内容的理解，并且让学生通过同桌、小组、大组活动等人际交往方式和自学、讨论等学习方式来提高教学效果。同时，每个学生在多元智力方面各有所长，教师经常变换教学策略可以使每个学生擅长的智力都能充分运用到学习中，从而取得最佳的教学效果。

针对这种变化，家长应该注意些什么呢？

首先，家长对孩子应有客观、公正的评价。由于遗传和后天环境等因素，不同个体的大脑功能存在很大差异。这使每个孩子都有其自身的特点。家长应关注、发现并培养孩子的特长和优势，积极保护和鼓励这些亮点，以促进其更好地发展。同时，家长应避免将自己孩子的缺点与其他孩子的优点进行比较。这种比较不仅不能提升自己孩子在某一领域的能力，达到其他孩子的水平，反而可能削弱孩子的积极性和自信心，对孩子的能力发展和个性成长造成不利影响。

同时，孩子大部分时间是与父母及其他家庭成员生活在一起的，孩子的成长和发育受家庭环境的影响极大。因此，如果家长能够学习教育、指导孩子的技巧和方法，对孩子的健康成长将会十分有益。

二、对于智力问题的训练

家长了解了孩子的智力构成和发展的不足之处后，就应该有针对性地培养和训练孩子。因为不存在先天预设的智力，即智商(IQ)不是生来就固定不变的。美国阿拉巴马大学心理学家拉姆齐(Ramsey)在1996年进行了一项对贫困儿童进行早期教育干预的研究，证实了对贫困儿童的教育干预方案能够有效预防他们智力发展上的延缓，并能提高IQ分数。那么，怎样通过干预提高孩子的智力水平呢？

(一)丰富环境刺激

大脑的变化、学习和记忆以及脑内神经元的联结程度取决于环境对大脑的刺激。脑科学研究发现，丰富多彩的环境刺激对早期大脑发展具有显著影响。科学证据表明，大脑的生理变化是经验的反映，而大脑功能的水平在很大程度上取决于其所处的环境状态，并遵循"用进废退"的原则，不能缺少足够的刺激。人并非生来就拥有一个功能完善、高效运转的大脑。大脑的逐渐成熟是个体遗传特性与外部经验相互作用的结果，即基因与环境相互作用的产物。

以语言功能为例，语言是人类与其他动物区别的重要标志，也是大脑成熟的重要标志。从脑的进化和关于语言机制的研究中，我们可以了解到，语言的产生具有重要的脑科学基础。这就是为什么人类有语言，而其他动物没有。美国麻省理工学院语言学家艾弗拉姆·诺姆·乔姆斯基(Avram Noam Chomsky)由此只强调语言与遗传特征的关系，希望找到语言基因，但这一预测尚未得到科学证实。因为大脑的进化是自然选择的结果，不可能脱离环境的影响。从本质上讲，语言功能是大脑与环境交互作用的产物。虽然遗传特征在语言发展中起着重要作用，但正常的语言发展仍然需要儿童时期的语言环境和语言教育的支持。

总之，环境影响基因的表达，基因决定环境的作用，这是脑科学研究得出的新见解。关键因素是对大脑的刺激。研究已经表明，引起大脑巨大变化的主要是涉及学习和记忆的活动，而非单纯的体力活动。课外的愉快交流、有意义的社交、填字游戏和勤奋阅读等，都可以多样化地刺激大脑。丰富的环境能够影响大脑的发育和学习能力，特别是在关键时期尤为重要。对于教育工作者来说，有必要为儿童创造一个丰富多彩的学习环境。因此，美国加州大学伯克利分校脑科学专家坦蒙德(Tammad)教授提出了一整套建议，要求教育工作者做到以下几点。

(1) 给予儿童稳定、积极的情感支持。

(2) 提供一份营养均衡的食谱，充分满足儿童对蛋白质、维生素、矿物质和卡路里的需求。

(3) 刺激所有感官，但未必都要同时进行。

(4) 创设一个宽松的氛围，消除过度的压力和焦虑，使之充满欢乐。

(5) 在儿童发展的不同阶段，向他们提出一系列难度适中、新奇的挑战。

(6) 大幅加强儿童活动中的社会交往。

(7) 促进儿童在智力、身体、审美、社会性和情感等领域的全面发展。

(8) 为儿童提供自主选择和调整努力方向的机会。

(9) 营造一个快乐、有趣的学习气氛，使儿童感受到学习的乐趣。

(10) 要让儿童成为主动的参与者，而不是被动的观察者。

以上这些建议涉及教育管理学、学校卫生学、教育心理学、教育社会学、教学论和教材教法研究等诸多领域的理论和实践，对人们很有启发。

(二)要抓住孩子智力发展的关键期

大脑发展的关键期概念是加拿大神经科学家大卫·休伯尔(David Hunter Hubel)等人在20世纪60年代提出的。他们研究发现，将出生后的小猫或小猴用外科手术缝上眼皮，数月后即使将其拆除，这些动物也无法获得视觉信息，尽管它们的眼睛生理结构是正常的。此外，这些早期被剥夺视觉经验的动物在视皮层上的结构也与正常动物有所不同。

大卫·休伯尔等人由此提出了视觉机能发展的关键期概念。最近30年来，数以百计的脑科学专家对"关键期"进行了大量研究，并已取得了相当的进展。其科学结论简而言之就是，不同能力的发展有不同的关键期，某些能力在大脑发展的某一敏感时期最容易获得。例如，人的视觉功能发展的关键期大约在幼年期，而对于语言学习来说，音韵学习的关键期在幼年，语法学习的关键期则在16岁以前。关键期内，神经系统的可塑性大，发展速度特别快。过了这段关键期，其可塑性与发展速度都将受到很大的影响。此外，对于不同的人来说，不同功能发展的关键期也并不完全一致，存在一定的个体差异，在脑的不同发展阶段存在着不平衡性。所以在教育中要抓住关键期，让诸如视觉、听觉、语言等能力都适时地开启"机会之窗"，使脑的各项功能得到及时有效发展。如果我们在适时的关键期给予了儿童适当的学习机会，不但能使其学得快，而且可以促进其生理发展，进而更加促进相应能力的发展。

(三)对于儿童大脑功能的训练

孩子从出生到25岁，大脑的各种功能才发育成熟，并不是一生下来就固定不变的。因此，当家长发现孩子的智力发展存在障碍时，既不能悲观失望、丧失信心，或者怨天尤人、情绪急躁，也不应放任不管，误以为孩子长大了情况自然会好转；相反，应该积极采取干预措施，及时为孩子提供治疗和训练的机会，坚信通过努力孩子的状况会有显著的改善。训练大脑功能的方法并不是教孩子认识多少字，背诵多少诗，而是应从以下几个方面来实施训练。

1. 在大运动能力方面的训练

家长要训练孩子爬行、翻身、坐、站、走，以及跑、跳、上下楼梯、拍球、跳绳、走平衡木等能力。有的家长因为孩子不会爬行就放任不管、不加以教导，这种做法是不负责任的。家长应该多推动孩子的臀部和脚，慢慢教会孩子爬行。如果孩子不会跳绳，可以先让孩子练手摇的动作，接着练习跳绳的动作，最后练习将这些动作协调起来。

心理学家研究发现，婴幼儿动作的发展与心理的发展有着密切的关系，早期动作的发展在一定程度上标志着心理发展水平。同时，动作的发展也能促进心理的发展。对于婴幼儿来说，大肌肉运动的能力水平是智力发展的一个重要标志。大肌肉运动主要包括头颈部、躯干和四肢幅度较大的动作，如抬头、翻身、坐、爬、站、走、跳、单脚站立、上下楼梯、四肢活动和姿势反应、躯体平衡等各种运动能力。这些动作在孩子1～3岁时发展最快，第二年是第一年动作发展的巩固阶段，发展过程如下。

(1) 1个月：全身动作无规律，俯卧时能勉强抬头，吸吮有力。2个月：由俯卧位被托起时，头与躯干能维持在一条直线上。4个月：会抬头、挺胸，头竖直，手能握紧玩具。6个月：会翻身，扶物品能够站立，喜欢扶立跳跃。8个月：能坐稳，会爬，扶着物品能站立。10个月：能扶着物品站稳。

(2) 1岁：能自己站立，家长扶一下就可以走。1岁3个月：会独立行走，能搭两块积木。1.5岁：跑得稳，拉一只手可上台阶。

(3) 2岁：会上下楼梯，会开门。

(4) 3岁：能倒退走，会折叠纸张。

(5) 4岁：会单脚站立，能用剪刀剪图画。

家长应该从小注重训练孩子的动作，让孩子充分活动，不要总是抱着孩子。否则，由于活动不足，孩子将来在学习知识时可能会出现注意力不集中、动作拖沓、胆小退缩等问题，进而影响孩子的心理发展。

2. 训练孩子手的灵活性和准确性

手的动作技能发展对提高儿童智力有很大帮助。训练可以从教导孩子抓取大的、近处的物品开始，逐渐过渡到抓取小的、远处的物品，从简单地摆弄物品到能够拆解和组装物品等。孩子躺在床上一开始可能没有抓东西的意识，家长可以用细绳拴一个小玩具，在孩子眼前晃动，吸引孩子的注意力，引导孩子学会用手去抓取悬挂的物品。接下来是训练敲打动作，像拨浪鼓、木鱼、小叉等都是不错的敲打工具。最后进行双手协调性训练，也就是提高精细运动能力，可以从撕纸、拧瓶盖、扣纽扣、穿珠子等开始，逐渐学习更难一些的动作，如使用筷子、系鞋带、使用剪刀、剥豆子、捏橡皮泥、画画、写字等。

3. 训练孩子的感知觉

新生儿已经具备视觉、听觉和触觉反应能力，家长可以通过让孩子看、注视、追踪彩色的、运动的物体来训练孩子的视觉；通过让孩子寻找能发出声响的玩具、听音乐、给孩子读故事等来训练孩子的听觉；通过和孩子拥抱，用粗毛巾擦身体，让孩子翻跟头、玩沙土、游泳等来训练孩子的触觉。多带孩子到大自然去体验丰富的色彩、声音、气味等的刺激。只有孩子的感知觉和运动能力都得到充分发展，智力才能有良好的提升。

4. 训练孩子的认知能力

家长不仅要教孩子认识日常用品，记住它们的名称，而且要多教孩子一些常识。例如，一个星期有几天，太阳从哪边升起、从哪边落下，教孩子认识时间、认路和乘车，等等。

5. 训练孩子的语言能力

在孩子还不会说话时，家长应多与孩子进行交流和情感沟通。让孩子多听故事、对话、儿歌等，在娱乐中教孩子发出简单的声音，直至教会孩子简单的字词和句子。语言的掌握过程是孩子认知能力、记忆能力、思维能力迅速提高的过程，讲故事、做游戏以及平时的日常活动都对孩子的语言发展有利。家长应尽量多地与孩子交流，多说孩子容易理解的短句，努力促进亲子互动。

6. 训练孩子的交往能力

家长应多拥抱、抚摸和逗引孩子，以训练孩子的交往能力。多让孩子与他人接触，和别的小朋友玩耍，避免将孩子独自放置一旁，忽视他们的需求。有智力问题的儿童往往胆小、缺乏自信，要克服他们的恐惧心理，首先需要给孩子安全感，让孩子感到任何时候都不会被忽视，从而对家长产生足够的信任。当孩子遇到问题时，家长应给予安慰；当孩子尝试做某事时，家长应给予鼓励。孩子只有在情绪良好的情况下，才有可能学得更好，掌握更多。

7. 训练孩子的生活自理能力

训练孩子的生活技能，如吃饭、喝水、穿脱衣服、坐便盆、擦屁股、系鞋带等，逐步培养孩子做家务的能力。这些技能是孩子适应社会所必须学会的，也与孩子的感知觉、动作、语言能力的发展密切相关，直接影响孩子的智力发展。单纯依赖专业训练机构是不够的，因此更需要家长付出相当的努力。

8. 在自然情境中发展儿童的智力

在这个世界上，父母找不到比大自然更好的老师了。它胸怀宽广，知识丰富，如此具体地将世界的万事万物展现在孩子面前，让他们看、摸、闻、听，甚至品尝。它鲜艳的色彩、娇美的姿态、动人的声响，以及神奇的变化都吸引着孩子，激发他们探索的欲望。父母的责任就是引导孩子到大自然中去学习、去探索。

(1) 观察、喂养小动物。孩子最喜欢观察昆虫活动，蚂蚁、蟋蟀、瓢虫、蜻蜓、蝴蝶等都是他们感兴趣的对象。家长可以告诉孩子哪些是害虫，哪些是益虫，蚂蚁的力量有多大，蝴蝶是由青虫变来的。孩子在观察蜻蜓的体态结构、追逐蜻蜓时能够发展视觉能力。孩子还喜欢喂养刺猬、兔子、小鸡、小乌龟、金鱼等小动物，可以鼓励孩子观察动物的生活习性，要求孩子按时喂养它们，为它们打扫卫生，培养孩子的责任心和爱心。

(2) 观察植物。让孩子在风景优美的环境中闻一闻花草的气味，告诉孩子植物的名称，让孩子用不同形状、颜色的叶子拼成美丽的图案。通过植树让孩子了解生命成长的过程。让孩子知道要珍惜粮食、保护自然。

(3) 观察四季的变化。一年四季的变化，可以给孩子提供丰富的观察内容。春天，气温变暖，大树和小草冒出了绿芽，五颜六色的花儿开放了，小鸟都飞出来了。夏天，田野里的庄稼碧绿、饱满，树上的知了不停地叫，萤火虫在黑夜里飞来飞去，小青蛙在水里嬉戏。秋天，树叶变红、变黄了，庄稼和水果都成熟了。冬天，天气寒冷，但堆雪人、打雪仗是所有孩子的爱好，家长可以让孩子观察雪花的形状，了解结冰的过程。

（4）观察星空。观察月亮形状大小的变化，了解星星的名称、位置，让孩子的想象力插上翅膀，在天空翱翔。

（5）观察气候的变化。晴天、下雨、下雪、下雾各有什么特点。天气不同时，皮肤触觉有什么变化。

（6）玩水。几乎所有孩子都喜欢玩水。家长可以把一小块塑料、海绵、铁块、开着口的瓶子和密封的空瓶子放到水里，让孩子观察哪些可以浮起来，哪些会下沉；带孩子游泳时，可以让他去感觉水对自己身体的浮力；还可以引导孩子观察烧开水的过程。

（7）寻找目标。让孩子尽快寻找环境中的某个目标，和其他人比赛看谁找得快，训练孩子的观察力和注意力。

（8）让孩子自己动手解决问题。在野外辨别方向、寻找水源、识别可食用的植物、解决取暖问题等，不要一切都为孩子做好，照顾得面面俱到，要适当地为孩子创造一些困境。

在自然环境中，家长可以教给孩子许多科学知识和生活常识，磨炼孩子的意志力，训练孩子的观察力和注意力，培养孩子的学习兴趣。

许多家长都非常疼爱自己的孩子。当孩子有某些缺陷时，家长会更加疼爱。然而，如果家长过度保护孩子，以至于不愿意让他们经历任何痛苦或劳累，会导致孩子产生过多的依赖心理，这将使孩子能力和智力的发展处于更加不利的境地。真正有责任心的家长会随着孩子身心的发育，培养和训练孩子的动手能力，耐心地运用科学的方法，使孩子逐渐学会认识周围事物以及如何与周围的人和事物打交道，从而使孩子更有自信，身心朝着健康的方向发展。例如，在某些能力发展的关键期，如果家长什么都替孩子做，就是人为地剥夺孩子动手训练的机会，使他要掌握这种能力就变得更加困难，也使孩子今后面临更多不利的环境。

本章小结

特殊儿童，如自闭症、多动症、抽动症、语言障碍和智力障碍等，表现出不同的行为和学习特点，这些特点需要特定的干预策略。

对于多动症儿童来说，他们通常表现出活动过度、注意力难以集中，以及情绪不稳定、冲动任性等行为。这可能与遗传、脑部功能障碍或社会环境等因素有关。有效的干预包括药物治疗、认知行为治疗以及家庭和学校的支持，这些方法可以显著改善孩子的行为和学习能力。

自闭症儿童则在社交沟通和行为模式方面存在差异。他们的成因复杂，早期干预是关键，包括个性化的治疗和教育服务，以支持他们在社会、情感和身体各方面的发展。

抽动症儿童的特点是不自主的肌肉抽动或发出声音，可能由遗传因素或家庭教育方式导致。干预策略包括药物治疗、心理行为治疗和认知支持疗法等，旨在帮助这些儿童控制抽动并提高生活质量。

此外，语言障碍的儿童可能在理解和使用语言方面遇到困难，这可能是听力问题、认知发展迟缓或与环境互动不足造成的。早期干预，如语言疗法和特殊教育，能够提高他们的语言能力和沟通技巧。

最后，智力障碍的儿童在智力和适应行为方面有局限，这可能需要综合性的干预，包括特殊教育、生活技能训练和社区支持，以增强他们的自理能力和社交技能。

通过早期和持续的干预，可以帮助特殊儿童发展必要的生活、学习和社交技能。适当的支持可以使这些儿童更好地融入普通教育环境或至少减少对特殊教育的依赖。培养特殊儿童的自理能力，有助于他们成为独立、自信的个体，能够更好地参与社会生活。有效的干预措施能够长远地减轻家庭和社会的经济与精神负担。为特殊儿童提供干预服务体现了社会对他们的平等对待和营造民主生活环境的承诺。

综上所述，针对特殊儿童的不同需求实施干预策略，不仅有利于他们的个人发展，也有助于构建一个更加包容和支持多样性的社会。

思考题

1. 什么是多动症？
2. 简述儿童语言障碍的原因。
3. 如何治疗自闭症？
4. 简述抽动症的产生原因。
5. 简述自闭症儿童的行为与能力特征。

第七章　感觉统合训练的基本操作方法

课程目标

知识目标： 了解触觉训练、本体感觉训练的基本方法、视知觉功能训练的设计原则、听知觉训练项目的核心技术、感觉统合基本训练课程的安排。理解触觉训练和本体感觉训练的注意事项。掌握触觉训练项目的核心技术要求、前庭觉训练的基本方法、前庭觉训练项目的核心技术要求、本体觉训练项目的核心技术要求。

能力目标： 掌握根据不同感觉统合功能，借助球类、滚筒、海洋球池、滑板、网缆、大陀螺、滑梯、羊角球、平衡木等器械设计训练方案并具体实施的能力。

素质目标： 激发学生民族自豪感，践行社会主义核心价值观，树立投身基础教育的职业理想，坚定心理育人的教育情怀。

重点与难点

➢ 触觉训练的核心技术要求。

➢ 前庭觉训练的核心技术要求。

➢ 触觉训练中的注意事项。

➢ 感觉统合基本训练课程的安排。

引导案例

　　3 岁的丽丽有着圆圆的脸庞和胖乎乎的身材，长得非常可爱，深受大家喜爱。然而，自从她入园以来，总是按照自己的意愿行事，经常到处跑动，对周围的一切都充满好奇。她喜欢触摸看到的所有有趣的东西，不摸一遍就不肯停下来。老师把她带回原来的位置后，不到两分钟她又跑开了。丽丽总是对老师的指导置若罔闻，这让老师们感到非常头疼。

　　经过 3 个月的感觉统合训练后，丽丽的综合素质有了明显提升，最为显著的变化是由原来的多动发展为接近正常幼儿园孩子的行为，在训练课及团体认知课上能持续 30 分钟以上坐着听老师上课，也不再看到什么东西都喜欢用手去摸，到处乱跑的现象更是逐渐减少。此外，语言方面的发展更是取得了质的飞跃，丽丽刚入园时只能说几个单字，偶尔有一两个简单的词语，但发音不清晰，又夹杂着方言，让老师听起来尤为吃力。通过感觉统合的强化训练，丽丽慢慢地能说许多单字，词语也日渐丰富。随着时间的推移，丽丽的语言也在飞速发展，现在，她已经能回答老师低、中难度的问题，并能用语言来表达自己的需求。

　　丽丽的案例让我们看到感觉统合训练对一个感觉统合失调的孩子的作用，同时认识到感觉统合治疗可以提高一个家庭的幸福感。本章将介绍各个方面的功能训练的操作方法。

（资料来源：本书作者整理编写.）

第一节　触觉功能训练基本操作方法

触觉通常是指分布于全身皮肤的神经细胞所接收的来自外界的温度、湿度、疼痛、压力和振动等方面的感觉。狭义的触觉是指当刺激轻轻接触皮肤时,触觉感受器所产生的肤觉。而广义的触觉还包括通过增加压力使皮肤部分变形所引起的肤觉,即触觉与压力感觉的结合,通常被统称为"触压觉"。

触觉在人类感觉系统中占据着极其重要的位置,它是确保其他感官正常发挥功能的基石,并且是人类独有的一种特殊能力。大脑神经与触觉神经之间存在着紧密的联系。如果触觉神经与外界环境的互动不充分,就可能影响到大脑对外界的认知和适应能力,这种情况通常被称为触觉过敏或触觉迟钝。

一、触觉能力分类

触觉能力分为触觉辨识和触觉防御两部分。

(一)触觉辨识

触觉辨识需要大脑皮层的中枢神经系统参与,包括描绘触感、定位感,认识物体形状和大小的实体感觉,以及重量感等。

(二)触觉防御

触觉防御信息大部分传至脑干后即停止,脑干的功能主要是判断这些刺激是否具有危险性,以便做出逃避的反应。少部分刺激再往上传递至大脑皮层,从而分辨刺激的位置及性质。

二、触觉发展的三种方向

(一)正常范围

触觉发展的正常范围是指既可接受亲密的接触,也可以与他人保持适当的距离。

(二)触觉敏感

触觉敏感是指某些触觉感觉可能难以被接受。例如,有些人不喜欢他人触碰自己,也不愿意触碰他人。

(三)触觉迟钝

难以感知细微变化的情况即为触觉迟钝,这种情况时常发生。例如,在接种注射时,可能在针头刺入皮肤时感觉不到疼痛,而在针头拔出后才开始感到痛楚。触觉系统的感觉统合训练的核心目标在于增强皮肤对各种接触刺激的反应能力,从而改善中枢神经系统对触觉刺激的抑制和调节功能。这样可以帮助大脑的处理能力与身体的触觉神经系统建立起更加协调和良好的关系。

三、触觉功能训练的基本对策

触觉功能训练的设计与组织实施需考虑训练的内容、训练的基本方法及训练的注意事项等基本要素。

(一)训练的内容

肤觉包含多种感觉类型，适宜的刺激较为复杂。在常规的学习生活和感觉统合训练中，除了温度觉是由热能引起的之外，肤觉的其他类型，如触觉、压觉和痛觉等，通常对机械性刺激更敏感，即触觉的适宜刺激是与皮肤接触产生的机械能类刺激。触觉系统能够感知刺激的静态信息，如刺激的具体位置、覆盖的面积大小、强度、持续时间以及不同刺激间的间隔，还能够感知刺激物的物理属性，如软硬、表面粗糙或光滑、形状等。此外，触觉系统也能够感知刺激的动态信息，包括刺激方向的变化、强度的变化、频率的变化、连续性等，以及多个刺激间的过渡和整合等。

为了更有效地开展触觉功能训练，训练人员必须了解皮肤不同区域的触觉敏感性差异，以及触觉以外的其他肤觉类型，如压觉、温度觉、痛觉等的特点和适宜的刺激方法。

触觉功能训练常借助球类、滚筒类、海洋球池等器材进行。相应地，触觉训练内容包括球类、滚筒类、海洋球池三大类。

每个类别各有 6 篇教案，综合能力训练 6 篇，总计 24 篇。

(二)训练的基本方法

触觉功能训练从人的角度来讲，可分为专项训练与伴随性训练两种基本方法。

1. 专项训练

专项训练是指以触觉刺激为主的专门训练，其设计和实施均突出触觉刺激这一核心主题，属于有计划的系统性训练。在训练过程中，可以设计少量非触觉刺激的训练项目，以调节训练气氛和缓解训练疲劳。专项训练往往需要借助一些触觉刺激教具来实施，对受训者的皮肤进行较大范围的刺激，甚至包括全身性刺激。每次训练都需要保持一定的时长，并在一定时间内持续进行。专项训练既可以针对触觉感知的各个维度属性进行更为具体的训练，也可以是较为宽泛的综合性训练。

2. 伴随性训练

伴随性训练是指在其他训练或日常生活中附带对儿童的触觉进行训练。例如，在粗面大龙球上进行前庭觉功能训练，赤脚在触觉板上进行空间感知与判断训练等，都对皮肤特定部位有强烈的触觉刺激。另外，也可以在日常活动中有意、无意增加与儿童皮肤的接触。

实践证明，长期坚持专项训练存在一定的挑战，儿童和训练人员都可能会对训练内容和方式产生疲劳感。同时，伴随性训练可能面临训练强度不够的问题。因此，将专项训练与伴随性训练相结合通常被认为是实施训练的有效方法。不过，在每次训练中，这两种训练方式的比重和实施顺序可能会有所不同，需要根据儿童当时的身体机能状态和反应进行适时调整。通过灵活地结合这两种训练方式，可以最大限度地提高训练的效果，同时减少可能出现疲劳感和强度不足的问题。

无论是专项训练还是伴随性训练，触觉训练可选择的刺激方式非常多，如触摸、按压、滚压、揉搓、划拨、点击、振动、单一区域的持续训练和多区域的交替训练等。

(三)训练的注意事项

触觉训练需注意以下几个共同问题。

1. 根据皮肤触觉敏感性实时调整刺激部位

人体皮肤不同区域对触觉刺激的敏感性和耐受力存在显著差异。因此，在实施触觉刺激时，训练人员需保持高度的敏感性，根据受训儿童的实时反应，及时调整触觉刺激的部位和顺序。通常，那些与周围环境直接接触较多的皮肤部位对刺激的防御性较低。在儿童触觉功能训练的初期，应从相对不敏感的部位开始刺激，如手背和指端、脚背及脚掌边缘、背部等，然后逐步过渡到更敏感的部位，如手掌和脚底、腹部、腋窝、颈部前侧、大腿内侧等。当儿童对各个部位和多种刺激方式逐渐熟悉，且适应能力得到提升后，刺激部位的选择可以更加灵活，不必受限于特定的顺序。

2. 训练中融入必要的认知教育

感觉统合训练涉及一系列专业概念和术语，这些是儿童与训练人员沟通的桥梁，也是确保训练有效性的基础。因此，在训练过程中，训练人员应主动对这些概念和术语进行解释，确保儿童能够通过生动、直观的方式理解并参与训练。这些概念和术语可分为以下四类。①儿童身体各部位的名称、方向及各部位之间的关系。②训练体位、动作类型及操作方式等。③训练环境及设备的名称、功能、物理属性等。④儿童身体及心理感受方面的概念和术语。触觉训练中的四类概念和术语如手心、手背、背部外侧、体侧、体前、体后、揉搓、按压、轻抚、重压、痒、痛等。

此外，训练中融入认知教育也是儿童获取知识的重要途径，对促进儿童的全面发展具有重要意义。

3. 训练形式要多样化

为避免因单一训练形式产生训练疲劳，触觉刺激的形式应多样化。例如，刺激频率可以从较慢的间歇点击变化到较快的连续揉搓，同时改变刺激频率模式。刺激力度可从重压逐渐过渡到轻触，从儿童自主用手或脚进行的自我触摸，转变为通过毛绒玩具的触摸或轻拂，再从训练者握持儿童手或脚进行的被动按摩，过渡到训练者直接用手进行的按摩等。同时，在训练过程中，训练人员应引导儿童深入感受刺激的各种属性，并加强触觉训练与其他活动的整合。通过这种方式，不仅可以提高儿童对触觉刺激的感知和适应能力，而且可以增加训练的趣味性和参与度，从而有效地避免训练疲劳，提升训练效果。

触觉训练的安全性较高，训练中的安全防护问题均为感觉统合训练中常见的问题。

四、训练项目的核心技术要求

触觉功能训练可借助感觉统合器械实施，如在海洋球池中的翻滚训练、粗面大龙球上的滚动活动，也可以不借助专门的器械进行训练。下面简要介绍一些训练项目及其操作要领。

(一)球类系列训练

球类作为感觉统合室内重要的轻器械训练和教育工具，具有广泛的用途。在触觉刺激训练中，使用的球类直径从小到大各异，小到 10 厘米以下的小球，大到近 100 厘米的特大球，如大龙球；弹力也有高有低。常见的球类包括篮球、排球、乒乓球和网球等，而专门用于康复训练的球类则包括弹力较大的弹性训练球(弹力球)、柱体球或花生球等。在感觉统合训练室内，同一种直径型号的球会有多个，且颜色多样，这样不仅可以满足儿童的不同兴趣和认知训练需求，而且便于多个儿童同时进行训练。

球类系列训练项目通过训练对象与球体之间的相互作用，如挤压、振动和滚动等，来刺激训练对象的触觉感受器。这种相互作用能够增强大脑对触觉信息在不同维度和属性上的感知、理解和判断能力。在设计和实施球类训练项目时，除遵循触觉功能训练的基本技术原则外，还需要注意球类本身的自然属性和操作上的特殊要求。

(1) 球类的自然属性包括球的形状、大小、重量、硬度、弹性、表面光滑度和充盈度等。训练人员根据受训者的训练时段、训练水平、刺激部位、刺激强度等选择合适的球实施训练。比如，调整球的充盈度(饱满程度)，改变受训儿童体位高低和训练中的心理紧张度、儿童皮肤与球接触的面积、振动或滚动的频率或速度等。

(2) 球类的基本操作方式主要有拍击、挤压、滚动、振动、传接等，均可在训练中单独应用和组合使用。

(3) 各种球类，不论大小、轻重还是软硬程度，都存在一定的安全隐患。儿童在单独练习时需要格外小心，一般应在训练人员或其他相关成人的直接监督下使用。例如，在进行大龙球上的仰卧滚动训练时，儿童很容易从球上滑落，有时会发生骨折或关节脱臼等意外事故。另外，小直径的弹力球可以用于儿童自主揉搓触觉高敏感部位，但有些特殊儿童可能会不自觉地咬或吞咽球类。

(二)滚筒类系列训练

在感觉统合训练中，滚筒类系列器械，包括钻筒、阳光隧道和钻笼等，构成了感觉统合训练室的基础设备。这些设备在培养儿童的本体感知、前庭平衡、感觉运动协调性、空间感知和判断能力等多方面具有显著的优势。虽然它们在触觉功能训练中主要起到辅助作用，通过伴随性训练的方式提供触觉刺激，但这种训练方式能够有效地将触觉刺激与其他类型的感觉刺激相结合。尽管这种伴随性触觉功能训练可能存在刺激强度不足、刺激目标不明确等问题，但它的优势在于能够较好地整合触觉与其他感觉，如视觉和听觉。例如，阳光隧道和钻笼内部的光线和声音变化，能够很好地实现视觉、听觉与触觉以及其他感官的整合，从而为儿童提供全面的感觉统合经验。

在感觉统合训练中，滚筒活动的类型可以分为筒内活动和筒外活动，基本操作主要包括原地来回滚动和滚动行进。在训练过程中，人们往往更关注筒内活动的设计，而忽略了筒外活动的设计。筒内活动的安全性相对较高，但卫生问题又较难控制。例如，筒内壁可能会残留鼻涕、口水、汗水等液体，偶尔还可能有儿童的尿液残留。因此，在儿童进入筒内前需注意进行清洁处理，并在活动中定期清理。对于筒外活动，特别是筒上的活动，存在一定的安全风险，需要训练人员密切关注，确保儿童的安全。

两个或两个以上儿童同时训练或序列行进时需防止儿童间的挤压和撞击。

(三)海洋球池训练

儿童在海洋球池中进行行走、身体翻滚、手划拨球以及潜入等活动时，会接收到触觉刺激、声音和光线变化的刺激以及由于身体重心变化带来的平衡觉刺激。这些活动对于加强儿童的触觉功能、前庭功能和身体协调能力都是非常有益的。

对于绝大多数儿童而言，他们可以自主在球池内进行游戏活动。但是，个别胆小或黏人的儿童以及障碍程度较为严重的儿童往往需要被动训练。球池训练一般有以下动作过程。

(1) 进入球池：让孩子以自己的方式进入球池，可以是轻轻跨入，也可以是用力跳入。

(2) 藏身其中：让孩子慢慢坐下或躺下，将身体全部藏入球池中，接受球池的挤压，加强对全身触觉系统的刺激和锻炼，以修正其触觉防御，强化触觉方面的本体感。

(3) 球池中运动：在球池中转动手臂、脚部、划动四肢或翻动身体，摆动头部和颈部，在浮力状态下，调整身体的重力感信息。另外，还可在球池中模拟飞机起飞、火车开动、太空人漫步、抛接球等游戏，以强化孩子的运动企划能力。

第二节 前庭觉功能训练基本操作方法

前庭觉是人类接受刺激的重要基本感觉之一。前庭感觉系统与大脑之间存在非常紧密的联系。前庭功能涉及脑干对感觉信息的过滤和处理，这些信息随后被传递到大脑，并构成学习的基础。在这个过程中，脑干的前庭系统负责整合和协调可能出现的矛盾或错误的信息。同时，大脑发出的指令也依赖于前庭功能进行优先级的排序和调整，以确保信息能够迅速而准确地传达，从而实现大脑与身体的完全协调。这种协调对于维持平衡、方向感和空间定位等能力至关重要，对于个体的运动技能和日常功能的正常发挥具有基础性的作用。

一、前庭觉功能训练的基本对策

前庭觉功能训练的设计与组织实施需要综合考虑训练的内容和训练的基本方法等基本要素，并严格遵守相关的注意事项。与触觉功能训练相比，前庭觉功能训练在技术上更为复杂，且伴随的风险也较高。因此，对训练人员的体质和动作灵敏性提出了更高要求。

(一)训练的内容

前庭器官适宜的刺激源于身体运动产生的加速度,包括旋转加速度(即角加速度)和直线加速度(包括水平加速度和垂直加速度)。典型的日常活动中,如身体失衡、身体旋转、快速起立和急停等动作,都能产生适宜的前庭刺激。因此,前庭功能训练内容涵盖三个维度:参训个体完成的角加速度运动、直线加速度运动,以及这两种加速度的组合运动。训练项目的设计和组织实施应围绕这三个维度展开,以确保训练能有效刺激前庭器官,提升个体的前庭功能。

(二)训练的基本方法

根据前庭器官的结构及其适宜刺激,前庭功能训练的基本方法是使儿童的身体处于"失衡状态",让前庭器官接收到加速度的刺激。具体可采取以下刺激形式进行训练。

前庭觉功能训练的基本方法

1. 旋转

旋转是指全身或身体局部绕一相对固定轴的转动。身体旋转方式有多种。一是绕身体垂直轴的旋转。例如,儿童站立位的身体左右扭转(脚原地不动),或通过两脚移动实现全身原地旋转,或坐在浪桥的吊台吊桶上进行的旋转,站立在旋转盘上进行的旋转等。二是绕身体冠状轴的旋转,例如,头部及躯干按顺序进行的屈伸活动、身体不倒翁运动、游泳池中的屈体前后滚翻等。三是绕身体矢状轴的旋转,如俯卧在浪桥吊台上的旋转(吊台本身做水平旋转)等。

2. 滚动

滚动是指身体在旋转的同时伴随水平方向的位移活动。身体滚动过程中,通常有直线加速度的刺激。滚动活动有多种不同的方式。一是绕身体垂直轴滚动,例如,卧位在地面滚动。转体行进(边转体边移动脚步,身体向前产生位移)、沙坡上抱膝侧滚、钻滚筒内滚等。二是绕身体冠状轴翻滚,例如,坐位躯体前滚翻或后滚翻、在沙坡上抱头屈体前后滚翻、跳水运动中的屈体翻滚等。三是绕身体矢状轴的滚动,如身体侧滚翻。矢状轴滚翻有较大的危险性,一般不用于儿童自主训练。

3. 荡摆

荡摆是指身体以一固定支撑点绕矢状轴或冠状轴的摆动。身体完成的荡摆主要有两种。一是前后荡摆,例如,坐位时上半身的前合后仰、仰卧起坐、浪桥上的前后荡摆等。二是左右荡摆,如平衡台左右荡摆、浪桥各设备上身体左右摆动、人体跷跷板摆动、走平衡木时身体摆动等。

4. 起落与震动

起落与震动是指身体的跃起和下落或身体的上下震动,例如,蹦床上的上下蹦跳、大龙球卧位的上下震荡、弹跳球上的原地蹦弹等。

5. 骤起急停

骤起急停是指身体在水平方向上产生加速度的活动，例如，起步立定、跑步中停止、折返跑、跳高、跳远、跳水等。

6. 反射性调整

反射性调整是指当儿童的身体突然受到外力作用而失去平衡时，身体会本能地做出调整反应以恢复稳定。例如，在儿童走平衡木时，如果突然大声呼叫儿童的名字，他们可能会因为注意力的转移失去平衡，这时他们的身体会自动做出反应，尝试通过调整姿势来重新获得平衡。

7. 组合式刺激

组合式刺激是指上述六种刺激方式的不同组合。该训练方法因组合形式多变，难以归类，如滑梯滑行(在垂直方向和水平方向都有加速度刺激)、浪桥吊台的多向度刺激(如旋转和荡摆的组合)、蹦床上的跳转(既有旋转又有身体上下起落)、大陀螺训练(既有旋转又有荡摆)、大龙球上可以同时实施滚动和震动等。

上述七种刺激形式可以在睁眼状态、闭目视觉屏蔽状态，以及睁眼/闭目交替状态等几种状态下实施。一般而言，训练先在睁眼状态下进行，其次是睁眼/闭目交替状态，最后是闭目视觉屏蔽状态。闭目视觉屏蔽状态下，制造的失衡刺激更明显、更频繁，刺激强度也更大，但该途径要密切关注儿童的心理状态，例如，有恐惧感则暂缓实施，同时也要确保训练的安全。这些刺激形式无论是在徒手训练项目，还是器械训练项目上都有较大的普适性，是训练人员设计前庭功能训练方案的基础，也是训练人员组织训练活动、改变训练方式的基本技术。

二、训练项目的核心技术要求

前庭觉功能训练常借助滑板、圆形滑车、网缆、竖抱桶、横抱筒、四足位平衡吊缆、旋转轮盘吊缆、平衡台、蹦床、大陀螺等器材进行专项训练。以下对滑板、网缆和大陀螺进行介绍限于篇幅，其他训练项目不再叙述。

(一)滑板

1. 器材介绍

滑板是一种长方形的训练设备，上面覆盖着类似地毯的垫子，下方装有四个万向轮，使滑板可以灵活地进行前后、左右滑行以及360°旋转。滑板的尺寸应根据儿童的年龄和体形来选择，关键是要能够支撑儿童从胸部到腹部的身体部分。理想的滑板大小应当足够大，以便儿童可以将颈部以下、腰部以上的身体平放在滑板上进行训练。

2. 器材作用

滑板游戏能调节前庭感觉和触觉，引发丰富的平衡反应，运动中视觉信息的大量输入，以及脊髓、四肢运动产生的本体感觉，使儿童的整体感觉统合运作功能得到积极发展。在进行滑板活动时，眼球运动输入的感觉信息在感觉统合中具有相当重要的功能。视觉将大量信息送往大脑中枢神经系统，固有感觉会使小脑更为活跃，指挥着肌肉紧张感的变化。大脑与小脑间的运作可以有强有力的正确整合作用，因此，滑板活动在感觉统合训练中具有特殊的地位。

滑板活动的主要感觉输入包括以下几种方式。

(1) 前庭感觉：在滑板上用俯卧姿势爬行时，对前庭器官产生大量的刺激，以及俯卧时产生的重力感。

(2) 本体感觉：行进中肌肉、关节移动所产生的紧张感。

(3) 触觉：接触身体的触压感觉，手与地面接触时的皮肤和肌肉感觉。

(4) 视觉：爬姿活动对前庭平衡器官的特别刺激及颈背肌肉强烈收缩所产生的本体感觉的大量信息，对眼球运动的稳定性有极佳的作用，有助于良好的自我视觉及视觉空间的形成。

3. 训练项目及技术要领

儿童坐姿或站姿时未能得到的感觉输入动作反应，可通过滑板上的活动来诱发。多次练习后，儿童逐渐能掌握这些感觉和反应，调节感觉活动，并在脑中形成更正确的身体形象。滑板上的活动使身体受到的神经刺激，对脑干部的感觉和运动计划组合尤为重要。脑干部提供身体与空间关系的重要神经信息，尤其是关于事物或声音的方向和距离的感觉信息，并促使身体产生相应的动作来对这些感觉信息做出反应。只有当视觉和听觉在脑干部的处理程序与身体对重力感觉的处理程序相联结，并且两者都发展得很好时，大脑半球的视觉和听觉才会得到较好的发展。在滑板上的全身运动，配合所产生的感觉输入和脑干部的整合，为大脑处理语言和阅读技巧建立了坚实的基础，对于语言发育不佳、阅读能力较弱的儿童的学习能力会产生积极的影响。

(二)网缆

1. 器材简介

网缆，形状和放置类似于吊床，可固定于天花板上或铁支架上，离地约20厘米。其可用细绳编织的网状材料制作，也可使用浴巾、床单、帆布等材料。

2. 器材作用

网缆上的晃动活动可以让儿童体验到重力和移动的感觉，从而强化前庭感觉的刺激。这种活动有助于抑制紧张性的迷路反射，促进前庭体系的健康发育。同时，在保持姿势的过程中，儿童的肌肉和关节会得到本体感觉的锻炼，这对本体感觉的形成非常有帮助。此外，儿童身体与网缆的广泛接触以及晃动过程中接触部位压力的变化，可以加强触觉训练。特别是对胸部和腹部的刺激，可以促进脑干的苏醒，帮助消除大脑中不必要的触觉和抓握反射。这有助于脑干对大量感觉信息进行有效的过滤和整理，区分哪些信息对大脑的思考和反应行动更为重要，从而对信息进行优先级的调整和分类。这样的过程有助于纠正儿童触觉过敏的问题。在网缆上晃动时，儿童应专注于注视目标，这有助于改善眼球的注视能力，并强化身体形象，提高手眼协调能力和注意力集中能力。网缆活动特别适用于那些前庭平衡能力不佳、触觉过敏或触觉能力不足以及身体协调能力较差的儿童。通过这些活动，儿童的感觉统合能力可以得到有效的提升，从而在日常生活中更好地运用和发展他们的感官和运动技能。

日常生活中，若要达到真正的成长目标，则很大程度上取决于训练结束时的活动。因此，训练者应为儿童选择适合的训练方式及器材。

(三)大陀螺

1. 器材简介

大陀螺，外观像一个大漏斗，直径为 80 厘米、高为 42 厘米，边缘较高，底部呈锥形，可以进行前后、左右摇晃和旋转，能强烈刺激儿童左右脑的发展。

2. 器材作用

大陀螺的四周有较高的壁，儿童可以蹲或坐在其中，双手扶着大陀螺的边缘，身体还可以依靠在边缘上。因此，儿童会感到比较安全，能够自由且放松地接受感觉刺激。这种环境对于本体感觉和前庭感觉的输入及调整有很大的帮助，同时有助于平衡能力和姿势控制的健康发展。练习在旋转中针对固定目标的行为，可以加强前庭感觉和视觉之间的协调，对身体位置、视觉空间感知以及眼球的运动控制有较大的帮助，并能有效培养高效的运动计划能力。这种训练对于有多动倾向或孤独倾向的儿童具有积极的矫正效果。

此外，俯趴动作时，本体感觉和前庭感觉的输入较多，这有助于激活脑干，并增强大脑对感觉信息的处理能力。同时，身体的肌肉在这种姿势下会受到较强烈的刺激，有助于加强身体形象的概念，使儿童对自己身体的感知更加清晰和准确。通过这些综合的感觉统合训练，儿童的感觉处理能力和自我调节能力可以得到显著提升，从而在日常生活中更好地适应和学习。

第三节　本体感觉功能训练基本操作方法

本体感觉，也称为本体觉，是指来自身体各个部位的肌肉、肌腱、关节、韧带等的感觉。这种感觉是由身体内部的本体感受器产生的，它们能够感知肌肉的张力、关节的位置和运动等信息。人们依赖这种感觉调节和修正动作和行为，任何有目的的行动，包括肌肉的收缩与放松、关节的屈曲与伸展等，都是基于本体感觉信息的处理。本体感受器接收到的深部感觉信息，在神经系统中与运动性的传出信息相结合，被统合成位置觉、平衡觉和运动觉。这些统合后的信息有助于我们感知身体在空间中的位置、维持平衡以及进行精确的运动。此外，本体感觉还包括对力量的感受，使我们能够了解并控制施加在物体上的力量大小。

本体感觉统合训练的核心在于，通过游泳、摔跤、拔河、爬绳、骑自行车等感觉统合游戏，以及其他能够引起肌肉紧张和收缩的运动，来增加中枢神经系统对本体感觉信息的输入。这样的训练有助于使本体感觉正常化，并提高个体的基本统合功能。

一、本体感觉功能训练的基本对策

本体感觉功能训练的设计与组织实施需考虑训练的内容、训练的基本方法和训练的注意事项等基本要素。

(一)训练的内容

分布于全身的各类本体感受器负责感知肢体的静止与运动变化，它们对动作的基本属性产生反应，这些属性主要包括动作的类型、幅度、速度、节律、力量、持续时间以及动作间的协调性和完成动作时的体位等。因此，本体感觉功能的训练是通过各种运动活动来实现的。本体感觉功能既参与意识性运动的感知和反馈调节，也参与非意识性运动的调节，因此本体感觉功能的训练既应涵盖目标明确、要求具体的意识性运动，同时也应包括那些意识性不强的反射性运动。

本体感觉训练的重点是各种运动方式，以及肢体内或肢体间的动作协调。

本体感觉训练的具体内容应根据儿童感觉统合能力的发育水平以及其他伴随障碍的严重程度来确定。对于障碍程度较轻的儿童，增加正常的室内外活动(主要以非意识性活动为主)通常就能获得充分的本体感觉刺激。然而，对于那些本体感觉功能发展迟缓的儿童，或者希望进一步提高本体感觉功能的儿童，需要加强有意识的动作训练，即让儿童执行各种目标明确的运动。在训练过程中，儿童应根据特定的目标要求完成有控制的动作，如沿直线行走、进行手眼协调的穿珠活动、打乒乓球、跳绳、拍球等。训练目标越具体、越细致，儿童完成操作时的动作控制就越精细，训练效果也就越好。例如，投掷飞镖训练，因其对精确度和控制能力要求较高，所以与同伴间传接篮球的训练相比，其训练效果被认为更好。

(二)训练的基本方法

本体感觉功能的训练方法，根据其复杂性及训练水平，可分为以下几种类型。

1. 单一动作重复训练

单一动作重复训练是指儿童重复执行单一的动作，如闭目沿曲线倒退行走、在大型球上进行背部滚动、在滑板上进行卧姿滑行等。单一动作的重复训练是其他训练方法的基础，并且可以进一步细分为单一运动器官的重复训练和多运动器官的重复训练。前者的执行难度相对较低，而后者则更为复杂。这两种方法可以根据儿童的能力和训练需求来调整训练难度。

2. 多动作序列训练

多动作序列训练是指施训儿童按顺序完成多个动作，如儿童按顺序完成直立直线前行、屈体过横杆、前滚翻和躯体直立过程中传接球。在此训练过程中多个动作相互衔接，有序流畅地完成。

3. 多动作整合训练

多动作整合训练是指施训儿童的不同运动器官同时完成不同的运动方式，如身体滚动推球/击球、头顶沙包曲线行走，以及滑冰、游泳和各种球类运动等。

上述每种训练方法都能够根据不同动作属性进行变化，并且随着训练组织形式的多样性，衍生出多种具体的训练方式。对于儿童来说，本体感觉功能的训练可以通过与游戏活动的结合来增加趣味性，这样不仅能够调节训练的氛围，而且能有效激发儿童参与训练的积极性和提升训练的强度。

(三)训练的注意事项

本体感觉训练需注意一些共同的问题，主要有以下几个方面。

1. 儿童完成动作的主体性问题

有计划地执行动作是提升儿童本体感觉功能发展的关键，也是训练设计和实施的核心理念。因此，在训练活动中，应特别强调儿童的主动性和主体性，主要采用助动训练和主动训练的方式，尽量减少被动训练的比例。这样可以确保儿童在训练过程中能够有意识地、有计划地、有目的地调节和控制自己所要执行的动作。

2. 儿童感知动作属性的问题

在进行本体感觉训练时，一般要求儿童在完成动作时感知动作表达的各种属性，但在具体操作时又要将儿童的训练水平及学习能力区别对待。训练初期，儿童因将注意力集中在掌握动作技能上，尚难同时清楚感知动作完成方式、幅度、方向等动作的属性，训练人员对两者的整合可不必强求。但是随着训练水平的提高，特别是动作达到自动化水平后，训练人员要及时提示儿童有意感知动作的各种属性，并在大脑中实时构建正在进行的动作表象。为此，训练中经常要求儿童闭目或闭目与睁眼交替完成训练项目，增加儿童对动作的感知和表象，提高中枢系统对动作的有效控制。

3. 训练中融入认知教育的问题

在本体感觉功能训练中，加强对相关概念和术语的认知教育是非常重要的，具体内容可参考本章的相关部分。关节周围的本体感受器与其他部位的感受器相比敏感性较低，因此需要通过专门的被动训练方法，如挤压、揉搓和牵拉等，来增加对关节的运动刺激。这样的训练有助于提升关节及其周围组织对动作的感知能力和敏感性。

4. 安全防护的问题

本体感觉训练具有内容丰富、形式多样、场景多变的特点，这使儿童在训练中的主动性和参与度高。然而，这也意味着训练中的安全防护问题尤为重要。在进行训练时，训练人员不仅要提供充分的支持和保护措施，而且要加强对儿童的安全防护技能培训，以增强他们识别和应对训练中可能出现的危险的能力。

二、本体感觉训练项目的核心技术要求

本体感觉训练
项目的核心
技术要求

(一)滑梯

1. 器材简介

滑梯是一种非常常见的游乐设施，普遍存在于各类游乐场所和幼儿园中。它们通常分为直滑式和螺旋式两大类，其中一些设计较为平缓，而另一些则相对陡峭。对于专门用于感觉统合训练的滑梯，建议其倾斜角度保持在30°左右，高度大约为50厘米。为了便于与滑板配合使用，滑梯的顶端应设有一个长约60厘米的平台。

在滑梯的末端，应保留至少3米的安全距离，并在此区域铺设地毯，以确保儿童滑下来后能够安全停下。为了使游戏的效果更加全面，通常会将滑梯与滑板相结合，设计出适

合感觉统合训练的游戏活动。

2. 器材作用

儿童在使用滑梯时，他们对斜度和速度的感知有助于整合身体的紧张性迷路反射，并协助大脑处理来自身体各部位的感觉输入，从而维持身体姿势的稳定。在滑梯上进行的全身肌肉收缩动作，特别是手部和肩部的协调运动，对于本体感觉的发展和身体形象的塑造具有重要作用，有助于保持良好的平衡感。在滑梯上进行由上而下的运动对前庭系统的冲击较大，这种刺激有助于练习抗重力反应，促进儿童对重力变化和直线加速运动的感知。这种感觉的调整可以改变全身肌肉紧张度的分布，并引发一系列反射。滑梯反射对头部和颈部肌肉的同步收缩，以及身体保护性伸展反应的发展都具有积极作用。此外，滑标活动还能促进前庭神经和脑干系统的活化，有利于儿童全身感觉统合能力的提升。

(二)羊角球

1. 器材简介

羊角球，一般直径为45～55厘米，是适合3～6岁儿童的运动器材。

2. 器材作用

保持身体屈曲姿势、握住把手以及进行跳动等动作，都能为肌肉、关节和肌腱提供有效的本体觉刺激。这些动作不仅能够强化本体感觉，而且能够通过维持运动来锻炼平衡能力。在持续跳动的过程中，头部位置的不断变化能为前庭系统提供较强的刺激，而身体与运动设备表面的接触以及手部与把手的握持，同样能给予触觉系统一定的刺激。

(三)平衡木

1. 器材简介

平衡木，宽度约15厘米，仅够儿童双脚并拢站立，高度为20～30厘米，长度和方向可做不同变换。

2. 器材作用

脚步方向受到限制，较窄的走道要求儿童具有更高的专注力。同时，这种走道对儿童的平衡能力提出了更高的要求。在行走过程中，为了维持平衡所做出的各种姿势调整，能够有效地刺激本体感觉。

第四节 视知觉功能训练基本操作方法

眼睛是接收外部世界信息的最重要感觉器官之一，在人类的认知活动中扮演着至关重要的角色。大约70%的信息是通过视觉获取的。儿童的视觉能力随着年龄的增长和学习活动的深入而逐步提升。

视知觉统合能力是指儿童通过视觉刺激，在大脑中整合信息并发挥其功能，从而形成视觉接收、分辨、记忆、追踪、联想以及手眼协调等能力。儿童对视知觉形体的识别不仅依赖于正常的视觉生理功能，而且需要大脑进行高级的认知加工。如果儿童的视知觉能力发展不足，即便他们拥有正常的视觉器官，也可能在学习任务面前感到力不从心。在实际的学习过程中，儿童主要接触的是二维的平面图形和符号，因此，对于学习有障碍或学习能力较弱的儿童来说，清晰理解这些二维空间所表达的结构意义可能会遇到困难。因此，加强针对二维平面图像的认知训练，提升儿童的视知觉统合能力，对于他们的学习发展尤为重要。

一、视知觉功能训练的基本对策

视知觉功能训练的设计与组织实施需考虑训练的内容、训练的基本方法和训练的基本途径等基本要素。

(一)训练的内容

视知觉功能训练通常包括以下几个方面：视觉分辨能力、视觉记忆能力、视觉追踪能力、视觉联想能力以及手眼协调能力。这些训练内容旨在提升儿童对视觉信息的处理能力，从而促进其视知觉功能的全面发展。

(二)训练的基本方法

对儿童视知觉综合能力训练可以分为五个单元项目，但从本质上来讲，这些项目并不是孤立存在的，而是相互依存、相互关联的。它们共同构成了一个完整的训练体系，缺少任何一个项目都会影响训练的效果。因此，在实施训练时，应避免将这些项目割裂开来，否则将难以实现提高视知觉统合能力的目标。

(三)训练的基本途径

对儿童的视知觉综合能力训练可以分为五个单元项目，这主要是基于内容和功能的划分。然而，每个训练项目都具有多重功能，并不是单一的。对于儿童而言，通过游戏来进行动眼、动手、动脑的训练至关重要。因此，除了进行单项技能训练之外，还必须通过综合训练提升儿童的视知觉综合能力。这种能力是儿童学习能力发展的重要基础，缺乏有效的视知觉综合能力训练可能对儿童的学习潜力造成不利影响。

二、设计原则

(一)视觉分辨力系列训练

视觉分辨力是指儿童利用视觉系统区分环境中不同的人、事、物的形象、形状或符号的能力。神经生理学和神经心理学研究表明，视觉分辨问题不仅是眼睛的问题，更关键的是大脑处理视觉信息的能力。如果前庭系统和小脑功能出现失调，可能会导致文字和图像无法准确、顺畅地传递到大脑，就像大脑的信息通道时常受到阻碍一样。在这种情况下，尽管眼睛接收到了刺激，大脑却可能无法正确识别，导致"视而不见"的现象，更不用说进行有效的分辨了。现代儿童生活在高楼林立的城市环境中，他们的视野常常被限制在狭窄的"建筑森林"中，这种被动、单调的视觉体验可能逐渐削弱他们分辨事物的能力，同时也影响了大脑功能的进一步开发和利用。因此，对于出现视觉分辨困难的儿童，加强视觉分辨能力的训练显得尤为重要。通过进行"找不同""重叠图"等训练项目，可以有效提升儿童的视觉分辨能力。

(二)视觉记忆能力训练

视觉记忆能力是指个体准确回忆视觉经验的能力，即大脑保持对眼睛所见事物印象的能力，这构成了儿童记忆和认知能力的生理基础。在有视觉障碍的儿童中，部分问题是由视觉记忆能力不足引起的。视觉记忆分为短时记忆和长时记忆两种类型。短时记忆的特点是它需要明确的意识参与，而长时记忆通常在没有意识参与的情况下存在，并且需要通过瞬时记忆的过程，将感官刺激引起的生理感觉转化为心理知觉，然后对心理知觉进行辨识、分类、编码和存储，以便将来检索和提取。在这个过程中，记忆意识、信息转换、编码和检索提取的策略都会对学习效果产生影响。人类对于记忆的研究成果已经取得了显著进展，利用这些科研成果帮助儿童克服记忆障碍是可行的。

(三)视觉追踪能力训练

视觉追踪能力是视动统合能力的一种，是指个体以协调的眼动来跟随和追踪物体的能力。这种能力是形成有效阅读技能的生理基础。脑科学研究表明，阅读能力与视觉追踪能力之间存在密切联系。

在阅读书面材料时，儿童并非逐字注视，而是注视一段文字后稍作停顿，然后再移动到下一段文字，形成一条平行的注视点移动轨迹，这一过程称为视觉追踪。如果儿童的视觉移动不够流畅，他们可能会以跳跃的方式捕捉信息，这可能导致阅读速度慢、范围窄、信息处理量小，或者追踪的准确性差，时间与空间不匹配，以及整体性追踪效果不佳，这些都会对学习造成障碍。在视觉追踪过程中，儿童常常表现出与运动轨迹相吻合的眼球运动，需要调节眼肌来实现视觉移动，有时还需要配合头部动作，以免丢失目标。通过专门的动眼训练，可以有效提升视觉追踪的速度和准确性，从而帮助儿童克服学习中的相关障碍。

(四)视觉联想能力训练

视觉联想能力是指个体在注视物体的同时，能够产生与当前事物相关的图景，或组合视觉信息以形成完整的认知或理解，从而丰富或补充空间信息不足的能力。儿童在早期往往难以区分想象与现实的界限，容易将幻想与现实事物混淆。随着年龄的增长和认知范围的扩大，这种现象会逐渐减少并自然消失。

在儿童早期，不应抑制他们的想象力，而应通过引导保持其活跃性和基础性，以促进其认知能力的质的飞跃。儿童的视觉信息通常由外界刺激直接引发，但他们的想象力还停留在具体形象水平。对于有学习障碍的儿童，他们可能缺乏足够的视觉经验和形象思维能力，如果再缺乏表达能力，如绘画、语言和操作能力，将对他们未来的学习造成影响。因此，设计的训练项目旨在丰富儿童的视觉表象，提供空间操作的平台，以提高他们的想象力、逻辑思维能力、创新能力和语言表达能力，从而促进儿童综合能力的发展。

(五)手眼协调能力训练

手眼协调能力是指眼睛捕捉到的视觉信息传递给大脑后，大脑发出指令，引导手部动作以完成任务的能力。在课业学习中，儿童需要对看到的教学材料做出反应，无论是书写、语言表达还是进行其他操作活动，都离不开手眼协调能力，因此它是视动统合能力的关键组成部分。现代儿童在日常生活中可能缺乏自理能力，习惯了被动接受服务，这种生活方式在学习上需要动脑和动手的活动中表现得尤为明显。为此，我们设计了一系列游戏，旨在应对现代儿童都市生活方式所带来的挑战，这些游戏在一定程度上能够弥补传统游戏和现代电子玩具在功能上的不足。

第五节　听知觉功能训练基本操作方法

听知觉统合能力是感知觉统合能力中的一个重要组成部分，对于提升儿童的学习能力具有基础性的作用，并对儿童学习能力的发展具有至关重要的作用。虽然儿童在上课听讲或日常生活中听话的过程看似简单，但实际上它涉及了一系列复杂的生理和心理过程。在生理层面，一个健全的听觉系统是必不可少的；而在心理层面，除了感官接收和处理信息的过程外，还需要涉及思维、理解、反馈等认知活动，而且情感因素也在其中扮演着重要角色。如果儿童的听觉功能存在不足，或者在听、说的过程中养成了不良习惯，都可能对学习效果产生直接的负面影响。

一、听知觉功能训练的基本对策

听知觉功能训练的设计与组织实施需考虑训练的内容、训练的基本方法、训练的基本途径及训练的注意事项等基本要素。

(一)训练的内容

听知觉功能训练主要包括听觉接收与分辨能力、听觉记忆能力、听觉排序能力、听觉理解能力和听说结合能力等。

(二)训练的基本方法

将儿童听觉能力的训练划分为五个单元项目，这些项目在本质上是相互关联而非孤立的，它们共同构成了一个完整的训练体系，缺少任何一个项目都会影响整体的训练效果。因此，在进行训练时，应避免将这些项目单独分开，这样做才能确保有效地提升儿童的听觉统合能力。

(三)训练的基本途径

教师应依据训练课程的要求，精心设计每一节训练课，确保每节课都有明确的训练目标、具体的训练要求和详细的活动流程。在训练过程中，教师的角色是组织者和指导者，负责引导和激励学生，而不是简单地执行操作。教师需要运用专业知识和教学经验，灵活调整教学策略，以满足学生的个别差异和学习需求，从而有效促进学生的能力发展。

(四)训练的注意事项

为了配合训练内容，开发了一套专门的感觉统合(ST)训练软件。这套软件旨在充分利用视频教室的设备和条件，为儿童提供视听结合的教育体验，以增强训练效果。

根据训练的具体需求，我们还配备了一系列必要的训练工具，包括头饰、乐器、玩具等。这些工具不仅能激发儿童的听觉感知，而且能鼓励他们积极参与互动，从而在动态中提升训练的成效。

二、听知觉训练项目的核心技术要求

听知觉训练项目的核心技术要求

(一)听觉接收与分辨能力系列训练

听觉的接收与分辨能力是指个体接收并辨别不同声音的能力。通常情况下，儿童更容易识别那些差异较大的听觉刺激，如不同的声音或语音。相反，当声音相似且差别细微时，儿童分辨起来就会相对困难。对于听觉分辨能力较弱的儿童来说，他们可能难以区分相似的声音，这会导致听觉接收的不准确，影响学习效果。这些儿童可能在听课时听不清或记错作业，对声音的反应较为迟钝，难以辨识环境中的细微声音，并且可能表现出缺乏倾听的态度等现象。这些问题不仅影响儿童在学校的学习表现，而且可能在日常生活中给他们造成不便。

(二)听觉记忆能力系列训练

听觉记忆能力是指通过听觉接收、储存并准确回忆信息的能力。训练旨在帮助儿童克服对较长听觉信息无法完全记住的困难，还可以在听觉接收过程中对已有信息进行联想与回忆，以增强学习效果。听觉记忆的种类很多，包括数字记忆、联想记忆等。在记忆策略上也很多样，如谐音记忆、情境记忆等。教师可以根据儿童的实际需要进行训练。

(三)听觉排序能力系列训练

听觉排序能力是指儿童将通过听觉获取的信息进行系统化、有序化的存储在记忆中的能力。这种能力是儿童将新旧知识进行有效整合的基础，同时也是思维发展中的一个重要方面。例如，通过设计"听觉排序"和"排词成句"等训练活动，不仅能锻炼儿童的听觉注意力，而且要求他们在听觉训练过程中积极思考，根据事物发生的先后顺序对信息进行重新组织和认识。

(四)听觉理解能力系列训练

听觉理解能力是指儿童能够分辨并理解通过声音传递的信息的能力，这是获取信息价值和效益的关键。在学习过程中，理解是最核心的要求——只有充分理解了词语、句子或段落的含义，儿童才能进行进一步的分析、综合和判断，并做出适当的反应。

对于那些听觉理解能力较弱的孩子，他们可能难以跟上教师上课的内容，难以理解句子的意义。在被要求对多个句子进行概括或归纳时，他们可能缺乏必要的想象力和总结能力。如果儿童无法理解接收到的听觉信息，那么这些信息对他们来说就如同未被听见一样，也就是人们常说的"听而不闻"。

为了提升儿童的听觉理解能力，我们在训练方案中设计了一系列的训练项目，如"语言类推"等。这类活动要求儿童不仅要理解给定词语之间的关系，而且要在备选词语中选出最合适的选项。在某些方面，听觉理解甚至比视觉理解更为关键。首先，听觉信息具有易逝性，一旦错过就难以重现。其次，语言不仅传递内容，而且往往蕴含着说话者的情感和态度。

正如俗话所说，"听话听音"，这里的"音"不仅指字面意义上的声音，而且指那些隐含的、非直接表达的意义。因此，培养儿童的听觉理解能力对于他们的整体发展至关重要。

(五)听说结合能力系列训练

听说结合能力是指通过听觉接收信息并快速理解、整合，再通过口语准确表达或反馈的能力，是语言沟通、学习效率及社交互动的核心技能。

听说结合能力系列训练的重点在于强化听觉信息处理与口语输出的双向协调性。该训练的核心要素为听觉输入、信息加工以及口语输出。通过听说能力系列训练，能够促进儿童词汇积累、语法运用及对话逻辑性；在外语学习方面表现为提升听力理解与即时口语反应，克服"听得懂、但说不出"的瓶颈，对儿童可以采用分阶段训练的方法。第一阶段可以进行听指令做动作，以及听故事答问题。听指令做动作训练者可设计简单指令，要求儿童边听边执行并口头复述步骤；听故事答问题训练者可以讲述 1 分钟短故事，提问细节，要求儿童用完整句子回答。第二阶段可以进行角色扮演对话以及听述转化练习。角色扮演对话要求儿童模拟一定的社会生活场景，一人描述需求，只一人倾听后回应并解决问题；听述转化练习可以让儿童听一段 30 秒的新闻。用自己的话总结要点。也可以听他人观点后快速反驳或补充。

听说结合能力训练需兼顾"输入精准度"与"输出有效性"，通过阶梯式任务设计，趣味互动及实时反馈，逐步提升信息处理效率与表达能力，长期训练可显著改善学习中的沟通效能。

第六节　感觉统合基本训练操作方法

一、感觉统合基本训练课程的安排

(一)实施感觉统合训练课程的三个层次

第一层次，着重在生理层面上，打造基础能力阶段。

第二层次，着重在智能层面上，将感觉统合训练融入幼儿园课程，增加人文精神。

第三层次，着重在心理层面上，通过综合应用脑电波诱导技术，使大脑在训练或学习时处于最佳精神状态。其属于第一层次的安排。

为了有针对性地对幼儿进行感觉统合训练，通过评估结果，将幼儿分为不同类型，在训练时做到一人一案，精准施策，达到个别化训练要求。

(1) 轻度感觉失调的幼儿，着重参加幼儿园沉浸式感觉统合训练。

(2) 中度失调的幼儿，除了参加幼儿沉浸式感觉统合基本训练外，还要参加幼儿园沉浸式感觉统合训练。

(3) 重度失调的幼儿，要着重强化幼儿沉浸式感觉统合基本训练，必要时进行心理矫治和可视音乐治疗。

(4) 感觉统合能力正常的幼儿，除正常参加幼儿园沉浸式感觉统合训练外，还建议参加认知能力测试和认知能力训练，以进一步提升学习能力。

(二)处理好单项训练与综合训练的关系

幼儿在成长过程中，除了参与针对触觉、前庭觉、本体觉、视知觉和听知觉的单项基本能力训练之外，还应当接受综合能力训练。综合能力训练是指以某一种感觉为主导，同时融合其他感知觉训练内容，进行的多方面能力提升活动。

感觉统合训练的核心在于实现多个感觉系统的有效"统合"，它超越了单项感觉系统的刺激训练。因此，单项感觉领域的训练为综合训练打下了基础，作为综合训练的准备和过渡阶段，而综合训练则是感觉统合各领域训练的最终目标和交汇点。它是训练活动设计和实施的关键环节，并在整个训练周期中占有较大的比重。

二、基本训练课程的框架

(一)活动目标

全面实施目标，不仅包括感觉统合训练的目标，还涵盖教育领域的目标。

(二)适用年龄

明确小班、中班、大班的 3 个年龄段。

(三)活动项目

旨在协助团体领导者提高专业技能。

(四)团体对象与规模

选择符合幼儿年龄特点和认知水平的方式方法，确定项目内容。

项目内容有五大板块：触觉训练、前庭觉训练、本体觉训练、视知觉训练、听知觉训练。

三、俯卧大龙球案例

(一)活动目标

俯卧在大龙球上，能强化前庭系统功能及颈部张力，调节重力感的信息，对触觉敏感或反应迟钝、多动症儿童帮助较大。自闭症儿童如果能适应，在训练的中后期也可以加入这个游戏。

(二)适用年龄：3～6 岁幼儿

(三)活动主题——划船比赛

(四)活动器械

感觉统合器材：光面/粗面大龙球，球径大小依儿童体格及儿童的兴趣选择和调整。

游戏工具：大龙球、目标物(如小球、积木、绒布娃娃等)。

(五)游戏前的活动

在进行感觉统合训练时，儿童可以俯卧在大龙球上，指导师站在儿童后方，握住他的双脚。随着大龙球的滚动，指导师应配合节奏前后拉动儿童，但要注意控制速度，避免过快。这样，儿童可以在努力保持平衡的过程中，避免从球上掉落。

通过改变前后、左右以及快慢的转动方式，可以有效丰富儿童的前庭感觉，帮助他们更好地适应重力变化。此外，儿童还可以在大龙球上练习使用手、脚和头部进行自我平衡，以增强自我保护的能力。

为了进一步提升儿童对重力的协调感，可以使用较小的弹力球置于儿童腹部，让儿童自己控制球的前后、左右滚动以及速度的变化，从而强化儿童身体各部位对重力的感知和协调能力。

(六)感觉统合游戏——俯卧大龙球抓物

在进行感觉统合训练时，可以让儿童俯卧在大龙球上，努力保持身体的平衡。将目标物品(如小球、积木、绒布娃娃等)放置在儿童前方，确保儿童在滚动时能够用手触及并抓取。指导者可以扶住儿童的脚，帮助他们进行前后和左右的滚动，以便他们能够按照要求成功抓取目标物。

通过在大龙球上进行抓取物品的游戏，不仅可以增强儿童的手眼协调能力，而且能促进儿童双侧肢体的均衡操作和控制。此外，这个游戏还能帮助儿童练习运动计划能力，对他们的语言发展和自我控制能力的提高也有着显著的帮助。

本章小结

在设计和安排感觉统合训练时，重要的是要注意训练内容应适应个体的特殊需要。此外，安全始终是首要考虑的因素，确保使用的器械和环境是安全的。

训练者需要根据个体的不同感觉统合功能问题来制订训练计划，并具备实施这些计划的能力。这包括能够评估个体的需求，选择适当的活动和器械，以及对训练结果进行评价和调整训练计划。

训练者要精确理解每种训练的目标和方法，以及如何有效地使用各种器械。球类、滚筒类、海洋球池等器械能够提供多样的感觉刺激，有助于达到训练目标。同时，设计训练方案时要结合个体的年龄、能力和特定的感觉需求。

思考题

1. 简述触觉功能训练的基本对策。
2. 分析触觉训练项目的核心技术要求。
3. 简述听知觉统合能力的作用。
4. 简述视知觉功能训练的设计原则。

第八章　家庭中的感觉统合
训练与游戏设计

课程目标

知识目标： 了解家庭中感觉统合训练的目的、家庭中幼儿感觉统合训练的特点、家庭中感觉统合训练的要点及注意事项，以及0～3岁幼儿早期教育的内容。理解家庭感觉统合训练的主要项目。

能力目标： 掌握家庭感觉统合训练的前庭觉、触觉、本体觉的游戏设计方法，同时也可以有效地实施这些游戏设计。

素质目标： 激发学生民族自豪感，践行社会主义核心价值观，树立投身基础教育的职业理想，坚定心理育人的教育情怀。

重点与难点

➢　0～3岁幼儿家庭辅助感觉统合训练方法。
➢　前庭觉家庭感觉统合训练的游戏设计的方法。
➢　触觉家庭感觉统合训练的游戏设计的方法。
➢　本体觉家庭感觉统合训练的游戏设计的方法。

引导案例

　　悠悠是一个2岁8个月大的孩子。她非常喜欢静静地坐在一个地方玩自己的玩具，不太愿意参与活跃的游戏。即使是简单的滑梯游戏，她也显得有些畏惧。外出时，她常常请求被抱着，走几步路就会觉得很累。此外，她有时还会尿湿裤子，即使在玩耍时也不容易意识到上厕所的需求。针对她的情况家长可以尝试安排一些摇晃或旋转类活动，如荡秋千、坐旋转木马等，帮助刺激悠悠的前庭系统。

　　浩浩是一名4岁的男孩。在课堂上，他很难集中注意力，常常左顾右盼。他有咬手指和做小动作的习惯，而且他的语言表达能力也不够清晰。在与同伴互动时，他容易发生冲突，有时会不小心打翻别人的玩具或伤到别人。此外，浩浩在生活中经常丢三落四，对周围环境的感知能力相对较弱。家长可以为浩浩定期进行触觉按摩，使用不同材质的刷子或按摩工具，以提升他对触觉的敏感性。同时，可以设计一些需要触摸和辨别的游戏，如寻宝游戏、触觉猜谜等，提高他的触觉分辨能力。

　　果果是一名3岁女孩。在幼儿园她表现出了显著的本体感知失调现象。她无法静坐，总是动个不停。在看书或者玩玩具时容易分心，并喜欢打扰其他孩子。她还会时常抢夺他人物品，甚至有咬人的行为。此外，尽管果果对大龙球很感兴趣，但似乎对触觉刺激并不那么敏感。家长可以通过设计一些需要精细动作协调的游戏，如拼图、串珠等，帮助果果增强手眼协调能力。

每个孩子都是独一无二的，因此在进行感觉统合训练时，家长应根据各自孩子的具体情况做出调整和个性化设计。如果孩子的失调症状严重或持续不改，建议寻求专业的感觉统合训练师或相关医疗机构的帮助，以便获得进一步的评估和治疗。

(资料来源：本书作者整理编写.)

第一节　家庭感觉统合训练相关知识

儿童感觉统合
失调的表现

一、儿童感觉统合失调的表现

人体的各个器官通过与外界的接触向大脑传递各种感觉信息，这些信息经过大脑的有效整合，指导身体完成各种活动。当这一系统因发育问题或其他原因无法正常运作时，就会导致各种行为问题的出现。对于大多数家长而言，感觉统合是一个相对较新的概念。感觉统合是指机体有效地利用自身的感官系统，从环境中获取不同感觉通路的信息(包括视觉、听觉、味觉、嗅觉、触觉、前庭觉和本体觉)，并将这些信息传递给大脑，大脑对这些输入的信息进行加工处理(包括解释、比较、增强、抑制、联系及统一)，从而做出适应性的反应。

爱尔丝博士认为，感觉统合是将人体各个器官的感觉输入信息综合起来，通过大脑的整合作用，对身体外部的知觉做出反应的过程。只有通过感觉统合，神经系统的各个部分才能协调运作，整体发挥功能，使个体能够顺利地与环境互动。幼儿出现的感觉统合失调症状并不是教育问题，而是由于大脑功能发育不协调所致，需要通过特定训练进行矫正。缺乏感觉统合，大脑和身体就无法协调发展，其具体表现如下。

(1) 好动不安，注意力不集中。

(2) 虽然聪明，但胆小不敢表现。

(3) 重心不稳，容易跌倒或撞墙。

(4) 咬手指或无法戒除奶嘴。

(5) 动作笨拙，难以完成像折纸和使用剪刀等精细操作。

(6) 写字无法写在框线内，笔画经常颠倒。

(7) 任性，脾气暴躁。

(8) 发音不佳，语言发展迟缓。

(9) "黏人"、爱哭及怕生。

(10) 对高度缺乏危险意识，痛觉不敏感。

(11) 挑食，偏食，饮食习惯不佳。

(12) 喜欢爬高，却不敢走平衡木。

(13) 爱吵架。

二、家庭中感觉统合训练的目的

家庭中感统
训练的目的

家庭中对幼儿进行感觉统合训练的主要目的是有效地改善不同程度的感觉统合失调问

题。因此，幼儿感觉统合训练具有重要的实际意义。该训练旨在培养幼儿的身体学习能力，即通过日常生活中的专门训练，在游戏和娱乐中刺激幼儿的前庭觉、本体感、视觉、触觉和听觉的发展。这有助于幼儿对各种感觉刺激做出更有组织和结构的反应。最终，训练的目标是全面提升幼儿的综合能力，包括行为能力、组织能力、学习能力和注意力集中能力等。通过这些训练，不仅促进幼儿身体机能的协调发展，而且有助于提升他们的心理素质，并真正发挥出潜能开发的作用。

感觉统合训练包括提供前庭觉、本体觉和触觉等刺激的活动。它通过生动活泼的游戏将各项感觉统合训练项目串联起来，吸引幼儿参与各种活动。这些活动是对幼儿能力的挑战，要求他们对感觉输入做出适当的反应。感觉统合训练过程应该总是让幼儿感到愉快；对幼儿来说，感觉统合训练就是玩，家长也要树立这样的观念。需要注意的是，在感觉统合训练中设计的游戏气氛不只是为了愉快，更是为了让幼儿愿意参与，从而使其在训练中获得更多的收益。但训练指导同时也是一项重要的工作，对幼儿的训练不可能在没有指导的游戏中取得效果。

三、家庭中幼儿感觉统合训练的特点

家庭中的感觉统合训练主要是以家长为主导，以幼儿为中心，利用家庭中的生活用品、自制的活动器械，家长与幼儿一起做游戏，通过游戏训练幼儿的各种感觉统合能力。其特点如下。

(1) 简单易行：家庭中可以对幼儿进行随时随地的训练，无须进行复杂的设计。

(2) 经济实惠：家庭中的感觉统合训练可以利用家中的生活用品来实现，不需要购买专业的昂贵器械，或去专门的训练机构，能够减轻家长的经济负担。

(3) 增进亲子关系：家庭中的感觉统合训练强调以游戏为纽带，家长和幼儿能够进行良好的互动，有利于增进亲子关系，对幼儿身心健康发展有积极作用。

(4) 实效性强：家长能够针对幼儿的发育水平或存在的不足进行训练，提高了训练的针对性和实效性。

四、家庭中感觉统合训练的要点及注意事项

(一)安全问题

感觉统合训练要注意保证幼儿的安全。在训练的过程中，一定要注意对幼儿的保护，尤其对于年龄较小、缺乏自我保护能力的幼儿来说，家长在训练前一定要做好各项安全保障工作，对于训练所用器械一定要进行检查、筛选，对于训练动作的要求、难度水平以及可能在训练过程中出现的意外状况一定要考虑周全。

(二)合理安排训练内容

在训练过程中，应根据幼儿的能力水平合理安排训练内容，并采取循序渐进的方法。同时，孕妇在孕期保持良好的精神状态、情绪稳定、性格开朗以及身体健康对于优生优育非常关键。如果孕妇在孕期遭受刺激，精神状态不稳定或容易激动，这不仅可能损害孕妇自身的健康，也可能对胎儿造成不良影响。

第二节　感觉统合失调的家庭预防

感觉统合失调
的家庭预防

一、要重视孕期保健

孕期要保持良好的身体和心理状态。孕妇的身体健康状况、情绪状态以及生活习惯等对胎儿都会有重要影响。幼儿的感觉统合问题可能与胎儿时期的胎位不正、营养不良、病毒感染、中毒事件以及头部外伤等因素相关。因此，准备怀孕的父母就应该主动调整自己的身体和心理状态，使之处于最佳状态。孕期应保持良好的心境、合理的营养、适度的运动以及充足的睡眠，同时避免烟酒和药物的影响，这些都有利于胎儿的健康发育。认真做好围产期的保健，可以降低早产、剖宫产、难产和新生儿窒息等问题的风险以及出生后婴儿的颅脑损伤和感染。

另外，孕妇保持良好的精神状态、情绪稳定、性格开朗以及身体健康是保证优生优育的关键。如果准妈妈在孕期受到某种刺激，精神状态不稳定，容易激动，身体健康时常受到侵害，不仅对孕妇自己身体不利，而且会给胎儿带来严重的影响。因为人类在遗传过程中，会将许多基因，尤其是那些不易察觉的精神、人格因素等隐性基因，遗传给后代。所以，孕妇在确保身体健康的同时，也必须保持乐观向上的态度，这对幼儿的全面发展至关重要。

二、重视 0～3 岁幼儿早期教育

0～3 岁幼儿的早期教育应注意适时、适度，并因人而异，切不可拔苗助长，否则只会对幼儿造成伤害，导致感觉统合失调。关注幼儿的全面和协调发展能够最大限度地挖掘他们的潜能。这一阶段儿童的教育问题在以往被忽略，但它实际上在很大程度上决定了幼儿未来的发展走向。同时，这部分内容又涉及许多家长的困惑和烦恼，初为人父母的他们有的可能会忽视这一关键阶段，认为幼儿小，吃饱穿暖就行了。他们可能会因工作忙而让老人或保姆照看幼儿。而老人和保姆往往采用较传统的、不适合现代社会需要的方式抚育幼儿，加之老人精力有限、保姆担心孩子受伤而过度保护，这样的育儿环境很容易导致孩子出现问题。有些家长直到孩子出现了严重问题才寻求专业帮助，而那时一些问题已经难以纠正。即便是意识到早期教育重要性的家长，也可能因为缺乏经验和科学指导而对孩子的某些行为和表现感到束手无策。在这一时期，家长和教育者必须妥善处理幼儿在以下几方面的发展问题。

(一)幼儿与父母之间建立良好的依恋关系

幼儿的成长不仅是生理发育的过程，而且涉及持续的社会化过程。为了促进幼儿良好的社会性发展，早期建立幼儿与父母之间积极的关系至关重要。这种亲密关系的形成对幼儿未来的心理成熟度和社会适应能力有着深远的影响。

依恋是幼儿在两岁前与母亲或主要抚养人之间建立的一种特殊的情感纽带。母亲不仅能满足婴儿生理上的需求和情感上的"饥饿"，而且是幼儿心理上的"安全岛"和快乐的

源泉。在母亲的陪伴下，幼儿能够安心、快乐地玩耍和探索周围环境。然而，对于七八个月的幼儿来说，陌生人的突然出现和接近可能会引起心理上的不安和恐惧，甚至导致哭泣和尖叫。幼儿在这一时期开始表现出自我意识的发展，他们通过拒绝他人来建立自我认同。这些都是发展中的正常现象，父母应能够理解并正确处理这些情况，而不是一味指责甚至打骂。儿童的发展是一个循序渐进、水滴石穿的缓慢变化过程，家长要培养自己的耐心，顺应儿童发展的需要。

(二)适当感觉刺激原则

通过控制环境给予幼儿适当的感觉刺激，从而改善其感觉统合能力，使幼儿能做出适应性反应，不必教幼儿如何做。

(三)积极反馈原则

训练过程中，要及时表扬幼儿的进步，并与家长分享孩子成功的喜悦。幼儿认知水平有限，尚未形成明确的自我观念，对自身的评价依赖于他人对自己的评价，同时他们又有天然的依赖性。因此，从婴儿期开始，幼儿需要完成许多学习，他们必须依赖成年人的照顾和帮助才能正常成长。父母、家庭其他成员以及与幼儿密切接触的人对他们的鼓励就显得尤为重要。家长应积极地肯定幼儿的优点，鼓励他们去尝试进行以前不敢进行的游戏活动，使幼儿的能力逐渐提高。屡次尝试使他们在失败中积累了经验，动作越来越熟练，自信心也越来越强。因此，必须注意，自信心除了依靠外界评价，更重要的是自身能力的提高。

三、0～3岁幼儿家庭辅助感觉统合训练方法

0-3岁幼儿家庭辅助感觉统合训练方法

每个幼儿的遗传特点，都是在受孕时已经决定的，是后天环境和教育所不能改变的，我们所能做的是控制他所处的环境。在遗传的可能范围内，教育依然可以造成巨大的差别。一个人无论天资如何卓越，若无适当的学习机会，是不可能有什么大成就的；若有适当的训练，即便是比较愚钝的人，也可以获得相当多的知识和技能。同时，遗传的重要性也是不可回避的问题，低能的幼儿，如果一味地强迫其学习，企望其赶上同龄人，不但是缘木求鱼，而且会延误其他技能学习的关键期，造成更坏的结局。

进行0～1岁幼儿的感觉统合训练有哪些益处呢？通过对全身皮肤感官的刺激，可兴奋中枢感受点，刺激神经细胞的形成和触觉的联系，逐渐促进孩子的神经系统发育和智能的成熟。

所有父母都希望自己的幼儿健康、活泼，在幼儿未出世前，准父母们都急切地期待着孩子的降临。母亲不仅创造了生命，而且塑造了孩子的人格，塑造了孩子的意识。优生优育既关系到整个社会，又关系到小家庭的幸福。

有了健康的新生儿出生，幼儿的成长过程就来到您的面前。这时首先要注意的是母乳喂养。母乳喂养对婴儿的健康非常有利，母乳中含有各种抗体和酶，可以增强新生儿的抗病能力。同时，在哺喂的过程中，增强了与婴儿皮肤接触和接受抚慰的机会，母亲的言语、微笑、气味以及触摸对婴儿早期感知觉发展以及其与父母依恋关系的建立都具有重要意义。

母乳喂养的幼儿与喝配方奶粉长大的幼儿从一开始就出现味觉上的不同。喝配方奶粉长大的幼儿将来在口味上更倾向于喜欢麦当劳、肯德基等西式食品，因为它们在口味上非常相似。

对于出生一个月的婴儿，主要问题是要让其从生理上和心理上适应外界环境的巨大变化。在此期间，新生儿的脑发育是否健康、功能是否正常，将对其以后的心理和生理的发展有重大影响。

每一个正常的新生儿都应该具备觅食、吸吮、握持、拥抱、踏步和交叉伸展反射等神经系统的反射。在一岁之内，每个月幼儿智能发育的正常规律是"一视二听三抬头，四握五抓六翻身，七坐八爬九扶站，十捏周岁独站稳"。

五六个月的婴儿手可以抓紧物体，会翻身。

7～9个月的婴儿可以坐稳，会爬，扶着物品能站立，喜欢被扶着跳跃。

十个月至一岁的婴儿能扶着物品站稳，能自己站立，家长扶其一手可以走动。婴幼儿动作的发展就是生理上的发展与心理上的发展，对于婴儿来说，其大肌肉运动主要是头颈部、躯干和四肢幅度较大的动作。比如，抬头、翻身、坐、爬、站、走、单脚站、上下楼梯、四肢活动和姿势反应、躯干平衡等各种运动能力都是成长历程的关键所在。

婴幼儿在8个月时的爬行，对幼儿后天的身体协调性和智力发育相当重要。家长在婴幼儿期对孩子过分保护，经常抱着孩子，怕孩子摔着，不让孩子充分活动，会使其长大后产生走路笨拙、协调性差、身体扭来扭去、动作很不协调和爱摔跟头的现象。

要克服这种现象的出现，就应该让孩子科学地成长起来。孩子长到1岁3个月就会独立行走，能搭两块积木；1.5岁跑得稳了，家长拉其一只手可以上楼梯。1～3岁是孩子发展较快的时期，其中第二年是第一年动作发展的巩固阶段；到了2岁，孩子就会上下楼梯、开门了；3岁时能倒退走、会叠纸张。孩子长到了4岁，就会用一只脚站立和用剪刀剪图画了。

作为家长，需要了解孩子的成长过程，认真对待孩子成长的每一个时期，对其进行科学合理的喂养和身体训练将有利于孩子正常茁壮地成长。父母可以在婴儿的成长期加入早期教育训练，让孩子的智力与体能都能正常地发展。

孩子1～3个月时，训练重点是在充分利用先天性条件反射的同时，建立后天反射，且越多越好，如定时给孩子喂奶、让其自然入睡等。训练孩子的感觉器官，让孩子听各种声音，看鲜艳的物品；发展孩子的运动功能，让其练习俯卧抬头、抓握东西以及做婴儿体操和抚触训练。

从孩子4个月开始，及早将婴儿抱到户外去呼吸新鲜空气，去感受大自然的气息：闻一闻花草的香气，听一听虫鸣鸟叫，看一看蓝天白云、绿树红花，摸一摸沙土、石块，新鲜的刺激将引起婴儿良好的情绪。

孩子3～6个月时，训练重点是手的抓握能力和全身运动功能，让其练翻身、打滚和爬行，练习发音。

孩子6～9个月时，训练重点是练习爬行，发展对语言的理解能力，鼓励孩子的模仿行为，发展其手眼协调能力和认知能力。

孩子9～12个月时，训练重点是培养单腿站立能力和行走能力，培养语言能力和认识事物的能力。

孩子1～2岁时，训练重点是让孩子练习走、跑和跳的灵活动作，同时，应鼓励孩子说出完整的句子，学会回答问题、解释问题和描述事物，以此进一步发展他们的认知能力。等到孩子长到两三岁，训练重点是培养其口头表达能力、思维概括能力以及独立性。孩子如有参与家务劳动的要求，家长就要抓住这个契机，不能因为觉得孩子小或做得不够好，就剥夺他们练习的有利时机。包办代替只会导致幼儿笨拙、懒惰、意志力差、缺乏自信以及没有责任心。家长应耐心地教会幼儿逐渐从事各种家务，并在一定程度上让幼儿长期承担某项任务。

家长应重视孩子的运动，因为感觉统合能力是通过对适宜感觉信息的刺激和适量运动逐渐培养的。幼儿通过玩弄或啃咬手脚、摔打东西、敲打玩具、搬弄桌椅或攀爬等活动，都在进行对其成长有益的探索。因此，家长不应为了避免收拾残局或担心孩子轻微受伤而完全限制孩子的活动，而应采取积极的态度，确保孩子得到适当的运动。

另外，3～4 岁的孩子，其训练重点是记数能力和思维能力的培养，进一步加强语言能力的训练，丰富词汇量。5～6 岁是孩子练琴和学画画的最佳阶段，这时孩子的求知欲开始强烈，只要正确、科学地引导孩子的成长历程，您就会看到一个健康活泼的孩子在茁壮成长。总之，孩子在幼儿早期要多抚摸、多抱，尽量用母乳喂养，多和孩子说话，多逗笑，增加语言信息刺激。在孩子 4 岁之前，不必过分限制他们吮吸手指、咬毛巾等行为，只要保持清洁，这些动作对孩子的语言发展是有益的。随着孩子年龄的增长，他们的注意力会逐渐转向外部世界，上述行为问题会自然减少。让孩子有机会哭泣也是锻炼声带发音的好方法，这对孩子语言能力的发展同样有利。

家长可以根据自己孩子的问题，参考上面的方法，自行制订一套重点明确、循序渐进的训练计划，然后对孩子进行训练。感觉统合训练通常需要持续两三个月，只有坚持不懈，才能取得满意的效果。如果孩子在此期间有什么问题，应该及时咨询专业指导老师。当然，最终感觉统合应该成为一种观念，渗透在每个人的日常生活中。可以说，感觉统合训练既从生活中来，又要回到生活中去，训练的最终目的就是让人们更好地适应周围的环境，而不是离开现实的生活情境去空想能力的提高。

第三节　家庭感觉统合训练的主要项目

家庭感觉统合训练的主要项目

一、触觉训练项目

触觉系统的感觉统合训练，重点在于加强皮肤的各项接触刺激反应，以调整前庭核有关触觉的抑制和运动能力，从而促进大脑处理信息的能力和身体触觉神经系统之间的协调性。

触觉训练主要适用于触觉过分敏感或过分迟钝、情绪不稳定、容易发脾气、挑食和偏食、喜欢吃手指或咬指甲、害怕陌生环境、不喜欢被搂抱以及怕黑、胆小、"黏人"和身体协调能力不佳的幼儿。

二、前庭觉训练项目

前庭感觉是综合判断头部位置和身体变化的综合性感觉，它有助于人的头部、眼睛、四肢和身体相互协调，以完成一系列动作。前庭感觉的协调也称为前庭平衡，如果前庭平衡出现问题，可能会导致身体控制能力下降。通过给予前庭器官各种不同程度的刺激，可以使调节姿势反应的前庭功能正常化，当孩子接受触觉刺激的同时，这也有助于其他感觉的统合。前庭功能对大脑整体功能起着重要的作用，刺激前庭功能的训练项目在知觉运动训练中得到广泛的应用。

前庭和本体感觉的加强，有助于幼儿平衡感与重力感的发展，特别适用于身体协调不良、触觉敏感或迟钝，甚至是具有自闭倾向的幼儿。

三、本体觉训练项目

本体觉是指人对自己身体的感觉，如对大肌肉和小肌肉的控制、手眼协调、手耳协调、身脑协调以及动作的灵活性和灵巧性等。本体觉训练项目适用于动作协调能力差、笨手笨脚、做事拖拉磨蹭、语言表达能力差、缺乏自信、消极退缩以及不敢表现的幼儿。另外，因为控制小肌肉和手脑协调的脑神经与控制舌头、嘴唇肌肉、呼吸和声带的神经是相同的，所以，本体觉不足的孩子，大脑对舌头、嘴唇和声带的控制不灵活，容易造成言语障碍，如言语发育迟缓、发音不清和口吃等。

第四节　家庭感觉统合训练的游戏设计

一、前庭觉训练游戏设计

(一)摇摇乐

训练目标：预防幼儿肢体不灵活、易跌倒、前庭觉失调等情况的发生。

适用年龄：1～2岁。

工具准备：床单一条。

时间：5～10分钟。

游戏过程：将床单平铺在床上或地毯上，让幼儿躺在床单中间，两位家长各抓起床单的两个角，进行左右和前后摇晃，摆幅由小到大，反复进行。

注意事项：家长应注意不要让幼儿离地面太高，以幼儿感到不害怕为宜，若幼儿哭闹应立即停止。

活动延伸：家长将被床单变窄，放松并降低床单，同时露出幼儿的上肢和下肢，摆动时让幼儿伸手抓地上的玩具。

(二)钻山洞

训练目标：预防幼儿肢体不灵活和手眼不协调等问题的发生。

适合年龄：1～2岁。

时间：10分钟。

工具准备：高一些的桌子或者凳子(家长也可以用身体做"山洞")。

游戏过程：将桌子或长凳摆放在宽阔的地板中间，让孩子从桌子或长凳下方钻爬过去。

家庭感觉统合训练的游戏设计

先用手和膝爬行，然后再训练把手收在胸前，肘关节着地往前爬，身体尽量不碰到桌子。如此反复多次。

注意事项：家长要在旁边保护孩子，避免头部被撞到，并拍手鼓励幼儿。较大的孩子可以在活动过程中进行想象，比如，想象自己是一列火车，正在钻隧道，或者是一只小鼹鼠等。

活动延伸：可以让孩子在桌子下面尝试蹲着走，后退或者来回钻，注意不要碰到头部。

(三)呼啦圈游戏

训练目标：训练幼儿双脚的协调能力及身体平衡性。

适用年龄：1～3 岁。

工具准备：呼啦圈一个。

时间：15 分钟。

游戏过程：家长蹲下平举呼啦圈，保持呼啦圈距地面大约15厘米高，先引导孩子一只脚迈入呼啦圈，随后另一只脚也迈入；然后让孩子的两只脚分别迈出呼啦圈。左右脚交替进行练习。

注意事项：如果孩子拒绝参与游戏，可以多重复尝试，并邀请其他孩子一同参与。为确保孩子的安全，家长在开始时可以帮助孩子完成动作，并根据孩子的身高调整呼啦圈的高度。孩子动作熟练后，可以逐渐提高呼啦圈的高度，鼓励孩子独立完成动作。训练过程中，家长应及时给予孩子鼓励和表扬。

活动延伸：家长可以将呼啦圈竖直放置，让幼儿练习侧身过圈，也可以让幼儿双脚跨入呼啦圈后转动双手将呼啦圈由后往前翻转至跨入前的位置(即身体的正前方)。

(四)照镜子游戏

训练目标：培养幼儿的空间方位知觉。

适用年龄：2～3 岁。

工具准备：一面大镜子。

时间：20 分钟。

游戏过程：家长和孩子并排站在大镜子前，家长做一个动作，让孩子模仿。动作包括点头、双手在身体的上下左右前后拍手、左右前后移动身体以及转身等。

注意事项：开始时家长的动作要做得慢一些，并重复同一动作。

活动延伸：如果幼儿的表达能力强，可让孩子边模仿边说出动作的方位。家长边做动作边说出动作的方位，如果孩子跟不上就用身体语言来指导。逐渐减少提示，并鼓励孩子加快动作的速度。

(五)平衡板

训练目标：预防孩子肢体不灵活、易跌倒及前庭觉失调等情况发生。

适用年龄：2～3 岁。

工具准备：2～3 个大靠垫，一个大面板。

时间：5～10 分钟。

游戏过程：家长将靠垫堆叠起来，将面板放置其上，自制成平衡板。引导孩子在上面站立并尝试保持平衡。如果孩子觉得有难度，可以在家长的帮助下，从蹲姿过渡到站立。

注意事项：刚开始时，孩子必须在家长的监护下进行尝试，对于稍大些的孩子，可以让他们尝试独立站立，但家长应始终在旁监护。

(六)荡秋千

训练目标：训练孩子身体的平衡能力。

适用年龄：2～3 岁。

工具准备：一个垫子。

时间：10 分钟

游戏过程：家长仰面平躺，向上伸出手臂，双手通过腋窝握住孩子的肩膀，并弯曲双腿，用脚托住幼儿的腹部。幼儿则抬高颈部，双臂张开，双腿并拢伸直，好像飞机的样子。这时，家长可进行前后左右摇动，并说："小飞机起飞了！"

注意事项：注意幼儿的身体安全，如果幼儿感到害怕应立即停止。

活动延伸：也可以让大人站在幼儿背后，双手拉着幼儿的双手，当左脚抬高时身体向右边倾斜，右脚抬高时身体向左边倾斜，左右脚轮流替换做动作。

(七)小螃蟹

训练目标：强化前庭觉和中枢脊髓与神经的协调，促进大小肌肉的灵活性。

适用年龄：2～3 岁。

工具准备：准备一个纸制的螃蟹头饰。

时间：10 分钟。

游戏过程：幼儿举起双手与耳朵保持水平，双脚微弯，向左和向右连续横行，模仿螃蟹走路的样子。或者双手轻轻放下，侧着头，脚跟抬起向前、向左和向右走。也可双手平举向前，或展开摆放在身体两侧，脚跟抬起向前，向左和向右走。

注意事项：游戏过程中应注意维持幼儿的活动兴趣，并变换活动形式。也可以选择播放一段轻松的乐曲或儿歌。

延伸活动：儿童双手高举小皮球，或双手各夹一个小皮球，向前、向左和向右踏步走。

(八)小推车

训练目标：强化前庭觉和中枢脊髓与神经的协调能力，锻炼幼儿大肌肉力量。

适用年龄：2～3 岁。

工具准备：无须特别工具。

时间：10 分钟。

游戏过程：选择一块平坦的场地，家长抬起幼儿两条腿，让幼儿用手走路。

注意事项：确保地面没有尖锐物品。

延伸活动：可以在地上放置一些小物品，让幼儿在用手走路的过程中捡起来交给家长。

(九)投篮球

训练目标：强化前庭觉能力、手眼协调能力和运动能力。

适用年龄：1～2 岁。

工具准备：一个纸箱(或篮子)、一个大球和一个小球。

时间：10 分钟。

游戏过程：可以在墙上挂一个用纸箱或篮子制成的篮球架。让幼儿抓起较大的球，走过去将球放入纸箱(或篮子)内。若身高不够，可以使用板凳来垫高。也可让幼儿拿起较小的球，采用投球方式将其投入纸箱(或篮子)内。

注意事项：在投球时保证幼儿的安全。

延伸活动：在地上放置一个箱子，让幼儿采取俯卧姿势，将球投入箱子内，连续投掷20～30 次。

(十)身体跷跷板

训练目标：强化幼儿的前庭觉，锻炼其平衡能力。

适用年龄：2～3 岁。

工具准备：无须特别工具。

时间：10 分钟。

游戏过程：家长坐在凳子或沙发上，与幼儿两人牵手并脚对脚，一起做上下起伏运动。幼儿也可以选择坐在家长的脚面上。

注意事项：家长牵幼儿手臂时，注意不要用力过猛。

二、触觉训练游戏设计

触觉训练
游戏设计

(一)搓澡

训练目标：让孩子感受不同材质的触觉体验，提高幼儿的耐受力。

适用年龄：1～2 岁。

工具准备：一条毛巾。

时间：15 分钟。

游戏过程：给幼儿洗澡时，用毛巾轻擦孩子的背部，从上到下、从左到右，按顺序擦，也可转圈式地擦；然后擦幼儿的前胸、手臂和腿部等部位。每擦到一个部位，就告诉幼儿该部分的名称。

注意事项：擦拭力度应由轻到重，必须考虑幼儿的承受能力。如果幼儿刚开始时不愿配合，可以让他/她自己先尝试。

活动延伸：尝试使用其他材质的材料，如海绵等。

(二)挠痒痒

训练目标：通过游戏，提高孩子的触觉能力和耐受力。

适用年龄：3～6 岁。

工具准备：一个软毛刷。

时间：10 分钟。

游戏过程：家长一边念儿歌一边按顺序刷孩子的身体——"宝宝、宝宝爱干净，全身上下刷一刷。先把脸蛋刷一刷，刷刷刷"(用软毛刷轻轻刷宝宝的脸蛋)"再把耳朵刷一刷，刷刷刷"(用软毛刷刷宝宝的耳朵)"小脖子刷三下，1、2、3"(用软毛刷刷宝宝的脖子)"小胳膊刷一刷，刷刷刷"(用软毛刷刷宝宝的胳膊)"最后别忘了小脚丫，刷刷，刷刷刷。"(用软毛刷刷孩子的脚心和脚背)。

注意事项：如果孩子害怕或抗拒，先对其全身肌肤进行轻柔的抚触，等孩子适应后再逐渐延长抚触时间。

活动延伸：尝试使用其他材质的物品(如羽毛)轻刷孩子的身体。

(三)变成小蝴蝶

训练目标：让孩子感受身体压力，提高孩子的触觉耐受力。

适用年龄：3 岁以上。

工具准备：4 个小枕头、床单和厚垫子。

时间：10 分钟。

游戏过程：把床单铺在地板上，将 4 个枕头一个挨着一个地排成一条直线，一端与床单的一边对齐。家长引导孩子说："你假装是一只毛毛虫，即将变成蝴蝶了。"让孩子仰卧在上面，两手伸过头顶。家长说："毛毛虫在变成蝴蝶之前要变得胖一些。"让孩子躺直身体，把枕头依次摆放在他的身上，然后用床单将孩子裹起来，注意裹的时候要让孩子的头露在外面。家长和孩子一起数数——1、2、3。数完后，帮助孩子从床单里出来，假装成一只蝴蝶，展开翅膀，在房间里飞来飞去。

注意事项：确保枕头不要压到孩子的脸。

活动延伸：可以让孩子假装成一只蜗牛，用被子当作蜗牛壳。

(四)糊壁纸

训练目标：通过身体滚动与墙面接触，增强幼儿的身体触感和协调性。

适用年龄：3～6 岁。

工具准备：无须特别工具。

时间：10 分钟。

游戏过程：让孩子靠墙壁站立，用身体作为滚筒贴着墙壁滚动，模仿糊壁纸的动作。先向一个方向滚动，然后再向相反方向滚动。

注意事项：提醒孩子注意不要让头碰到墙壁。必要时给予身体上的协助，例如，如果孩子滚动时离墙壁太远，告诉他靠近墙壁。

活动延伸：可以将床单裹在孩子身上，让孩子在滚动时将床单展开，然后再滚回来使床单重新裹上。

(五)压马路

训练目标：通过大球滚动对孩子身体的压力刺激，增强孩子的触觉处理能力。

适用年龄：3~6 岁。

工具准备：一张垫子，一个大球。

时间：30 分钟。

游戏过程：让孩子仰卧或俯卧在垫子上，用大球在其身上滚动。如果孩子喜欢这种压力感，则可尝试适度增加一点儿压力。

注意事项：压力应由轻到重逐渐增加，同时注意孩子穿的衣服由多到少，以适应不同的压力感受。

活动延伸：用大小不同的球在孩子背后滚动，让孩子猜测球的大小。

(六)神奇的大口袋

训练目的：让孩子感受不同材质物品的触觉体验，学会区分不同材质的物品。

适用年龄：4~5 岁。

工具准备：一个不透明的大布袋以及不同的材质和大小玩具。

时间：20 分钟。

游戏过程：家长引导孩子触摸布袋里的物品，让他描述触摸到物品的感觉，并猜测物品是什么。然后让孩子取出物品，验证他的猜测是否正确。

注意事项：避免使用带有尖锐边缘的物品。

游戏延伸：可以将玩具替换为生活用品或食物，增加游戏的多样性。

(七)滚地沙

训练目标：增强孩子对触觉的耐受力。

适用年龄：2~3 岁。

工具准备：准备大豆子(如饭豆)、塑胶球或纸团等。

时间：10 分钟。

游戏过程：让孩子躺在棉被上、地毯上或绒布上(也可以是沙地或草地)，从一边滚到另一边，还可以配合轻度挤压，或在这些物体上放置一些小物品，如豆子、米粒、塑胶球或纸团等。

注意事项：根据孩子的耐受力，从小到大选择刺激物，注意避免使用尖锐物品。

延伸活动：让孩子在室外走石子路。

(八)软垫三明治

训练目标：利用软垫的压力和对人体产生的全身触感，增强儿童的触觉处理能力和身体形象塑造能力。

适用年龄：2~3 岁。

时间：10 分钟。

游戏过程：让儿童趴在软垫中间，形成三明治状，确保头部伸出，避免夹在垫子内。指导者在覆盖儿童的软垫上轻轻滚动，从儿童的足部开始，逐渐向上滚动至臀部、腰部、背部，然后再从背部滚动到腰部、臀部和足部。也可以让儿童仰卧，从大腿到腹部、胸部逐渐进行压滚。

注意事项：在施压时，注意力度不宜过大，并密切观察儿童的反应。若儿童感到不适，应立即停止。

延伸活动：可以开展象征性的故事游戏。例如设想儿童是压在五指山下的孙悟空，并询问他的感觉如何。在施压过程中，可以沿着儿童有感觉的部位，教导儿童记忆各个身体部位的名称。

(九)打水仗游戏

训练目标：通过水的压力和温度，增强儿童的肌肤神经反应，促进其触觉信息的适应能力。

适用年龄：3～4岁。

工具准备：小水盆。

时间：20分钟。

游戏过程：家长与孩子选择在浴室或游泳馆进行游戏。幼儿通常喜欢玩水，即使刚开始时感到紧张的幼儿，也会很快参与到打水仗中。如果水中放有玩具，更能激发他们的兴趣。孩子习惯后，可以用莲蓬头或水管喷水其身体的各个部位，也可让其浸泡在水池中。

注意事项：注意保持室内温度，避免让孩子着凉。

延伸活动：可以让孩子在戏水的同时刷洗身体，这有助于唤醒孩子的触觉。

(十)吹风机游戏

训练目标：吹风机可以控制热风或冷风，为幼儿提供完全不同的刺激，不仅能唤醒其前庭处理触觉信息的能力，对幼儿身体形象和本体感塑造也特别有帮助。

适用年龄：3～4岁。

工具准备：吹风机。

时间：10分钟。

游戏过程：首先告诉幼儿身体各部位的名称，然后用凉风吹这些部位，并询问他的感觉。接着换成热风，让幼儿描述各部位的感受。敏感的幼儿通常对其脸部和颈部肌肉有较强的反应，因此不要强迫吹在他们脸上。可以通过游戏的方式来缓解孩子的紧张感。

注意事项：不要将吹风机集中在某一部位，以免造成幼儿的灼痛。

延伸活动：随着切换热风和凉风，观察幼儿的反应，也可以在孩子皮肤上覆盖一张薄纸，以减轻风的强度。

三、本体觉训练游戏设计

(一)神奇的镜子

本体觉训练
游戏设计

训练目标：学习追逐目标跑和跳，提高幼儿反应的灵敏性。

适用年龄：2～3岁。

工具准备：一面小镜子。

时间：10分钟。

游戏过程如下。

(1) 家长用一面小镜子反射阳光，让反射的光束在屋子里移动，引导幼儿追着光束跑、并用小手去拍打；也可以采用跳跃的方式，让幼儿用小脚踩光束。

(2) 家长引导幼儿自己用小镜子反射阳光玩耍。

注意事项：不要让幼儿用镜子反射强光直射眼睛。

活动延伸：家长可以在阳光充足的日子里，带幼儿到户外玩踩影子的游戏。

(二)小袋鼠

训练目标：练习双脚跳跃动作，训练幼儿的手脚协调能力，强化前庭和固有感觉。

适用年龄：2～3 岁。

工具准备：大布袋(洗净的面粉袋)。

时间：10 分钟。

游戏过程：幼儿站进大布袋中，抓住袋口，家长在旁边保护，引导幼儿向前跳，边跳边朗诵儿歌《小袋鼠》："小袋鼠跳得快，胸前有个大口袋，大苹果运回家，真是妈妈的好乖乖。"幼儿从场地一端跳到另一端。

注意事项：保证幼儿的安全，确保游戏场地地面要平坦。

活动延伸：家长平时可以引导幼儿模仿会跳的小动物的动作，如小兔跳等，发展幼儿的动作协调性。

(三)彩绳变变

训练目标：利用不同粗细的绳子进行游戏，练习走、跑、跳等动作，培养幼儿全身协调动作的能力。

适用年龄：2～3 岁。

工具准备：不同粗细的绳子。

时间：15 分钟。

游戏过程如下。

(1) 家长将粗绳子和细绳子放在地上，家长在前，幼儿在后，指导幼儿双脚依次踩过绳子行走，注意脚不能踩到绳子外面。第二次玩时，家长可以拉着幼儿的手，引导他们踩在细绳子上行走。

(2) 让幼儿手持球，家长引导幼儿沿着绳子的一侧跳一下、再跳至另一侧，要求幼儿跳跃时双脚不能踩到绳子。

注意事项：要保持幼儿的活动兴趣，如果幼儿不愿意参与活动，家长不应强迫。

活动延伸：家长可以在家中地板上用绳子设计出不同的图案，引导幼儿练习沿绳线行走、爬行等；也可以使用细毛线绳进行翻绳游戏。

(四)模仿动物

训练目标：强化前庭神经和中枢脊髓神经，促进前庭平衡能力的正常发展。

适用年龄：2～3 岁。

工具准备：一段轻松愉快的音乐。

时间：10 分钟。

游戏过程：让幼儿四肢着地，模仿狗爬行，并抬头模仿狗叫声"汪汪"，同时双脚模仿狗的踢动。成人也可以用手脚支撑，弓起身体模仿大象，幼儿则模仿小象，在成人身旁爬行，或穿越成人身体下方。

注意事项：在游戏过程中要注意维持幼儿的活动兴趣，适时变换活动形式。可以选择播放一段轻松的乐曲或儿歌。

延伸活动：幼儿还可以模仿学兔子蹬脚跑动，模仿蛇的扭曲爬行，或模仿猫弓起身体的动作。

(五)顶墙

训练目标：培养协调动作能力。

适用年龄：3 岁以上。

时间：10 分钟。

工具准备：选择一面平坦且无尖锐物的墙壁。

游戏过程如下。

(1) 让孩子用双手推墙，用尽全身的力气，并坚持数 15 个数以上的时间。

(2) 换一种方式，用头和后背顶住墙。

(3) 用臀部或肩膀顶住墙。

活动延伸：如在室内，可以让孩子仰卧在地板上，用脚推墙。

注意事项：在活动转换时，孩子从一个房间移动到另一个房间可能会有情绪波动。此时，训练者可以说："天啊！墙好像要倒了，快把他撑住。"如果孩子感到害怕而未按指令行动，训练者可以说："我们来假装墙要倒了。"

(六)抛纸球比赛

训练目标：练习投掷动作，增强手臂及肩部肌肉力量。

适用年龄：3～4 岁。

工具准备：旧杂志、旧报纸、剪刀、粉笔、胶带或绳子。

时间：10 分钟。

游戏过程：家长和孩子一起将旧报纸或旧杂志撕开，用剪刀剪成单页，揉成纸团。亲子面对面站立，划定场地，接着将纸团扔向对方的场地(避免扔到人身上)。可以捡起对方扔来的纸团，再次扔回去，或重新揉成纸团扔向对方。

注意事项：避免撕毁仍可供阅读的材料，以免幼儿形成不爱护图书的习惯。游戏结束后，与孩子一起清理场地。

活动延伸：可以组织多个家庭参与比赛。

(七)打老虎

训练目标：增强手臂及肩部肌肉的力量。

工具准备：小沙袋(约重 50 克)和大老虎玩具。

时间：20 分钟。

游戏过程如下。

(1) 家长在幼儿前方放置一个大老虎玩具，再给幼儿一个沙袋，引导他举起手并用力向前投掷，击中前方的大老虎。

(2) 家长站在大老虎玩具旁，将幼儿投来的沙袋扔回给幼儿，幼儿捡起再次投掷，尝试每次都击中大老虎。

活动延伸：父母与孩子一起进行投沙包比赛，看谁投得更远或更准。

(八)彩绳舞

训练目标如下。

(1) 练习跳过障碍物的动作，提高纵跳能力和反应速度。

(2) 学习朗诵儿歌，促进语言能力的发展。

适用年龄：2～3岁。

工具准备：长绳子一条。

时间：20分钟。

游戏过程：家长在幼儿脚下左右摆动绳子，幼儿需要跳过绳子，避免踩到绳子；同时，家长伴随动作朗诵儿歌《小绳摆呀摆》。"小绳摆呀摆，小绳小绳摆呀摆，宝宝宝宝跳跳看，一二三四五六七，七六五四三二一，跳过来呀跳过来，跳跳跳跳真可爱。"

注意事项：注意安全，摆动绳子的动作要轻缓。

活动延伸：在家中，家长起初可以让妈妈摆动绳子，爸爸抱着幼儿跳，让幼儿感受动作，然后逐渐过渡到让幼儿自己尝试跳过绳子。

(九)椅子游戏

训练目标：增强身体协调性、固有平衡能力和运动协调能力。

适用年龄：2～3岁。

工具准备：四张带靠背的椅子。

时间：20分钟。

游戏过程：将靠背椅子排成两排相对放置，让儿童从椅面穿过；将椅子同方向排成一排，一边形成峭壁状，一边形成悬崖状，让儿童沿着椅面走过；将椅子不规则地相对排列，让儿童沿着椅面走过；将带靠背的椅子背对背并排放置，让儿童跨越由椅背形成的障碍。

注意事项：确保椅子的稳定性，防止儿童跌倒造成意外。

延伸活动：也可以使用板凳或小桌子进行类似活动。

(十)倒着走

训练目标：培养空间概念和身体协调能力。

适用年龄：3～4岁。

工具准备：一根长绳子。

时间：20分钟。

游戏过程：孩子需要沿着一条直线倒退行走。

(1) 能倒退行走3～5步：开始时，只要求孩子在地板上随意倒退行走。

(2) 孩子熟悉基本要求后，要求他在成人扶持下沿直线倒退行走。

（3）要求孩子独立地沿直线倒退行走。

注意事项如下。

（1）如果孩子一开始不理解，需要给予身体上的指导。例如，一人在前面扶着他的双手，另一人在他后面轮流抬起他的左右脚向后移动。

（2）偶尔给予身体上的协助。

活动延伸：沿着绳子摆放的弯曲路径行走。

四、综合训练游戏设计

综合训练游戏设计

(一)拍打气球

训练目标：增强前庭觉、中枢神经系统功能及运动协调能力。

适用年龄：3～4 岁。

工具准备：一根长绳子和若干气球。

时间：20 分钟。

游戏过程：用绳子悬挂若干个气球，高度大约在幼儿伸手可及的位置上方 20 厘米。让幼儿从地上跃起，用手拍打气球。由于幼儿需要仰头，通过手眼协调来完成游戏，这有助于其头部活动和前庭觉的成熟。

注意事项：在仰首跳跃时，要考虑到婴幼儿的身高，并注意保护幼儿落地时的安全。

延伸活动：也可让幼儿手持拍子，边跳边拍气球，以增强手眼协调能力。

(二)坐球游戏

训练目标：促进大肌肉群、前庭中枢和脊髓中枢神经的健康发育。

适用年龄：2～3 岁。

时间：20 分钟。

游戏过程：幼儿可以轻轻坐在球上，保持上半身垂直和放松的姿势，闭上眼睛，慢慢调整呼吸，直至完全放松，每次持续时间约 10～30 分钟。也可坐在球上，轻轻晃动手脚，进行律动舞蹈。

延伸活动：用球代替椅子，让幼儿坐在球上看电视、吃饭和做作业，这样有助于脊髓神经的健康发育。

(三)摇铁筒

训练目标：引导幼儿用正确的名称描述所见到的物品，提高语言表达的准确性。

工具准备：小铁桶，以及纽扣、珠子、玻璃球和小型积木等。

适用年龄：2～3 岁。

时间：10 分钟。

游戏过程如下。

（1）家长取一只小铁筒，放入一些纽扣、珠子、玻璃球和小型积木等，然后盖好盖子。

（2）家长摇动小铁筒，使其发出声响，同时向幼儿提问："咦，这是什么声音？""声音是从哪里来的？""里面有什么？"当幼儿想看时，家长打开小铁桶，让幼儿将里面的东西逐一倒出来，并引导幼儿辨认和学习。一次性放入小铁筒的东西不宜过多，其中包括一些幼儿已经认识的物品。

注意事项：注意激发幼儿的好奇心。

活动延伸：在家中，家长可以在幼儿熟悉以上玩法后，展示两种物品，如乒乓球和大米，然后让幼儿闭上眼睛，将其中任意一种物品放入罐子里，摇动罐子，让幼儿猜测里面装的是什么。

(四)呼啦圈游戏

训练目标：感知圈的多种玩法，发展发散思维，培养想象力与创造力。

工具准备：塑料圈、鼓和若干玩具。

适用年龄：2～3 岁。

时间：20 分钟。

游戏过程如下。

(1) 幼儿和一位家长各拿一个圈，幼儿和家长把圈从脚下套到头上，比一比谁的速度快。

(2) 幼儿和家长共同套一个圈，家长和幼儿一起朝指定方向走，培养幼儿与他人合作的意识。

(3) 将圈在地上摆成一排，家长在前，幼儿在后，随着音乐双脚跳圈，跳到终点取一个玩具，再跳回来。

(4) 幼儿和家长面对面站立，家长把圈推向幼儿，幼儿双手接住后，再将圈推向家长。幼儿熟悉后，家长与幼儿可逐渐增加推圈的距离。

活动延伸：在家中，家长可为孩子准备呼啦圈，和孩子一起玩上述呼啦圈的游戏，发展孩子的动作；也可以一起创造更多的玩法来进行游戏。

(五)太阳高高照

训练目标如下。

(1) 模仿走、飞、跳和跑的动作，提高四肢动作的灵活性。

(2) 巩固动词，感受语言的韵律美。

工具准备：欢快的音乐。

适用年龄：2～3 岁。

时间：20 分钟。

游戏过程：幼儿与家长面对面站立，随着音乐边朗诵儿歌《太阳高高照》边做动作。"太阳太阳高高照(两臂上举，掌心相对左右摆动)，宝宝宝宝起得早(原地踏步)；我学小鸟飞一飞(模仿小鸟飞的动作，原地小碎步)，飞过高山和草地(孩子模仿小鸟飞的动作和家长交换位置)；我学小兔跳一跳(模仿小兔跳的动作，原地纵跳)，比一比谁能跳得高(双手举高向上跳)；我学小马跑一跑(双手模仿拉小马缰绳并学小马跑)，跑得快来身体好(原地踏步拍手)。"

活动延伸：家长平时可以引导幼儿观察各种小动物的动作特点，并学习模仿；也可以将这些小动物的动作编入《太阳高高照》进行练习。

(六)圆环操

训练目标如下。

(1) 学习使用器械进行动作练习。

(2) 练习上举、下蹲、小步跑及纵跳的动作，提高动作的协调性。

工具准备：圆环和欢快、节奏感强的音乐。

适用年龄：3～4 岁。

时间：20 分钟。

游戏过程：幼儿与家长面对面站立，每人双手握一个圆环，随着音乐一起做操。

第一节：举圆环。

1～4 拍，幼儿与家长面对面将圆环平放于体前，分别扶住两端提踵两次。5～8 拍，将圆环举高两次。

重复三个 8 拍。

第二节：蹲圆环。

1～4 拍，幼儿与家长面对面将圆环平放于体前，分别扶住两端提踵两次。5～8 拍，原地蹲下，将圆环放地上再拿起站立两次。

重复三个 8 拍。

第三节：套圆环。

1～4 拍，幼儿与家长面对面将圆环平放于体前，分别扶住两端提踵两次。5～8 拍，家长将圆环从幼儿头上套进去，放到地上，引导幼儿从圆环里迈出来。

重复三个 8 拍。

第四节：跑圆环。

1～4 拍，幼儿与家长面对面将圆环平放于体前，分别扶住两端提踵两次。5～8 拍，幼儿拉着圆环跑，与家长一起转一圈回到原地。

第五节：跳圆环。

1～4 拍，将圆环放在地上，家长和幼儿拉着手，家长跳一次幼儿跳一次，跳进圆环里。5～8 拍同 1～4 拍。

重复三个 8 拍。

活动延伸：家长可用布袋装入膨松棉，缝制成布圈，引导幼儿练习圆环操的动作，并可创编更多动作。

(七)笑哈哈

训练目标：培养幼儿的合作能力及愉快情绪，发展身体动作的灵活性。

适用年龄：2～3 岁。

工具准备：欢快的音乐。

时间：15 分钟。

游戏过程：家长与幼儿面对面站立，边朗诵儿歌《哈哈歌》边做动作。"哈哈哈哈哈哈(按节奏，两手在胸前拍手三次)，大家一起哈哈笑(左脚跟点的同时双手在左侧拍手一次)，你唱歌我跳舞(两手抚后腰，上体左转一次、右转一次)，快乐又热闹(原地踏步拍手四次)。哈哈哈拍拍手(孩子和家长对拍手两次)，哈哈哈摇摇头(双手叉腰，左右点头)，你也笑我也笑(幼儿围绕家长转一圈)，大家一起哈哈笑(家长围绕幼儿转一圈)。"

活动延伸：可以组织多名家长和幼儿一起进行活动。

(八)垫子操

训练目标：训练幼儿大肌肉力量和协调能力。

适用年龄：2～3岁。

工具准备：一块垫子，一段轻松的音乐。

时间：15分钟。

游戏过程：让幼儿平躺在垫子上，家长跪坐在幼儿身边，边听音乐边做动作。

第一节：头颈运动。

幼儿躺在垫子上，家长按住幼儿的脚踝，引导幼儿说："宝宝抬头看妈妈(爸爸)。"幼儿按节拍抬头两次。

第二节：上肢运动。

第三节：下肢运动。

幼儿平躺时，家长握住幼儿脚踝说："宝宝小腿抬一抬。"幼儿一只腿抬起呈90°，并努力向上抬起、放下，然后另一只腿做同样的动作。最后让幼儿把双脚抬起，家长用手帮助幼儿把腿向上抬起、放下。

第四节：起身运动。

幼儿平躺，双手放于身体两侧，家长将手托住幼儿的腰，引导幼儿说："宝宝起来坐一坐。"幼儿在家长的帮助下，由仰卧变成坐姿，再躺下还原。家长按节奏轻按幼儿的背部与肩部。

第五节：侧身运动。

幼儿侧身平躺，家长坐在幼儿脸这一侧说："宝宝把身体团起来。"幼儿就用手抱腿做侧团身动作，家长协助幼儿完成，同时引导说："宝宝把身体挺一挺。"幼儿把手上举，尽量让身体挺直、拉长。

第六节：放松运动。

幼儿趴在垫子上，家长为幼儿从肩到脚做按摩。

注意事项：幼儿动作要轻柔，家长要鼓励幼儿尽量独立完成动作。

活动延伸：在家长不给予力量辅助的前提下，幼儿可以独立完成动作。

(九)猜距离

训练目标：帮助幼儿形成对距离的初级概念，使用手量或步量方法来计算。

适用年龄：3岁以上。

工具准备：绳子、褐色的大包装纸(长宽与孩子的身体尺寸相近)、剪刀和彩笔。

时间：10分钟。

游戏过程：家长问孩子："猜一猜，从我的肩膀到我的手指，是你的几个手长？看一看这张图，从你的头顶到你的脚跟，是几个手长？"让孩子猜。不论孩子说的是否正确，都不要评论。与孩子一起量一量。一边量一边大声数出来。再问孩子："猜一猜，这本书是你的几个拇指长？"孩子猜过之后，让他用自己的大拇指量，一边量一边数数。

注意事项：保持幼儿参与活动的积极性，不要强迫。

活动延伸：再让孩子猜一猜，从家长到孩子有几个脚长。在实际测量时，一边量一边数。让孩子猜地毯的长度是他的几个身长。当实际测量时，让孩子躺在地毯上，家长来量长度，或是让孩子用绳子量。用动作来测量长度，如从一面墙到另一面墙，让孩子用步来量，或是跳着量。

(十)滚易拉罐

训练目标：练习向指定方向滚动的动作，增强手腕力量。

适用年龄：2～3岁。

工具准备：易拉罐内放少许硬物，滚动时发出响声。

时间：10分钟。

游戏过程：几名家长和幼儿围坐成一个圆圈，一位家长将一个易拉罐用力滚给一个幼儿，同时叫该幼儿滚给另一个幼儿。用同样的方法，继续游戏。

注意事项：注意安全，不要让幼儿随意玩易拉罐，以免划伤手指。

活动延伸：在家中，家长帮助幼儿收集易拉罐，并利用易拉罐做各种发展动作协调性的游戏，如"绕易拉罐行走"和"将易拉罐放倒练习双脚跳"。

本章小结

许多家长经常为孩子注意力不集中、学习成绩差、做作业拖拉、好动、紧张、胆小、退缩、爱哭、不合群、挑食或性格障碍等问题而头疼。有的家长常常将这些问题误认为多动症等病症，给幼儿吃药、打针等，但效果甚微，还可能造成某些后遗症；还有的家长认为孩子故意不听话，对孩子又打又骂，导致孩子身心受创。科学家通过大量临床心理研究发现，相当数量的幼儿出现上述问题是由于大脑对身体感觉统合的障碍，在医学和心理学上称为感觉统合失调或学习能力障碍。感觉统合训练是针对感觉统合失调问题进行的具有针对性的专业辅导。感觉统合训练在美国的普及率几乎达到了100%，尽管感觉统合理论引入我国是近几年的事，但其理念已在国内一些大城市逐渐被越来越多的家长认同和接受。从实践角度来看，抓住幼儿早期行为敏感的关键时期进行专业的感觉统合训练，效果往往是很好的。

思考题

1. 简述家庭中进行感觉统合训练的目的？
2. 家庭中感觉统合训练的注意事项有哪些？
3. 家庭中感觉统合训练的主要项目有哪些？
4. 如何开展感觉统合失调的家庭预防工作？

参 考 文 献

[1] 艾伦·亚克(Ellen Yack)，葆拉·亚居拉(Paula Aquilla)，雪莉·萨顿(Shirley Sutton). 感觉统合——孤独症及其他广泛性发育障碍儿童的治疗[M]. 3 版. 贾美香，吉宁，杨逸凡，译. 沈阳：辽宁科学技术出版社，2020.

[2] 张楠. 婴幼儿感觉统合教育实操教程[M]. 上海：复旦大学出版社，2020.

[3] 王选民. 儿童感觉统合训练入门[M]. 北京：中国纺织出版社，2020.

[4] 岳明途. 如何帮助感觉统合功能失调的儿童[M]. 西安：陕西科学技术出版社，2021.

[5] 杨子. 感觉统合训练[M]. 北京：航空工业出版社，2021.

[6] 杨霞. 儿童感觉统合训练手册[M]. 北京：北京联合出版有限责任公司. 2022.

[7] 谢腾. 儿童感觉统合与学习能力理论与实践[M]. 北京：九州出版社，2022.

[8] 伍玥溪. 儿童感觉统合游戏指导书[M]. 北京：中国纺织出版社，2022.

[9] 于港仕，周潇龙. 大生活教育课程 自闭症儿童感觉统合训练理论与活动设计[M]. 青岛：中国海洋大学出版社，2022.

[10] 左雪，于洋. 幼儿感觉统合训练[M]. 长沙：湖南师范大学出版社，2022.

[11] [美]安妮塔·邦迪(Anita C. Bundy)，〔美〕雪莱·莱恩(Shelly J. Lane). 感觉统合理论与实践[M]. 3 版. 韩平，艾坤，译. 厦门：厦门大学出版社，2022.

[12] 潘莹. 儿童感觉统合与功能性训练游戏 亲子版[M]. 北京：人民邮电出版社，2023.

[13] 徐文怀，韩笑梅. 沉浸式感觉统合训练理论与应用[M]. 西安：陕西科学技术出版社，2023.

[14] 〔美〕克丽丝蒂·伊斯贝尔(Christy Isbell)，〔美〕丽贝卡·伊斯贝尔(Rebecca Isbell). 幼儿感觉统合与问题识别：写给幼儿教师和家长的应对指南[M]. 周艳芳，译. 北京：中国轻工业出版社，2023.

[15] 赵越. 感觉统合治疗对言语和语言发育障碍患儿的应用价值[J]. 实用中西医结合临床，2023，23(3)：79-81.

[16] 刘琼. 幼儿感觉统合训练方法[J]. 科学咨询，2020(5)：29.

[17] 王帮敏，关惠新，陈洁，等. 感觉统合失调及感觉统合训练在注意缺陷多动障碍中的研究进展[J]. 精神医学杂志，2021，34(6)：570-576.

[18] 孟凡琦，戈莎. 儿童感觉统合失调及感觉统合的训练[J]. 体育风尚，2021：263-264.

[19] 吴凡磊. 感觉统合训练对小学体育课堂教学的启示[J]. 2022(22)：215-216.

[20] 王磊. 培养幼儿感觉统合训练课程的实施探讨[J]. 新教育时代电子杂志 2023(27)：1-3.

[21] 邓芳，郑成志. 儿童立场下幼儿园感觉统合活动的制定与行动路径[J]. 韩山师范学院学报，2023，44(6)：56-61.

[22] 王晓芬，林流芳. 感觉统合失调幼儿情绪行为问题及相关因素分析[J]. 体育科技文献通报，2023，31(6)：257-261.

[23] 孟祥珍，贾静怡，张智，等. 我国幼儿感觉统合失调及体育运动干预发展研究[J]. 石家庄学院学报，2023，25(3)：152-155.

[24] 赵方方，刘伟，周鑫. 基于感觉统合理论的轻度认知障碍老年人游戏训练方案的构建[J]. 全科护理，2023，21(3)：4199-4203.

[25] 卢莎，郭锦洪. 感觉统合训练对语言障碍患儿语言发育能力的影响分析[J]. 中国社区医师，2023，39(21)：21-23.

[26] 冉露玲，杨亚军. 兴义市城区幼儿感觉统合失调现状及其影响因素分析[J]. 当代体育科技，2023，13(20)：20-23.

[27] 黄梅，朱明，吴尚辉. 基于团体课形式的感觉统合训练对男性慢性精神分裂症患者的影响[J]. 中国医药导报，2023，20(25)：111-114.

[28] 王瑞明，陈步枢，林莉雯，等. 多媒体感觉统合训练配合认知神经与语言训练对孤独症儿童康复的影响[J]. 中外医疗，2023，42(21)：5-9.

[29] 孙悦，曹芳，王成祥. 体育课程改善小学生感觉统合失调的效果及普及途径[J]. 安徽教育科研，2023(13)：1-3.

[30] 李健，王阔. 早期感觉统合训练在精神运动发育迟缓患儿中的应用效果[J]. 中国民康医学，2023，35(15)：85-87+91.

[31] 张旭. 感觉统合康复训练在孤独症患儿中的应用[J]. 妇儿健康导刊，2023，2(16)：73-75.

[32] 陈淑娟，叶梦芸. 感觉统合训练改善脑损伤患儿吞咽功能的临床评价[J]. 中国实用神经疾病杂志，2023，26(10)：1291-1295.

[33] 邱文立，邓浩荣，张琬璐，等. 感觉统合训练与引导式教育对语言障碍患儿语言发育能力的影响[J]. 中国卫生标准管理，2023，14(3)：45-48.

[34] 任少波. 幼儿感觉统合评估量表的编制[D]. 沈阳师范大学，2020.